IMT 시리즈 3
이슬람 연구 시리즈 16
신학박사 논문시리즈 29

The Qurʾanic Isa and Muslim Evangelism

코란의 '이싸'와 복음 전도

박미애 지음

코란의 이싸를 접촉점으로 한
무슬림 전도법에 대한 비판적 고찰

기독교문서선교회

기독교문서선교회(Christian Literature Center: 약칭 CLC)는 1941년 영국 콜체스터에서 켄 아담스에 의해 시작되었으며 국제 본부는 미국의 필라델피아에 있습니다.
국제 CLC는 59개 나라에서 180개의 본부를 두고, 약 650여 명의 선교사들이 이동도서차량 40대를 이용하여 문서 보급에 힘쓰고 있으며 이메일 주문을 통해 130여 국으로 책을 공급하고 있습니다.
한국 CLC는 청교도적 복음주의 신학과 신앙서적을 출판하는 문서선교 기관으로서, 한 영혼이라도 구원되길 소망하면서 주님이 오시는 그날까지 최선을 다할 것입니다.

The Qur'anic Isa and Muslim Evangelism

Written by
Park, Mi Ae

Korean Edition
Copyright © 2017 by Christian Literature Center
Seoul, Korea

추천사 1

이동주 박사
현 선교신학연구소 소장, 전 아세아연합신학대학교 선교학 교수

　필자는 저자 박미애 박사를 2000년도 아세아연합신학연구원(M.Div.) 과정에 입학할 때로부터 알게 되어 저자가 아세아연합신학대학교의 선교대학원(Th.M.)과 일반대학원(Ph.D.)을 마치기까지 십여 년간 같은 분야에서 동역해 왔다. 그래서 저자를 잘 알고 지내고 또 깊이 신뢰한다.
　저자는 1987년에 한국외국어대학교 아랍어과에서 아랍어를 전공하고, 1992년 모로코의 무함마드5세대학 인문대학원에서 만 6년여간 이슬람학을 수학하며 코란과 이슬람 법학과 사상을 두루 연구하였다. 저자는 현재 아세아연합신학대학교 외래강사로 아랍어를 강의하고 있고, 2002년부터 현재까지 온누리교회 아랍예배에서 사역하며 무슬림 복음 전도 사역에 기여하고 있다. 저자는 아랍어 전공자로서 코란을 원어로 파악할 수 있는 강점을 지니고 있어 신뢰도가 높고, 이 문헌을 통하여 무슬림 전도법에 관한 올바른 시각을 열어준다.
　저자는 본서를 통해 무슬림 전도방법으로 코란을 사용하는 과거의 학자들과 전도자들의 예들을 비판적으로 두루 연구하는 학문적인 성실함을 보이고 있다.

저자는 이싸에 대한 코란적 진술을 기반으로 복음을 전하는 전도자가 이싸에 관한 코란 구절에 기대어 기독교 복음을 설명한다거나, 코란의 맥락에서 벗어난 코란 구절에다 자의적으로 해석한 복음을 덧붙여 설명함으로써, 코란에 믿을만한 권위를 부여하는 행위의 위험성을 지적한다. 또한 코란에 부적절한 해석을 가한다는 무슬림들의 비난의 위험성을 지적한다.

저자는 그 위험성의 이유를 코란의 이싸가 성경의 예수와 전혀 다른 인물로 소개되기 때문이라고 하며, 코란은 복음을 설득하는 기반이 될 수 없다는 것을 강조한다. 오히려 저자는 전도자가 복음을 전하는 수단으로 코란의 본래적 의미를 왜곡하거나 혼합하는 일의 위험성에서 벗어나, 본래적이고 맥락적인 코란의 관점에서 코란을 이해하고 올바로 사용할 것을 권면한다. 그리고 저자는 코란의 이싸를 접촉점으로 한 성경적 전도법으로서, 코란의 이싸와 성경의 예수의 차별성에 기초한 전도법, 성경의 권위에만 의존한 전도법을 제시한다.

필자는 저자가 이와 같이 한편으로는 코란에 대한 올바른 접근법을, 다른 한편으로 오직 성경의 권위에 의거한 전도법을 주장하는 이유는 전적으로 타당하다고 본다.

기독교에서 메사아론과 구원론은 가장 중요하지만, 코란은 기독교의 예수를 지칭하는 이싸의 신성을 부정하고, 예수를 알라의 피조물이며 알라의 노예(종)로 증거한다. 그리고 코란은 예수 그리스도의 수난과 십자가와 부활과 같은 기독교의 중심교리를 모두 부정하여 극히 왜곡된 메시아관을 갖고 있다. 그래서 코란은 대속을 통한 속죄의 모든 하나님의 사랑과 은혜를 완전히 차단하고 있다. 저자의 우려와 같이, 혼합주의적 상황화 신학적 전도 전략은 전도 받은 무슬림들을 코란의 권위에서 자유롭지 못하게 할 것이다.

특히 코란은 성경처럼 그들의 경전인 코란에 알라의 "계시"라는 절대 권위를 부여한다. 그런데 코란의 출처가 하나님 자신의 영에 의한 계시가 아니다. 코란의 알라는 '자신의 영'이 없다. 알라 자신 외에는 예수를 포함한 모두가 알라의 피조물이고 알라의 노예들일 뿐이다. 모든 무슬림들은 코란 계시자를 알라의 피조물이라는 "가브리엘 천사"로 믿고 있다. 코란의 가브리엘 조차도 예수 그리스도에 관해서 성경의 가브리엘과는 정반대로 증언하고 있다. 성경의 가브리엘은 예수를 '하나님의 아들'이라고 계시하였고(눅 1:35), 코란의 가브리엘은 이싸(예수)를 '하나님의 아들이 아니라' 하나의 피조물이라고 계시하였다(Sura 4:171; 5:75; 19:88-93). 이렇듯 코란의 계시자는 성경의 계시자와 판이하고, 구원자 예수에 관해서 정반대로 예언한 것이다. 코란의 예언은 먼저 계시된 성경의 예언에 대한 거짓 예언이다. 따라서 이러한 예언은 예수 그리스도의 신성을 부인하는 '거짓 가브리엘'과, 거짓 가브리엘을 파송하여 거짓 예언을 하게 한 영에 의한 것이다. 성경은 이러한 거짓 영을 "거짓말 하는 자," "적그리스도의 영"이라고 한다(요일 2:22-23; 4:1-3). 가브리엘에 의한 계시로 기록되었다는 코란은 예수에 관해서만이 아니라 그 모든 메시지에 있어서 하나님 자신의 영인 성령에 의한 계시가 아니라 거짓 영에 의한 계시이다.

그러므로 코란이 진술하는 이싸의 어느 부분이 성경과 비슷할 지라도, 그것은 '진리의 영'에 의한 것이 아니므로, 코란을 사용하며 코란에 권위를 부여하고 코란적 이싸를 긍정적인 접촉점으로 삼아 전도하면, 전도 받는 무슬림들이 코란에서와 그 계시자에게서 자유할 수 없게 될 것이라는 저자의 경고를 전도자들은 유의해야 할 것이다. 저자가 제시한대로, 전도자가 '예수 그리스도에 관한 성경적 증언을 들려주는 방법'을 사용할 때 오히려 성령의 역사로 무슬림 구도자들에게 놀라운 구원의 역사가 일어날 것이라고 추천인은 확신한다.

 필자는 저자의 『코란의 '이싸'와 복음 전도』를 '선교신학연구소'(IMT) 시리즈 3으로 출판하게 됨을 진심으로 축하하며, 본서를 기쁘게 추천한다.

추천사 2

정흥호 박사
아세아연합신학대학교 대학원장

전 세계적으로 이슬람이 화두로 떠오르고 있는 것이 현실이다. 또한 기독교가 전파되는 곳에는 항상 충돌하게 되는 종교 혹은 세계관이 존재해 왔다. 본서는 이런 상황 가운데 신학적이고 실제적인 이슈를 변증학적으로 잘 풀이해 주고 있다.

"나를 알고 적을 알아야 실수하지 않는다"는 말이 있듯이 본서를 통해 기독교의 예수와 이슬람 이싸가 어떤 점에서 차이점이 있고 독특성이 있는지를 확연하게 알 수 있을 것이다. 특히 이슬람권 사역에 관심이 있거나 선교적으로 기독론에 대하여 알기 원하는 사람들은 읽어보도록 적극 추천하고 싶다.

저자 서문

박미애 박사

무슬림들에게 예수 복음을 전하는 것은 그들의 편견의 벽에 부딪히고 넘어지기를 쉼 없이 반복하는 작업과 같다. 코란의 이싸에 경도되어 있는 그들은, 그들의 경전이 말하는 이싸와 다른 예수를 받아들이는 것이 쉽지 않다. 그럼에도 전도자들은 이런 무슬림들의 편견의 벽을 뛰어 넘어 하나님의 아들 예수의 복음을 증거해야 할 사명을 부여 받았다. 무슬림들의 편견은 어떻게 극복될 수 있을까? 무슬림들에게 어떻게 복음을 증거해야 할까?

무슬림 전도의 어려움을 극복하려 했던 전도자들 중에는 아예 무슬림의 경전 코란에 기대어 복음을 전하는 방법을 사용하였다. 기독교에 호의적으로 보이는 코란의 어휘와 구절에 기대어 이것을 접촉점으로 복음을 증거하는 시도를 하였다. 코란에도 이런 글귀가 있지 않느냐고 말하면 보다 복음의 설득력을 높일 수 있다는 생각에서였다.

그러나 코란 내의 어휘와 문구는 주의 깊게 다뤄져야 할 필요성을 안고 있다. 왜냐하면 그 어휘는 이미 코란의 세계관에 채색되어 있고, 그 문구는 코란의 맥락을 벗어나 기독교를 쉽게 지지하지 않기 때문이다.

그럼에도 오늘날 상황화의 논리 속에 전도자들의 코란 사용은 매우 과감한 모습으로 나타났다. 아예 코란의 일부 본문을 전도용 본문으로 사용하였다. 그 본문은 알라가 이싸를 인류 대속을 위해 십자가에 죽게 한 것으로 해석되었다. 그리고 이싸는 하늘에서 내려온 분으로 해석되었다. 이러한 해석은 코란에 대한 정당한 해석일 수 없다. 왜냐하면 코란 전체의 맥락은 그것을 결코 말하지 않기 때문이다.

이처럼 무슬림들의 편견을 극복할 유용한 병기로 보이는 코란에 기댄 전도법은, 전도자가 코란을 부주의하게 자의적으로 다룰 우려가 크게 한다. 그리고 이것은 앞으로 본서에서 다루게 될 여러 문제, 신학적, 해석학적, 관계적 문제들을 야기시킨다.

이에 필자는 전도자가 부주의함과 무분별함으로, 아니면 의도적으로 코란에 잘못 기대어 전도하는 방법에 대한 우려감을 갖게 되었다. 그래서 필자는 본서를 통해, 코란에 잘못 기댄 전도법을 비판하며, 전도자가 코란에 대해 어떤 자세를 취하는 것이 바람직한지, 어떤 접근방법을 취해야 하는지, 그리고 우리의 복음 증거는 어디에 권위를 두고 이루어져야 마땅한 것인지를 논하였다.

곧 전도자는 코란에 '잘못된 기댐'을 위해서가 아니라, '무슬림 영혼의 현주소 파악'을 목적으로 코란에 접근해야 하며, 이러한 파악은 코란에 대한 자의적 해석이 아닌 코란 전체 맥락과 세계관을 간과하지 않는 정직한 해석을 통해 이루어진다고 주장하였다. 그리고 이런 정직한 해석의 토대 위에서 무슬림의 이해의 배경을 바로 알고 복음과의 차별 지점을 분명하게 파악할 때, 비로소 우리는 그들에게 어떻게 성경을 통해 복음 진리를 제시할 지 바로 알 수 있다고 피력

하였다. 따라서 우리의 복음 증거는 코란에 잘못된 기댐이 아닌, 코란에 대한 바른 해석과 분별에 의거해, 오직 성경의 권위 위에서 이루어져야 함을 주장하였다.

이러한 논의와 주장의 전개를 위해 구체적으로, 본서는 코란의 이싸를 접촉점으로 한 전도법을 비판적으로 고찰하였다. 곧 코란에 잘못 기댄 전도법의 사례로, 코란의 이싸를 자의적 기독교적으로 해석하여, 이싸를 코란 안에서 복음을 확증하는 접촉점으로 사용한 전도법을 비판하였다. 그리고 코란의 이싸를 접촉점으로 한 성경적 전도법을 제안하였다.

이 전도법은 이싸를 코란적 관점으로 정직하게 해석하고, 예수와의 차별성을 분별하여, 오직 성경의 권위에 의거해 복음을 증거하는 전도법이다. 이 전도법에서 이싸는 코란에 잘못 기댐을 위한 접촉점이 아닌, 전도자가 무슬림으로 하여금 성경의 진리를 대면케 돕는 접촉점이 된다. 왜냐하면 전도자는 코란의 이싸 진술에서 성경적 의미를 오해하고 있는 부분, 성경적 의미를 상실하고 있는 부분, 성경의 사실과 대치되는 부분에서, 성경 말씀을 통해, 무슬림의 오해를 해소시키고, 성경적 의미를 풀어 설명해 주며, 성경적 사실(fact)을 선포하여 들려줄 것이기 때문이다. 즉 '이싸'가 있는 바로 그 지점에서, 무슬림들이 성경의 진리를 대면케 도울 것이기 때문이다.

무슬림들의 코란의 이싸에 치우친 편견에 대한 극복은, 전도자가 코란에 왜곡된 기댐으로가 아닌, 그들의 편견이 자리한 바로 그 자리에서 그들로 성경의 진리를 대면케 도울 때 가능하리라 믿는다. 왜냐하면 전도자는 진리의 말씀으로 역사하시는 성령님께 그 자리를 내어드렸기 때문이다. 비록 그 결과가 더디 나타나 보일지라도

확실한 성령님의 역사에 맡겨드렸기 때문이다.

필자는 그동안 아랍예배 사역을 해오며 편견에 찬 무슬림들에게 어떻게 복음을 증거할 수 있을 지 늘 고민해 왔다. 그리고 무슬림들에 대한 복음 증거는 코란에서 어설픈 동의를 구함으로가 아닌, 그들의 편견의 자리, 진리에서 멀어진 그 자리에 그들과 함께 서서, 진리의 말씀을 들려주고 그들이 진리를 대면토록 돕는 과정임을 거듭 확인 하였다.

그러기에 사역 현장의 고민과 결코 무관하지 않은 본서가, 부족하나마 무슬림들의 코란적 배경과 대면해야 하는 전도자들에게 코란에 대한 바른 접근법과 성경적 전도법에 대한 작은 제안이 되기를 기도한다.

그리고 본서가 일반 독자들에게는 코란을 바로 이해하는데 조금이나마 도움이 되기를 바란다. 오늘날 우리 한국 사회에는 무슬림 이주민의 수가 급증하고 있다. 이제 무슬림들은 이전과 달리 흔히 마주칠 수 있는 이웃이 되었고, 이슬람 기도처도 어느 순간 우리 사회 한 켠을 차지해가고 있다. 그러나 우리 사회의 이슬람 이해는 너무나 미흡하다. 그들의 경전에 대해서는 더더욱 그렇다. 본서의 일부는 코란이 성경의 예수를 가리키는 이싸에 대해 어떤 진술을 하고 있는지 다루고 있다. 이 부분이 일반 독자들에게 도움이 되길 바란다.

본서는 필자가 2014년 아세아연합신학대학교 대학원에서 박사학위를 받은 논문을 수정하여 펴낸 것이다. 논문을 쓰는 모든 과정에 큰 좌표를 제시해 주셨던 정흥호 지도 교수님께 깊은 감사를 드린다. 필자의 논문은 이 좌표를 따라 한걸음 한걸음 길을 찾아 나왔다. 또한 부심이셨던 안점식, 우심화 교수님께도 깊은 감사를 드린다. 교수님들의 진심 어린 지도 편달에 논문을 붙들고 더욱 고민하였고, 논문을 끝까지 완성할 용기와 힘을 얻었다.

그리고 전(前) 아세아연합신학대학교 선교학 교수이시고 지금은 선교신학연구소 소장으로 계신 이동주 교수님께 감사를 드린다. 이동주 교수님은 선교 신학자요 여성 사역자로서 필자에게 큰 귀감이 되시는 은사이시다. 필자의 논문이 책으로 나오게 된 것은 교수님의 격려와 큰 지도에 힘입은 결과임을 고백 드린다.

또한 선교신학연구소의 동역자분들 한 분 한 분께 감사를 드린다. 연구소 동역자분들은 늘 깨어 하나님 앞에 기도하는 순전하신 분들이다. 이분들로부터 감사한 도전을 받고 책을 쓰는 용기를 얻었다. 특별히 신은영 전도사님께 감사를 드린다. 전도사님은 투병 중에 계심에도 부족한 자를 향한 사랑의 중보를 멈추지 않으셨다. 본서는 그 사랑의 빚을 지고 나오게 되었다.

그리고 아랍예배의 신헌승 장로님, 안혜길 권사님께 감사를 드린다. 두 분은 10여년이 넘는 필자의 아랍예배 사역에 든든한 지원군이 되어주셨다. 사역의 어려움을 이기지 못하고 도망갈 길을 찾는 부족하고 어린 종을 지금까지 사랑으로 감내해주셨다. 그분들의 사랑의 줄에 매여 이 사역의 길에서 배운 것들이 본서의 내용을 이루었다. 그리고 아랍예배 사역의 충성되고 헌신된 동역자들께 감사를 드린다. 아랍 사역의 굴곡진 모든 길에 이 귀한 동지들이 함께 했다. 때문에 본서는 그들과 함께 쓴 것이기도 하다.

그리고 사랑하는 남편과 아들 주안, 딸 우주에게 말로 할 수 없는 사랑과 고마움을 전한다. 늘 바쁜 아내와 엄마를 인해 그들이 겪은 불편함을 어찌 다 말할 수 있을까. 그럼에도 한결 같은 그들의 사랑과 기다림에 부족한 아내요 엄마인 나는 그저 미안하고 고마울 뿐이다.

그리고 작년 4월 소천하신 친정 어머니께 딸의 그리움과 감사가 전해지길 기도한다. 나의 어머니의 소박하지만 위대한 사랑은 한 알의 밀알로 이 작은 책에 녹아 있다.

마지막으로 부족한 글을 책으로 낼 수 있도록 격려해주시고 기회를 주신 CLC 박영호 사장님께 감사를 드린다. 부족함에 매여 용기를 내지 못함을 다 아셔서일까. 참으로 묵묵히 오래 기다려주셨다. 원고 수정 요청에 함흥차사인 나를 털털한 웃음으로 기다려주신 변길용 목사님께도, 그리고 본서를 다듬어준 편집부의 귀한 손길들에게도 감사의 마음을 전한다.

내게 이 모든 감사가 넘치게 하신 나의 주 하나님께 감사와 영광을 올려드린다. 갈 바를 알지 못하고 달려온 길 같은데, 이 길 위에 나의 주님의 선하신 인도와 크신 사랑이 있었다.

2017년 1월

* 아랍어 음역에 관해 일러두기

1. 본서의 아랍어 단어를 로마자로 음역하는 경우, IJMES (International Journal of Middle East Studies)의 음역 규정에 준하여 한다.

   1) 정관사는 로마자로 'al'로 표기한다. 연결전치사나 접속사, 예를 들어, 'bi,' 'li,' 'wa' 등이 정관사 al과 연결될 때는, 정관사 al에서 a를 생략하고, 'bi-l-,' 'li-l-,' 'wa-l-'로 표기한다.
      예) al- ʿIlm **wa-l**-Falsafa

   2) 단어의 맨 앞에 있는 함자 표기는 생략한다. 예) ʾIbn -〉 Ibn

   3) 책 저자명과 지명, 책명, 기사 제목은 IJMES의 음역 규정에 따른 철자를 쓰지만, 분음표(장모음표, 발음을 구별하기 위해 글자 위나 아래에 붙이는 발음 부호)는 사용하지 않는다. 다만 아인(ʿ*ayn*)과 함자(*hamza*) 분음표는 사용한다(예외: 단어 맨 앞 함자 표기는 생략). 그리고 음역된 제목은 영어 대문자 규칙을 따른다. 곧 모든 주요 단어의 첫 글자는 대문자로 표기하나, 관사, 전치사, 등위 접속사의 첫 글자는 대문자로 표기하지 않는다.
      예) **fī ẓilāl al-Qurʾān** -〉 **fī Zilal al-Qurʾan**

   4) 코란의 인명(人名)은 어원 파악을 위해 모든 분음표를 사용하고 이탤릭체로 표기한다.

   5) 원어의 의미 파악을 목적으로 음역 표기한 단어 및 문장은 이탤릭체로 표기한다.

   6) 아랍어 자음-로마자 음가 표기는 다음과 같다.

아랍어	로마자	아랍어	로마자	아랍어	로마자	아랍어	로마자
ء	ʾ	د	d	ض	ḍ	ك	k
ب	b	ذ	dh	ط	ṭ	ل	l
ت	t	ر	r	ظ	ẓ	م	m
ث	th	ز	z	ع	ʿ	ن	n
ج	j	س	s	غ	gh	ه	h
ح	ḥ	ش	sh	ف	f	و	w
خ	kh	ص	ṣ	ق	q	ي	y

그리고, 단모음은 a / u / i , 장모음은 ā / ū / ī 로 표기한다.

2. 영문으로 번역된 아랍원서의 경우, 책 제목과 저자명은 번역서에 기록된 표기법을 그대로 사용한다.

3. 아랍어 단어를 한글로 음역 표기한 경우에는 정관사(al)가 태양문자(t, th, d, dh, r, z, s, sh, ṣ, ḍ, ṭ, ẓ, l, n)를 만날 경우 정관사의 l(ㄹ) 발음이 그 자음에 동화되는 현상을 반영하여 아랍어 발음에 가깝게 표기한다. 예) al-Sabuni -> 앗싸부니

목 차

추천사 1 (이동주 박사 | 현 선교신학연구소 소장) / 04
추천사 2 (정흥호 박사 | ACTS 대학원장) / 08
저자서문 / 09
일러두기 / 15

서론
  1. 문제 제기 및 본서의 목적 / 20
  2. 연구 방법 및 범위 / 24
  3. 연구사 / 27
  4. 용어의 정의 / 32

제1부 코란의 이싸 진술에 나타난 예수와의 차별성

제1장 이싸의 생애에 관한 코란의 기록과 코란이 부여하는 의미
  1. 수태고지와 이싸의 탄생 / 36
  2. 이싸의 자의식과 가르침 / 46
  3. 이싸의 기적과 활동 / 57
  4. 이싸의 십자가 사건과 십자가 이후 생애 / 62
  5. 이싸의 재림 / 78

제2장 코란이 이싸에게 부여하는 칭호와 그 의미
  1. 알마씨흐 / 82
  2. 마리아의 아들 / 84
  3. 이싸 / 86
  4. 알라의 말씀 / 89
  5. 알라의 영 / 91
  6. 알라의 종 / 93
  7. 사도, 선지자 / 96

제3장 지위와 사명에 있어서 이싸와 예수의 차별성
  1. 지위 / 102
  2. 사명 / 118

제2부 이싸 진술의 특징에 나타난 성경적 증언과의 차별성

제1장 위경, 기독교 이단, 아랍 다신주의의 영향
  1. 위경적 전승 유입 / 131
  2. 기독교 이단과 아랍 다신주의 환경의 영향 / 137

제2장 코란적 세계관의 영향
  1. 신관 / 159
  2. 죄관 / 164
  3. 인간관과 구원관 / 168

제3장 복음의 핵심 부재
  1. 성육신 부재 / 174
  2. 구속 부재 / 178
  3. 대속적 십자가 죽음과 부활 부재 / 179

제3부 '이싸'에 대한 기독교적 해석 사례와 문제점

제1장 이싸에 대한 기독교적 해석 사례
  1. 코란에서 삼위일체 신관 해석: 푸아드 엘리아스 아카드의 사례 / 186
  2. 이싸의 대속적 죽음 해석 / 189
  3. 하늘로 가는 길을 아는 이싸 해석: 낙타 전도법 사례 / 197

제2장 이싸에 대한 기독교적 해석의 문제점
  1. 신학적 문제 / 201
  2. 해석학적 문제 / 217
  3. 관계적 문제 / 219

제4부 코란의 이싸를 접촉점으로 한 성경적 전도법

제1장 이싸와 예수의 차별성에 기초한 증거
  1. 차별성에 기초한 증거의 3요소 / 227
  2. 차별성에 기초한 증거 사례 / 236

제2장 이싸의 관점에 반(反)한 구체적 말씀 증거법
  1. 성경적 의미를 오해하는 부분 / 248
  2. 성경적 의미가 상실된 부분: 메시아 칭호 / 263
  3. 성경적 사실과 배치되는 부분 / 268

결론 / 283
참고 문헌 / 295

〈표 목차〉
〈표 1〉 이싸의 수태고지 본문의 문맥적 정황 / 37

서 론

1. 문제 제기 및 본서의 목적

    이슬람의 출현 이래 무슬림 복음화는 기독교 세계에 큰 과제가 되어 왔고, 그리스도인들은 선교를 위한 다차원적인 노력을 기울여 왔다. 그러한 노력은 과거 이슬람과 기독교 간의 대결적이고 논박적인 접근법에서부터 오늘날 무슬림의 종교 문화적 상황을 복음 전달 수단으로 고려하는 상황화 접근법에 이르기까지, 다양한 전도법의 모색으로 나타났다.

    이렇게 무슬림들에게 복음을 전하는 여러 차원의 노력 속에 지속적으로 등장해 온 전도법이 있는데, 그것은 '코란 사용을 통한 전도법'이다. 이 전도법은 코란의 특정한 어휘 혹은 문구를 이용해 기독교 복음을 변증하고 증거하는 방법이다. 이러한 전도법은 이슬람을 첫 대면하였던 다마스커스의 성 요한(St. John of Damascus, 675-753)[1]

---

[1] 다마스커스의 요한(John of Damascus)은 이슬람 태동 후 이슬람과 대면하여 기독교를 변증한 첫 기록을 남긴 신학자이다. 본래 이슬람 우마이야 왕조(661-750)의 기독

과 같은 초기 아랍 기독교 변증가들의 사례에서 발견된다. 그리고 이들이 사용하였던 방식은 근대 개신교 선교사들 중 칼 고틀렙 판데르(Karl gottlieb Pfander, 1803-1865),[2] 윌리엄 뮈르 경(Sir William Muir, 1819-1905),[3] 윌리엄 성 클레이어 티스달(William St. Clair Tisdal)[4] 등에게 이어졌다. 그리고 오늘날은 푸아드 엘리아스 아카드(Fouad Elias

---

교인 관료로 있었는데 후에 수도사가 되었다. 이러한 변화는 우마이야 왕조의 우마르 2세(717-720)가 관료의 요직에 있는 그리스도인들을 아랍화, 이슬람화 하려고 했을 때 일어난 것 같다. 그는 그의 저서 『진리의 샘』(*The Fount of Knowledge*)에서, 코란 안에서 그리스도의 신성을 입증하기 위해 예수를 '말씀'과 '영'으로 칭한 코란 구절을 사용한다. 이것은 기독교인 변증에 있어 고전적인 방법이 된다. Jean Marie Gaudeul, *Encounters & Clashes: Islam and Christianity in History* (Rome: Pontificio Istituto di Studi Arabi e Islamici, 1984), 28-29.

2 칼 고틀렙 판데르(Karl gottlieb Pfander)는 독일인 선교사로 1825년에 페르시아에서 선교 사역을 시작하였고, 1837년 이후 인도에서 사역했다. 1829년에 그는 이슬람에 대한 기독교 변증서인 『진리의 균형』(*Balance of Truth*)이라는 책을 썼다. 이 책은 이후 페르시아, 우르두어, 터어키어, 아랍어로 번역되고 이후 수정되어 여러 번 재판되었다. 3부로 구성되어 있고, 1부 '성경의 진리성,' 2부 '성경의 기본적 가르침,' 3부 '이슬람이 마지막 계시라는 주장에 대한 솔직한 질문'을 주제로 한다. 이 책은 무슬림들의 분노를 자극하였는데, 이 책은 이슬람이 진정한 계시라는 주장이 결코 입증 될 수 없다고 논증하고 있기 때문이었다. 게다가 판데르는 코란, 하디쓰에 의거해 그의 논쟁을 펼쳤기 때문이었다. 이 책은 그 어떤 기독교 서적보다 오래도록 무슬림들의 감정을 자극하였다. 이 책에 대해 이슬람 측에서는 몇 개의 답변서들이 나왔는데 그 중의 하나가 라흐마툴라 브누 할릴(Rahmatullah b. Halil, 1818-1891)이 쓴, 『진리의 표명』(*Izhar al-Haqq*)이었다. 이 책 역시 1867년에 콘스탄티노플에서 발간되고 이후 여러 번 재판되었다. Jean Marie Gaudeul, *Encounters & Clashes*, 256-259.

3 윌리엄 뮈르 경(Sir William Muir)은 『유대인과 기독교인의 경전에 대한 코란의 증거』 (*The Testimony borne by the Coran to the Jewish and Christian scriptures*)라는 책을 썼다. 1855년에 쓰여진 이 책은 1861년 우르두어로 번역되었다. Jean Marie Gaudeul, *Encounters & Clashes*, 256.

4 윌리엄 성 클레이어 티스달(William St. Clair Tisdal)은 판데르의 저서 『진리의 균형』을 개정하고 증보한 번역서를 썼다. 오늘날 통례적으로 인용되는 『진리의 균형』은 그의 번역이다. 그러나 판데르의 원서와 티스달의 개정본 사이에 중요한 차이가 있는데, 티스달은 판데르보다 코란을 더 많이 사용하고 있다. 샘 쉴로르프, 『무슬림 사역의 선교학적 모델』, 김대옥·전병희 역 (서울: 도서출판 바울, 2012), 144.

Accad)⁵의 사례나 케빈 그리슨(Kevin Greeson)⁶의 낙타 전도법의 사례에서 코란 사용 전도법이 두드러지게 발견되고 있다.

이렇게 코란의 지지를 얻어 전도하는 방식 역시 과거에는 코란을 논박적, 논쟁적 입장에서 사용하였다면, 오늘날에는 코란을 무슬림 상황에서 복음의 호소력을 높이는 긍정적 파트너로 인식하며 사용하는 경향이 있다. 그러나 그 어떤 입장의 코란 사용이든 간에, 코란의 지지를 얻어 전도하는 방식에는 재고해야 할 여러 문제점들이 내재한다.

코란을 사용하는 전도자는 자신이 코란을 계시로 받아들여서가 아니라 코란이 무슬림들에게 중요한 책이기 때문에 사용하는 것이라고 주장한다. 그럼에도 전도자가 전도의 목적을 위해 코란의 권위를 일시적으로 의존하는 것은, 전도자의 상황화의 태도에 따라서는 전도자가 코란을 계시로 여기고 있다는 지나친 오해를 불러일으킬 수 있다. 그리고 전도를 받은 무슬림이 코란의 권위에서 자유롭지 못하게 하고, 회심자 내면에 코란과의 단절을 어렵게 할 수 있다.

코란 안에서 복음의 지지를 얻으려는 시도 속에는 코란 전체의 문맥을 고려하지 않은 자의적인 해석 방식이 따르게 된다. 이러한

---

5 푸아드 엘리아스 아카드(Fouad Elias Accad)는 무슬림들을 기독교 신앙으로 인도하는 다리로 코란 구절을 사용한다. 그의 방법론은 1970년대와 1980년대 중동에 있는 네비게이토 선교회 소속 선교사들에 의해 널리 사용되었다. Phil Bourne, "Summary of the Contextualization Debate," *St Francis Magazine* 5:5 (October 2009), 67.

6 동남아시아 현지 개종자들이 복음 전도를 위해 코란을 사용하여 온 방법을 기초로 남부침례 교단 소속 선교사인 케빈 그리슨(Kevin Greeson)이 남부 침례교단 국제 선교국(International Missions Board of the southern Baptists)의 지원 하에 고안한 전도법이다. 이 전도법의 첫 목표는 복음 메시지에 수용적인 '평화의 사람'을 만나는 것이다. 그리고 무슬림들에게서 기독교 메시지에 대한 반응을 측정하는 주요 본문이 코란 3:42-55이다. Phil Bourne, "Summary of the Contextualization Debate," 64-65.

해석은 기독교인 전도자가 코란을 독단적으로 해석 오용한다는 비난을 초래하여, 오히려 복음을 전하려는 무슬림과의 관계에 부정적 영향을 끼치는 요인이 된다. 코란을 기반으로 한 전도법이 갖고 있는 이러한 문제점은, 코란이 무슬림에게 중요하다는 이유와 이러한 전도법이 무슬림 상황에서 전도 효과가 높다는 이유만으로, 이런 전도방식이 단순하게 지지 받을 수 없음을 말해준다. 그럼에도 불구하고 오늘날은 코란 구절을 기반으로 복음을 전하는 낙타 전도법이 많은 전도 효과를 얻은 것으로 알려지고 있어, 기독교인들 가운데 무분별한 코란 사용이 이뤄질 가능성을 높게 하고 있다.

이것은 무슬림 복음화에 있어 기독교인들에게 코란 사용의 올바른 원칙이 세워져야 할 필요성을 요구한다. 곧 이런 문제점으로부터 자유로운, 코란에 대한 올바른 접근법, 그리고 이런 바른 접근법에 기초한 성경적 전도법의 필요성을 제기한다.

필자는 본서를 통해 기독교 복음의 변증과 옹호를 위해 코란을 사용하여 온 전도법을 비판적으로 고찰하고 코란 사용을 통한 전도법의 올바른 방향성을 찾고자 한다. 이를 위해 본서는 구체적으로 기독교인의 코란 사용이 성경의 예수를 지시하는 인물인 '이싸'(*'Īsā*)[7]를 접촉점으로 하여 이루어져 왔음을 주목한다. 따라서 본서는 구체적으로 코란의 이싸를 접촉점으로 한 전도법에 대한 비판적 고

---

7 '이싸'(*'Īsā*)는 코란에서 성경의 '예수'를 지시하는 이름이다. 예수에 대한 전통적 기독교 아랍어 이름은 '야쑤우'(*Yasū'*)이다. 그래서 그리스도인들 사이에 '이싸'라는 이름을 아랍어 성경과 무슬림 복음화에 사용해도 될 지에 대해 많은 논란이 있다. 그러나 '이싸'는 무슬림 사회에서 살아온 비 아랍계 기독교 소수 사이에서는 예수에 대한 일반적 이름이다. William J. Saal, *Reaching Muslims for Christ* (Chicago: Moody Press, 1991), 113.

찰을 통해, 코란에 대한 올바른 접근법과 이에 근거한 성경적 전도법을 모색하고 제안하고자 한다.

코란의 이싸는 성경의 동정녀 마리아에게서 난 예수를 지시하는 인물이라 할지라도 코란의 문맥과 세계관 속에서 성경과 전혀 다른 이슬람적 인물로 존재한다. 곧 이싸라는 접촉점은 결코 단순히 기독교적 의미를 부여하고, 복음을 논증하고 설득할 수 있는 기반으로 사용될 수 없다. 그런데도 접촉점 이싸의 한계를 무시한 채 이싸에 기독교적 해석을 하고 코란에서 복음을 확증하는 신학적 기반으로 삼는 전도법이 이루어져 왔다.

본서는 코란의 이싸에 대한 올바른 활용을 위한 제안으로, 자의적 기독교적 해석을 통해 이싸를 코란 안에서 복음 확증의 수단으로 삼는 전도법을 비판한다. 그리고 이싸를 접촉점으로 한 성경적 전도법은, 코란적 관점으로 해석한 이싸와 성경적 예수와의 차별성에 기초한 전도법이며, 이싸를 예수에 관한 바른 증거를 들려줄 소통의 출발점으로 삼아, 성경 말씀으로 증거하는 전도법임을 주장한다. 즉, 코란의 이싸를 접촉점으로 한 성경적 전도법은 이싸와 예수의 차별성에 기초한 말씀 증거법임을 논증하여 제시한다.

2. 연구 방법 및 범위

본 주제의 논증을 위해 가장 우선적으로 이싸('Isā)의 생애와 칭호에 대한 코란의 진술과 이싸에 대한 코란 진술의 특징을 파악하고자 한다. 이로써 이싸와 예수의 차별성을 확인하고자 한다. 그리고 이러한 차별성을 토대로 이싸에 대한 기독교적 해석 사례의 문제점을 분석하고 비판하고자 한다. 그리고 결론적으로 이싸를 접촉점으로 한 성경적 전도법은 이싸와 예수의 차별성에 기초한 말씀 증거법임을 제안하고자 한다.

이런 논증의 맥락 속에서 먼저 제2장에서는 코란의 이싸에 관한 진술들을 고찰하고 예수와의 차별성을 파악하고자 한다. 코란의 이싸의 생애에 대한 기록에서 코란이 부여하는 의미가 무엇인지 살펴볼 것이다. 이를 위해 구체적으로 이싸에 대한 수태고지와 출생, 이싸의 자기 자신에 관한 진술과 가르침, 이싸의 활동, 그리고 이싸의 십자가 사건을 포함한 그의 마지막 생애와 재림 등에 관한 코란의 진술을 고찰할 것이다. 그리고 코란이 이싸에게 부여하는 칭호들과 그 의미를 살펴볼 것이다. 이를 통해 결론적으로 이싸와 예수는 그 지위와 사명에서 어떤 차별성을 지니고 있는지 대조할 것이다.

제3부에서는 이싸에 대한 코란 진술의 특징을 고찰함으로써 이싸가 예수에 대한 성경적 증언과 어떻게 다른지를 파악하고자 한다.

첫 번째 특징은 코란의 이싸 정보의 출처에서,

두 번째 특징은 이싸의 세계관에서,

세 번째 특징은 핵심적인 복음 진리와의 관계에서 살펴봄으로써 예수와의 차별성을 파악할 것이다.

제4부에서는 이싸에 대한 기독교적 해석 사례들을 제시하고, 그 문제점들을 분석할 것이다. 이런 기독교적 해석을 통한 전도법의 문제점 인식을 통해 제5부에서 제시하는 '이싸와 예수의 차별성'에 기초한 전도법의 근거를 마련할 것이다. 그 문제점들은 신학적인 측면과 해석학적 측면 그리고 관계적 측면에서 고찰 한다.

그리고 제5부에서는 이싸를 접촉점으로 한 성경적 전도법을 제안한다. 이 제안은 제2장과 제3부에서 살펴본 이싸와 예수의 차별성과 제4장의 이싸에 대한 기독교적 해석과 그 문제점에서 얻은 결론적인 제안이다.

첫째, 이싸와 예수의 차별성에 기초한 증거법을 제안할 것이다. 이를 위해 차별성에 기초한 증거를 가능케 하는 요소들을 파악하고, 이런 증거법의 구체적 사례를 예시할 것이다.

둘째, 이싸와 예수의 차별성의 토대 위에서 이싸의 관점에 반(反)하여 성경의 증언을 들려주는 구체적인 방법을 연구하고 제안할 것이다. 여기에서는 이싸에 관한 코란의 진술 중, 성경적 지식에 대한 오해와 성경적 암시가 있는 부분, 그리고 성경과 배치되는 부분의 세 차원에서 각각의 주제에 대해 말씀을 증거하는 방법을 고찰한다.

본 연구를 위하여 필자는 다음과 같은 연구방식을 취한다. 이싸에 대한 코란의 관점과 무슬림의 관점을 파악하기 위해, 코란 원어의 문법과 문맥에 충실한 의미 파악을 하며, 무슬림 공동체의 해석 전승인 코란 주석을 살펴 볼 것이다. 그리고 이렇게 파악된 코란의 이싸에 대한 진술을 성경의 예수에 대한 증언과 비교 검토할 것이다. 그리고 코란의 이싸를 접촉점으로 한 무슬림 전도 사례들에서 코란에 대한 어떤 해석학적 접근이 이뤄지고 있는지 분석할 것이다.

연구 범위는 무슬림 전도에 사용되는 코란 구절 전체가 아닌 코란의 이싸를 접촉점으로 한 사례 연구로 제한한다. 그리고 코란의 이싸에 대한 건전한 해석과 코란의 이싸를 접촉점으로 사용하는 원칙과 접촉점 이싸를 활용하여 말씀을 증거하는 선교 변증적 측면으로 본 연구의 범위를 제한한다. 그러므로 무슬림 전도를 위한 여러 방면의 실천적 측면은 여기서 다루지 못함을 밝힌다.

3. 연구사

오늘날 무슬림 전도에 있어 코란을 적극 사용하고 있는 예는 푸아드 엘리아스 아카드(Fouad Elias Accad)의 사례다. 그는 1976년 선교학술지 「선교학」(Missiology)에 실은 글 "코란: 기독교 신앙으로의 다리"(The Qur'an: A Bridge to Christian Faith)와, 그의 소책자 『무슬림과 기독교 공통의 7원리를 들어 보셨습니까?』(Have you ever read the seven Muslim-Christian Principles?, 1978)와 그의 저서 『기독교와 이슬람 사이에 다리 놓기』(Building Bridges: Christianity and Islam, 1997)[8]에서 무슬림들을 기독교 신앙으로 인도하기 위한 다리(bridge)로서 코란을 사용할 것을 적극 주장하였다. 그는 코란이 친 기독교적이고 친 성경적이라고 주장한다. 그래서 그는 두 책자에서 이슬람과 기독교에 공통이 된다고 하는 4영리와 유사한 7가지 원리를 신구약과 코란에서 그 증거 본문을 들어 제시한다. 그러나 '코란이 친 기독교적이다'라는 그의 주장은 코란 전체의 세계관과 맥락을 공정하게 파악하지 못한 관점에서 비롯된 것이다.

빌리 그래함 협회의 전도자, 압디야 아크바르 압둘 하끄(Abdiyah Akbar Abdul-Haqq)는 그의 저서 『무슬림과 복음을 나누라』(Sharing Your Faith with a Muslim)[9]에서 무슬림 전도를 위해 코란을 사용하는 예를 보여준다. 그런데 그는 코란의 이싸 안에서 성경의 예수의 이

---

8 푸아드 엘리아스 아카드, 『기독교와 이슬람 사이에 다리놓기: 예수를 우리 사람이 되게 하라』, 김요한·전병희 역 (서울: 도서출판 대장간, 2012).

9 Abdiyah Akbar Abdul-Haqq, Sharing Your Faith with a Muslim (Minnesota: Bethany House Publishers, 1980).

미지를 부각시키기 위해, 코란의 문맥을 벗어난 무리한 기독교적 해석을 한다.

케빈 그리슨(Kevin Greeson)은 『모슬렘을 위한 낙타 전도법』[10]에서 코란 3:42-55을 사용하는 '낙타 전도법'의 원리와 전제 및 목적 그리고 그 사용 방법을 설명하고 있다. 그러나 이 책 역시, 제시하는 코란 본문의 이싸에 대한 진술에서 성경적인 예수의 이미지를 무리하게 해석해내는 문제점을 드러낸다. 그리고 이 책은 낙타 전도법이 성경을 유일한 경전으로 인정하고 있다고 밝히고 있지만, 실제 전도지인 '낙타의 길'(Camel Tracks)[11]의 경우는 코란과 성경의 권위를 동일한 선상에 두는 모호한 표현을 사용하고 있어, 이 책은 '낙타 전도법'이 사용되는 현장을 실제적으로 반영하지 못하고 있다.

존 길크리스트도 (John Gilchrist)도 『무슬림을 향한 기독교인의 증거』(The Christian Witness to the Muslim)[12]와 『무슬림에게 복음 전하기: 성경을 기초로 하는 무슬림 전도 핸드북』[13]에서 코란 안에서 기독교 신앙과 일치를 이루는 부분 곧 공동기반을 찾아 복음을 제시하는 방법을 논한다. 그러나 그의 코란에 대한 접근법은 본래적 코란의 관점을 왜곡함이 없이, 코란에 접근하는 방식을 보여준다.

데이비드 쉥크(David W. Shenk)도 그의 저서, 『무슬림과 기독교인

---

10 케빈 그리슨, 『모슬렘을 위한 낙타 전도법』, 이명준 역 (서울: 요단출판사, 2009).
11 "Camel Tracks," (http://www.harvest-now.org/fileadmin/resources/en/The_Camel_Tracks.pdf)
12 John Gilchrist, The Christian Witness to the Muslim (Benoni: Roodepoort Mission Press, 1988).
13 존 길크리스트, 『무슬림에게 복음 전하기: 성경을 기초로 하는 무슬림 전도 핸드북』, 김대옥 · 전병희 역 (서울: 도서출판 대장간, 2012).

의 대화』(*A Muslim and a Christian in Dialogue*)[14]에서 코란과 성경의 서로간의 시각을 좁히거나 혼합하지 않는 해석학적 입장에서 복음증거를 위한 대화를 나누는 모습을 보여준다. 그리고 쇼켓 모우커리(Chawkat Moucarry)의 『기독교와 이슬람의 대화: 아랍 그리스도인이 본 이슬람』[15]도 역시 이런 해석 사례를 제공한다. 이런 코란 고유의 관점을 토대로, 코란에 접근하고 복음을 전하는 사례는 참으로 많다.

이처럼 무슬림 전도에 코란을 사용하고 코란에 접근하는 방식은 상이한 모습을 보이는데, 윌리암 살(William J. Saal)은 그의 저서 『그리스도를 위해 무슬림들께 나아가기』(*Reaching Muslims for Christ*)에서, 상황화의 주제를 다룬 장에서 몇 페이지를 할애하여, 복음 전도에서 코란에 대한 접근 방식을 크게 두 개의 범주로 명확히 구분해 준다. 곧 코란과 성경의 관점을 좁히려는 통합적 접근법과, 코란 고유의 관점으로 코란을 바라보는 분석적 접근법이다. 이 두 개의 범주는 코란에 기독교인의 접근법에 대한 중요한 통찰을 제공하지만, 저자는 이 책에서 이 주제에 대해 그 이상의 깊이 있는 논의는 보이지 않는다.

무슬림 전도에 있어 코란 사용의 이슈를 깊이 있게 논한 선교학자로는 샘 쉴로르프(Samuel P. Schlorff)가 있다. 그는 1980년 7월 「복음주의 선교 계간지」(*Evangelical Missions Quarterly*)에 실은 글 "무슬림 복음화 내의 해석학적 위기"(The hermeneutical crisis in Muslim

---

14 Badru D. Kateregga, David W. Shenk, *A Muslim and a Christian in Dialogue* (Scottdale: Herald Press, 1997).

15 쇼켓 모우캐리, 『기독교와 이슬람의 대화: 아랍 그리스도인이 본 이슬람』, 한국이슬람연구소 역 (서울: 예영커뮤니케이션, 2003).

evangelization)[16]에서 이슬람 선교에 코란이 기독교적으로 사용되고 있는 문제점을 제기하였다. 그는 여기서 코란에 대한 기독교적 해석의 문제를, 이슬람 선교의 전진을 방해하는 요소로 본다. 그는 그의 저서 『무슬림 사역의 선교학적 모델』[17]에서 이 주제를 더 발전시키는데, 여기에서는 이슬람 선교에 있어서의 과거 선교 모델들에 대한 평가로부터 성경적 상황화 모델의 모색과 제안이라는 큰 흐름 속에서 이 주제를 다룬다.

쉴로르프의 글과 저서는 무슬림 전도 시에 코란을 사용하는 문제와, 더 나아가 기독교적으로 해석하는 것에 대한 문제의식을 표면화시켜서 성경적 신학적 분석을 통해 그 문제점을 짚어주고 있는 중요한 문헌이다.

이렇게 이슬람권 선교계는 무슬림 전도를 위해 코란에 접근하는 방식을 분석적인 접근법과 통합적인 접근법이라는 서로 다른 범주를 보여주고 있고, 복음 증거에 있어 기독교적 코란 해석과 사용 이슈는 선교계에 많은 논쟁을 불러일으키고 있는데, 우리 한국 선교계에는 기독교적 코란 사용에 대한 선교학적 논의가 아직 깊이 있게 이루어지고 있지 않다. 그 유일한 사례가 있다면, 2010년 3월 23~24일에 있었던 선교단체 '콜오브호프'(Call of Hope)에서 주관한 상황화 세미나에서 초대 강사들이 낙타 전도법이 무슬림의 비난을 초래한 사례를 언급하고 이런 기독교적 코란 해석을 통한 복음 전도법을 비판하였던 사례이다.

---

16 Samuel P. Schlorff, "The hermeneutical crisis in Muslim evangelization," *Evangelical Missions Quarterly* (July 1980).

17 샘 쉴로르프, 『무슬림 사역의 선교학적 모델』, 김대옥·전병희 역 (서울: 도서출판 바울, 2012).

이는 한국에 나와 있는 이슬람 선교를 위한 연구물에서도 확인된다. 이슬람 선교를 주제로 한 학위 논문들의 다수가 이슬람에 대한 이해의 기본으로서 코란의 이싸에 대한 개략적인 언급을 하고 있는 정도이고, 코란의 이싸를 복음 전도의 접촉점으로 사용하는 것을 논한 논문으로는 안종수의 "기독교 선교 접촉점으로서의 코란에 나타난 예수 이해"[18]와 이병관의 "코란에 나타난 예수 자료를 통한 선교 접촉점 고찰"[19] 그리고 그 외 소윤정의 "복음 증거를 위한 선교적 접촉점으로서 꾸란의 이싸와 성경의 예수 비교 연구"[20]가 있는 정도이다. 그러나 코란의 이싸를 선교 접촉점으로 사용하는 데 있어서 코란에 대한 기독교적 해석의 문제를 제기하고, 바른 해석에 기초한 전도법을 제시한 연구는 아직 이루어지지 않았다.

사실 무슬림 전도에 기독교적 코란 해석을 통한 전도의 문제점은 앞서 언급한 대로, 샘 쉴로르프가 그의 저서에서 이론적으로 심도 있게 다루었다. 그러나 쉴로르프의 연구는 기독교적 코란 해석의 문제점을 분석함으로, 이러한 해석에 대한 문제의식을 고취시켜주고 있지만, 코란 진술에 대한 분석을 토대로 기독교적 해석이 가능하지 않다는 기본적인 설득은 충분히 하고 있지 않다.

---

[18] 안종수, "기독교 선교 접촉점으로서의 코란에 나타난 예수 이해" (선교신학석사학위논문, 아세아연합신학대학교 대학원, 1997).

[19] 이병관, "코란에 나타난 예수 자료를 통한 선교 접촉점 고찰" (실천신학석사학위논문, 영남신학대학교 신학대학원, 1999).

[20] 소윤정, "복음 증거를 위한 선교적 접촉점으로서 꾸란의 이싸와 성경의 예수 비교 연구," 『복음과 선교』 vol. 11 no.1 (2009).

또한 코란 해석의 두 갈래의 접근법을 동시에 분석하여 보여줌으로써, 코란에 대한 해석과 접근은 코란 고유의 관점으로 이루어져야 함을 비교 논증하는 연구물은 아직 존재하지 않는다. 따라서 본서는 코란 진술 분석을 토대로, 그리고 코란 해석의 두 갈래의 접근법에 대한 비교 분석을 통해, 코란 사용을 통한 전도법의 올바른 방향성을 모색하고자 한다. 그리고 본 연구의 깊이를 더하기 위해, 본인은 코란의 '이싸'를 접촉점으로 한 경우를 중심으로 이러한 논의를 펼치고자 한다.

4. 용어의 정의

1) 이싸

이싸(*Īsā*)는 코란에서 성경의 '예수'를 지시하는 이름이다. 예수에 대한 전통적 기독교 아랍어 이름은 '야쑤우'(*Yasū*)이다.

2) 접촉점

전도자와 복음의 청자 간에 일체감을 세우고 복음을 증거하는 시작점을 의미한다. 그러나 타 종교에서 찾는 접촉점은, 단순히 기독교 복음을 설명하고 지지해 줄 수 있는 종교적 유사성과 공동기반[21]으

---

21 기독교와 타종교 사이에 공동기반, 종교적 유사성의 의미의 접촉점은 존재하지 않음

로 사용할 수 없는 한계가 있다. 본 논문에서는 코란의 이싸는 성경의 동정녀 마리아에게서 난 예수를 지시하는 인물이라는 면에서 접촉점이 될 수 있지만, 이싸는 성경의 예수를 위한 지지 기반으로 단순히 활용될 수 없는 차별적 인물이라는 사실을 강조한다. 그리고 이싸와 예수의 차별성 인식을 기반으로 한 접촉점 이싸의 건전한 활용을 주장한다.

3) 성경적

'성경적 전도법'에서 '성경적'이라는 의미는 접촉점 이싸에 대한 기독교적 해석이 야기시키는 문제점들, 곧 성경의 진리 증거를 방해하는 요소들이 배제된 전도법을 의미한다. 그리고 회심자 내면에 성경과 코란의 권위 충돌의 문제를 야기시키지 않는, 복음의 진리성을 오직 '성경의 권위'에만 두는 전도법을 의미한다.

을 핸드릭 크래머(Hendrik Kramer)는 다음과 같이 단언한다. "모든 종교를 위한 접촉점의 목록을 만드는 것이 가능하다는 확신이 다소 살아 있다. 이것은 … 잘못된 추구이다. 하나님과 인간, 영혼, 구원에 대한 개념, 영생에 대한 기대 등의 주제에 관해, 기독교와 비기독교 사이의 유사성에 근거해 목록을 만드는 것은 불가능하다." Handrik Kraemer, *The Christian Message in a Non-Christian World* (Grand Rapids: Kregel Publications, 1938), 134, Larry Poston, "Evaluating 'A Common word': The Problem of 'Points of Contact,'" *Evangelical Missions Quarterly* (Jan 2010): 68에서 재인용.

제1부

코란의 이싸 진술에 나타난 예수와의 차별성

제1장 / 이싸의 생애에 관한 코란의 기록과 코란이 부여하는 의미

제2장 / 코란이 이싸에게 부여하는 칭호와 그 의미

제3장 / 지위와 사명에 있어서 이싸와 예수의 차별성

제1부에서는 코란이 이싸의 생애를 어떻게 진술하고 있는지, 코란이 이싸의 생애에 부여하는 의미는 무엇인지, 그리고 코란이 이싸에게 부여하는 칭호들과 그 칭호 각각의 의미는 무엇인지를 살펴볼 것이다. 이를 통해 코란의 이싸와 성경의 예수 사이에는 어떤 차별성이 나타나고 있는지 살펴볼 것이다.

　코란은 성경의 복음서처럼, 이싸의 생애를 독립적으로 다루고 있지 않다. 그러므로 이싸의 생애를 조명하기 위해서는 이싸가 언급되고 있는 코란 구절들을 종합적으로 살펴보아야 한다. 이싸는 코란 전체 114개장 중 14개의 장,[1] 93개 구절에 흩어져 언급되어 있다.

1　코란 2-6, 9, 19, 21, 23, 33, 42-43, 57, 61장

제1장

이싸의 생애에 관한 코란의 기록과 코란이 부여하는 의미

코란은 이싸의 생애와 관련하여, 천사가 동정녀 마리아에게 나타나 그녀가 아들을 낳을 것이라고 전하는 수태고지 사건, 마리아가 이싸를 출산하던 당시의 상황, 이싸가 행한 기적들, 그가 설파했던 가르침의 내용을 기록하고 있고, 십자가 사건을 짧게 언급하고 있다. 이 외에도 코란은 이싸의 재림을 언급한 것이라고 일부 무슬림학자들이 해석하는 구절을 포함하고 있다.

1. 수태고지와 이싸의 탄생

코란은 이싸의 생애 중에 이 수태고지 사건을 가장 상세하고 다루고 있다.
코란의 수태고지는 성경의 수태고지와 어떤 차이점이 있을까?
코란은 마리아가 잉태할 아이를 어떤 존재로 고지하고 있을까?

수태고지 내용은 코란 3:42-49와 19:16-21 두 본문에 나온다. 이 두 본문은 다음의 문맥 속에 나타난다.

코란 3장의 수태고지		코란 19장의 수태고지	
3:35-37	마리아의 탄생설화[2]	19:2-15	야흐야의 탄생 예고와 출생
3:38-41	야흐야의 탄생설화[3]	19:16-21	이싸에 대한 수태고지
3:42-49	이싸에 대한 수태고지	19:22-27	마리아의 이싸 출산 시의 상황 묘사

〈표 1 이싸의 수태고지 본문의 문맥적 정황〉

위 문맥에서 알 수 있듯, 코란 역시 이싸에 대한 수태고지 내용에 앞서, 성경이 예수의 출생 전에 사가랴의 아들 세례 요한의 출생을 언급하고 있는 것처럼, 자카리야(사가랴)의 아들 야흐야의 출생을 언급하고 있다. 그리고 3:35-37은 성경은 언급하고 있지 않은 마리아의 탄생 설화를, 그리고 19:22-27은 마리아가 이싸를 출산하던 당시

---

[2] 코란 3:35-37은 마리아의 출생과 유아시절의 기적에 대해 다음의 내용을 담고 있다. 마리아의 어머니는 태중에 있는 아이를 알라께 드리기로 서원하고, 태어난 마리아는 성전에서 자카리야(사가랴)의 보호 아래 길러진다. 자카리야는 마리아에게 갈 때마다, 그녀의 요람에 먹을 양식이 있는 것을 발견한다. 자카리야가 "마리아야 이것을 어디서 얻었니?"라고 마리아에게 묻자, 요람 속의 아이 마리아는, 그것이 알라에게서 왔고, 알라는 그가 원하는 자에게 양식을 풍요로이 공급하는 분이라고 말한다. 3:35에서 마리아의 어머니는 '이므란('imrān)의 아내'로 칭해진다. 이므란은 성경에서 모세와 아론, 미리암의 아버지 '아므람'(Amram)을 칭한다. 그것은 코란 19:28에서 확인된다. 여기에서 마리아는 '아론(harūn)의 누이여'라고 불려진다. 이것은 성경에 대한 코란의 부정확한 지식의 한 단면을 보여준다.

[3] 코란 3:38-41이 말하는 야흐야의 탄생 설화는 다음과 같다. 마리아에게 일어난 기적을 본 자카리야는 알라에게 그에게도 훌륭한 아이를 주시라 간구한다. 이때 천사들이 알라가 그에게 야흐야(yaḥyā)라는 이름의 아들을 줄 것이라고 전해준다. 이미 나이들고 그의 아내역시 잉태할 수 없게 된 자카리야가 이를 쉽게 믿지 못하자, 천사는 알라는 그가 원하는 것을 행하는 분이라고 말한다. 그리고 표징을 구하는 그에게 알라를 찬양하는 것 외에는 그가 삼일 동안 말을 하지 못하게 될 것이라고 알려준다.

의 상황을 묘사하고 있다.

　코란 3:42-49의 수태고지 내용 중 45-49a절을 인용하여 옮기면 다음과 같다.

> ⁴⁵천사들이 말하길, "마리아여 알라께서 너에게 그로부터의 한 말씀으로 기쁜 소식을 주시리니, 그의 이름은 마리아의 아들 이싸 알마씨흐이니라. 그는 현세와 내세에 영예로운 자요, 알라와 가까이 있는 자 가운데 있으리라. ⁴⁶그는 요람에서 그리고 성장해서 사람들에게 말을 할 것이며, 의로운 자들 가운데 있을 것이라." ⁴⁷그녀가 말하길, "주여 제가 어떻게 아이를 가질 수 있습니까 어떤 남자도 저를 스치지 아니하였습니다." 그가 말하길, "그렇게 되리라. 알라는 그가 뜻한 것을 창조하시니라. 그분이 어떤 일을 하고자 할 때 이렇게 말씀하노라. '있어라' 그러면 있느니라. ⁴⁸그리고 (알라는) 그에게 성경과 지혜와 토라와 인질을 가르칠 것이며, ⁴⁹ª그를 이스라엘의 자손에게 사도로 보내리라 …"(3:45-40a).⁴

다음은 코란 19:16-21 본문 중 19-21절의 내용이다.

4　본문 이하에 기재한 코란 구절의 한글 번역문은, 본인이 코란 원문에서 번역하여 옮긴다. 단, "제3부 '이싸'에 대한 기독교적 해석 사례와 문제점"의 일부 코란 구절은 본서의 내용적 필요에 따라, 인용 자료의 번역문을 그대로 옮긴다. 그리고 코란 번역문에 있는 괄호 안의 내용이나, 따옴표, 쉼표 등의 부호는 본인이 코란 내용의 이해를 위해 덧붙인 것이다.

¹⁹그(천사)가 말하길, "실로 나는 너의 주님의 사자로서 순결한 아들의 소식을 전하기 위해 왔노라" 하니, ²⁰그녀가 말하길, "어느 남자도 저를 접촉하지 아니했고 저는 부정한 자가 아닌데 어떻게 제가 아들을 가질 수 있습니까." ²¹이에 그가 말하길, "그렇게 되리라. 너의 주님이 말씀하시기를, '그것은 내게 쉬운 일이라. 우리는 그를 사람들에게 증표가 되게 하고, 우리로부터의 자비가 되게 하리라. 그리고 그것은 이미 정해진 일이었노라'"(19:19-21).

1) 동정녀 탄생의 의미

코란 3:47a와 19:20 모두 마리아가 천사에게 남자를 알지 못하는 처녀로서 어떻게 아이를 낳을 수 있는지 항변하는 내용을 담고 있다. 이는 코란 역시 이싸가 동정녀 마리아에게서 태어났다는 사실을 말하고 있음을 보여주는 것이다.

코란은 이싸가 동정녀에게 잉태된 사실을 어떻게 해석하고 있을까?

코란 3:47b의 마리아의 항변에 대한 천사의 대답에서 우리는 코란의 해석을 발견할 수 있다.

코란 3:47b에서 천사는 다음과 같이 답한다.

> 알라는 그가 뜻한 것을 창조하시니라. 그분이 어떤 일을 하고자 할 때 이렇게 말씀하시노라. "있어라" 그러면 있느니라(3:47b).

천사는 마리아에게 알라는 자기가 뜻한 것을 창조하며, '있어라'
는 말 한마디로 그의 뜻을 행한다고 답변한다. 천사의 이런 답변은
이싸는 알라의 주권적인 뜻 가운데 알라의 말 한마디로, 동정녀 마
리아의 몸을 통해 기적적으로 잉태될 것이라고 말하는 것이다. 이렇
게 코란은 이싸의 동정녀 탄생을 알라의 주권적 창조행위와 관련하
여 보며, 이싸는 알라의 '있으라'는 말 한마디로 창조된 것이라고 해
석한다.

이러한 코란 해석은, 3:59이 이싸의 동정녀 탄생을 특별히 아담
의 창조와 연결 짓고 있는 것에서 더 분명해진다. 3:59의 내용은 다
음과 같다.

> 알라에게 있어 이싸의 경우는 아담의 경우와 같으니라. 그(알
> 라)는 흙으로 그(아담)를 빚었고 그리고 그에게 "있어라"라고
> 말하였더니, 있게 되었느니라(3:59).

이 구절은 이싸의 특별한 탄생은 아담 역시 '있어라'라는 알라
의 말 한마디로 창조 되었다는 면에서 아담의 경우와 동일하다고 말
한다. 이것은 이싸와 아담의 탄생은 특별하지만, 그러나 그 둘 다 알
라의 주권적 창조물에 불과하다는 것을 말하는 것이기도 하다. 그리
고 이싸의 동정녀 탄생은 흙에서 창조된 아담의 존재보다 더 특별할
것이 없다는 의미 또한 내포한다.

이렇게 코란은 이싸의 동정녀 탄생을 알라의 주권적인 창조 행위
로 보며 알라의 특별한 창조 행위인 아담의 경우와 연결 짓고 있다.
이것이 무슬림들이 이싸의 동정녀 탄생을 바라보는 시각을 제공하

고 있다. 이는 무슬림 학자 아피프 압둘 파타하 땁바라('Afif Abd al-Fatah Tabbarah)가 이싸의 동정녀 탄생의 의미를 설명하는 것에서 확인할 수 있다.

> 이싸가 아버지 없이 탄생한 것은, 그의 창조행위에서 세상에 운행하는 어떤 인과법칙에도 제한 받지 않는 알라의 능력을 선포하는 것이다. 어떤 이들은 이싸가 아버지 없이 탄생한 것을 그의 신성의 증거로 보고, 어떤 이들은 그의 어머니에 대한 비방거리로 삼으려 하는데, 그들 모두에 대해 알라는 다음과 같이 말한다.[5]

그러면서 그는 바로 3:59을 제시하며 이렇게 결론짓는다.

> 의심할 여지없이 아담의 창조는 이싸의 창조보다 더 놀라운 것이다. 왜냐하면 이싸는 어머니로부터 창조되었고, 아담은 흙으로부터 창조되었기 때문이다(3:59).[6]

곧 그는 이싸의 동정녀 탄생은 알라의 창조 능력을 보여주는 것이라고 한다. 그리고 이것이 이싸의 신성의 증거가 될 수 없는 이유는 아담의 창조가 이싸의 창조보다 더 놀라운 것이기 때문이라고 말하고 있다.

---

[5] 'Afif Abd al-Fatah Tabbarah, *al-Khataya fi Nazar al-Islam* (Beirut: Dar al-'Ilm li-l-Malain, 1993), 319.

[6] 'Afif Abd al-Fatah Tabbarah, *al-Khataya fi Nazar al-Islam*, 320.

이맘 필레몬 엘-아민(Plemon El-Amin)도 이싸의 동정녀 탄생은 아담의 창조와 상응하는 것으로 결론 지으며 다음과 같이 말한다.

> 알라가 무에서 창조하실 수 있는 분이라면, 우리는 알라가 나이 들어 수태할 수 없게 된 여성(엘리사벳)에게서 또는 동정녀(마리아)에게서 생명을 탄생시킬 수 있는 분이라는 것을 의심할 수 없다. 무슬림은 이러한 신비들에 대해 논쟁하지 않고, 창조에 있어 어떤 기적이 존재하든 믿고 이해할 뿐이다. 오직 알라 한 분만이 있고, 그의 허락 없이는 어떤 것도 존재하지 않는다. 모든 것이 그의 계획, 그의 의지, 그의 논리 안에 있다.[7]

이처럼 무슬림학자들은 코란의 관점을 토대로, 이싸의 동정녀 탄생은 아담과 같이 알라의 창조 능력을 선포하는 것이며, 무에서 유로 창조된 아담의 탄생보다 더 특별할 것이 없다고 해석한다. 그리고 이싸의 동정녀 탄생에서 신성과의 어떤 연관성도 배제시킨다. 그러므로 코란에서 이싸의 동정녀 탄생은 하나님의 아들의 이 땅에 오심, 성육신과 전혀 무관한 것으로 진술되고 있다.

성경에서 예수의 동정녀 탄생은 '선재하신 하나님의 아들의 이 땅에 오심,' '성육신'을 의미한다. 성경의 수태고지(눅 1:31-35)에는 천사가 동정녀 마리아에게 다음과 같이 말하는 내용이 나온다.

---

[7] Plemon Tauheed El-Amin, "The Birth of Jesus in the Qur'an," *Review and Expositor* 104 (Winter 2007): 78-79.

> 성령이 네게 임하시고 지극히 높으신 이의 능력이 너를 덮으시리니 이러므로 나실 바 거룩한 이는 하나님의 아들이라 일컬어지리라(눅 1:35).

이 구절에는 예수가 성령에 의해 잉태될 것과 그가 하나님의 아들로 일컫게 됨이 서로 연관되어 나타난다. 그리고 이 구절 자체는 예수의 선재성을 명백히 드러내고 있지 않다. 그래서 마치 예수의 동정녀 탄생 사건 자체가 인간 예수를 하나님의 아들로 간주하게 한 것처럼 오해하게 한다.

그러나 신약 전체는 예수가 본질적으로 하나님의 아들이신 것과 그가 선재하신 분임을 분명히 이야기한다. 그 한 예로 신약은 '하나님이 그의 아들을 보내셨다'는 형식을 사용(갈 4:4; 요 3:17; 요일 4:9-10, 14; 롬 8:3)하여 선재하는 하나님의 아들의 이 땅에 오심을 나타낸다.[8] 성경에서 예수의 동정녀 탄생은, 마리아가 존재하기 전, 영원 전부터 계신 하나님의 아들의 성육신임을 의미한다. 그러나 코란에 이싸의 선재성에 대한 언급은 그 어디에도 없다. 그러면서 이싸의 동정녀 탄생은 오직 알라가 행한, 아담의 창조와 같은 특별한 창조 행위에 불과한 것으로 강조되고 있을 뿐이다.

---

[8] I. Howard Marshall, *The origins of New Testament Christology* (England: InterVarsity Press, 1977), 151-152.

2) 천사가 수태고지한 아이의 정체

코란 3:45, 48-49a에는 마리아가 잉태할 아이가 어떤 존재인지를 천사가 말해주는 내용이 나온다.

> 천사들이 말하길, "마리아여 알라께서 너에게 그로부터의 한 말씀으로 기쁜 소식을 주시리니, 그의 이름은 마리아의 아들 이싸 알마씨흐이니라. 그는 현세와 내세에 영예로운 자요, 알라와 가까이 있는 자 가운데 있으리라"(3:45).

> [48]그리고 (알라는) 그에게 성경과 지혜와 토라와 인질을 가르칠 것이며, [49a]그를 이스라엘의 자손에게 사도로 보내리라 … (3:48, 49a).

45절에서 천사는 "그 아이가 현세와 내세에 영예로운 자요, 알라와 가까이 있는 자들 가운데 있을 자"라고 하면서 아이가 갖게 될 영예로운 지위를 말해준다. 이 내용은 많은 크리스챤들이 코란에서 이싸의 존엄성을 발견하는 부분으로 무슬림 전도 시에 따로 떼어 강조하는 부분이기도 하다.

그러나 3:48-49a에서 천사는 그 아이는 "알라로부터 성경과 지혜와 토라와 인질을 배워 이스라엘에 보내어질 선지자"라고 말한다. 이는 45절이 말하는 아이가 갖는 영예로운 지위는 '이스라엘 선지자'의 수준을 넘지 않음을 알게 한다. 그러므로 천사가 수태고지 하는 이 아이는 영예로운 지위를 가진 이스라엘의 선지자인 것이다.

무함마드 알리 앗싸부니(Muhammad ʿAli al-Sabuni)[9]는 3:48-49에 대해, 알라가 이싸에게 가르쳐주는 지혜란 '말과 행동에 있어 올바른 것, 선지자들의 관행'이라고 하며, 알라는 이싸에게 토라와 인질[10]을 가르치고 외우게 하여 이스라엘에 선지자로 보낸다고 해석한다.[11]

곧 코란은 마리아가 잉태할 아이는 현세와 내세의 영예로운 지위를 갖는다고 하면서도, 그 지위는 '선자들의 관행'과 '토라와 인질'에 대한 가르침을 받고 이스라엘에 보냄을 받는 선지자라는 사실을 분명히 하고 있다.

이처럼 코란의 수태고지에는 요아힘 그닐카(Joachim Gnilka)의 지적대로 "예수의 왕국과 그가 다윗의 자손임과 그가 하나님의 아들임이 언급되어 있지 않음"을 알 수 있다.[12] 곧, 성경의 예수에 대한 수태고지는 하나님의 궁극적 구원을 나타내는 하나님 나라의 도래와 하나님의 온전한 계시로서의 하나님의 아들의 오심을 말하고 있지만, 코란의 수태고지에는 그 이전 선지자의 관행을 이어갈 뿐, 아무

---

[9] 그의 주석서 싸프와트 타파씨르(Safwat al-Tafasir)는 "코란 주석서의 선(選)"과 같은 책이다. 코란 주석의 대가들의 주석서들을 종합하여 정리한 것이다. 이 주석서는 무함마드와 그의 동료들의 전승을 기초로 주해하는 '전통적 주해' 방법과 '이성에 의한 주해' 방법을 취한 주석 모두를 담고 있다. 여기에는 아부 자으파르 무함마드 빈 자리르 앗 똬봐리(Abu Jaʿfar Muhammad b. Jarir al-Tabari, 924년 사망)의 주석서와 앗자마크샤리(Al-Zamakhshari, 1144년 사망)의 주석서, 그리고 그 외 이븐 카씨르(Ibn Kathir), 울루씨(ʿUlusi) 등의 주석서들을 종합하고 있다. 그러므로 이 주석서는 무슬림 공동체의 주류적 견해를 반영하고 있다고 할 수 있다.

[10] 이슬람은 선지자 이싸에게 알라가 무함마드에게 코란을 내려 보낸 것과 동일한 방법으로 '인질'이라는 책을 하늘에서 계시하여 주었다고 본다.

[11] Muhammad ʿAli al-Sabuni, *Safwat al-Tafasir*, vol. 1 (Beirut: Dar al-Qurʾan al-Karim, 1981), 202.

[12] 요아힘 그닐카, 『성경과 코란: 무엇이 같으며 무엇이 다른가』, 오희천 역 (서울: 도서출판 중심, 2005), 149.

런 새로운 것을 행하지 않는 한 사도의 도래를 이야기하고 있을 뿐이다.

위와 같이 이싸의 수태고지를 담고 있는 두 본문은 동정녀에게서 태어날 이싸를 아담과 같이 알라의 창조 능력을 드러내는 한 표징으로, 그리고 이스라엘 민족에게 보내어진 한 사도에 불과한 인물로 진술하고 있다.

2. 이싸의 자의식과 가르침

이제 코란의 이싸는 자신을 어떻게 소개하고 있는지 그의 가르침은 무엇인지 살펴보도록 하겠다.

1) 이싸의 자의식

코란은 이싸가 요람에 누운 아기로서 말을 하는 기적을 행하는 것을 기록하고 있다. 이 내용은 이싸가 스스로에 대해 어떤 정체성을 갖고 있는 지를 보여준다. 19:27-33은 아이를 데리고 나타난 마리아를 사람들이 비방하자, 마리아는 말없이 요람 속 아이를 가리켰고, 아기 이싸가 사람들에게 말을 하는 기적을 행함으로써 어머니 마리아를 변호하였다는 내용이다. 이때 아기 이싸는 자신에 대해 이렇게 말한다.

³⁰그(이싸)가 말하기를, "나는 진실로 알라의 종입니다. 그는 제게 성경을 주셨으며, 저를 선지자로 삼으셨습니다. ³¹그리고 제가 어디에 있든지 복된 자가 되게 하셨으며, 살아 있는 동안 예배를 드리고 종교세를 바치라 제게 명령하셨습니다. ³²그리고 저의 어머니께 효도하는 자가 되게 하셨고 제가 거만하거나 불행한 자가 되지 않게 하셨습니다. ³³제가 태어난 날과 죽는 날, 그리고 제가 살아 부활하는 날에 제게 평안이 있으리이다"(19:30-33).

여기서 요람 속의 아기 이싸는 자신이 알라의 종이요 선지자라고 이야기한다. 알라가 그에게 명한 것은 예배와 종교세를 지불하는 무슬림의 종교적 의무를 다하는 삶이며, 어머니 마리아에게 효도하고 겸손한 삶을 사는 것이라고 말한다. 알라의 종, 선지자가 이싸의 자의식이다. 이는 성경의 예수가 피조물인 인간이 결코 공유할 수 없는 배타적이고 독특한 '하나님의 아들'의 자의식 속에 있었고, 자신에 관해서 성자로서의 지위와 권위를 선포하신 것과 대조된다. 그러나 코란은 이싸가 아기 때부터 갖고 있던 알라의 종으로서의 자의식이 그의 가르침과 사역에 초지일관 반영되고 있음을 보여준다.

2) 이싸의 가르침

이싸의 가르침은 알라의 단일신성에 대한 선포와, 율법서 인질을 통한 판결, 그리고 무함마드의 도래에 대한 예언으로 요약될 수 있다.

(1) 나의 주요 너희의 주인 알라를 경배하라

아래 세 본문에 반복적으로 나타나는 이싸의 말은 '나의 주님이요 너희의 주님인 알라만을 경배하라'이다. 이것은 이싸의 가르침의 요지를 보여준다.

> [63]이싸가 분명한 증거를 가지고 와서 말하였노라. 나는 지혜를 가지고 너희에게 왔노니, 너희가 이견을 가지고 있는 것들의 일부를 밝혀주기 위함이라. 그러므로 알라를 두려워하고 나에게 순종하라. [64]**실로 알라는 나의 주님이요 너희의 주님이시라. 그러므로 그분께 경배하라. 이것이 올바른 길이니라** (43:63-64).

> [50]… 알라를 두려워하고 나에게 순종하라. [51]**실로 알라는 나의 주님이요 너희의 주님이시니 그러므로 그분께 경배하라. 이것이 올바른 길이니라.** [52]이싸가 그들의 불신을 알고 말하였노라.
> "누가 나를 도와 알라를 섬기겠는가?"
> 제자들이 말하였노라. "우리가 알라를 따르는 자들입니다. 우리는 알라를 믿나이다. 우리가 무슬림임을 증언하여 주소서" (3:50-52).

> [116]알라께서, "마리아의 아들 이싸야 네가 사람들에게 '알라를 제외하고 나(이싸)와 나의 어머니를 신으로서 경배하라' 말하였느냐"고 하시니, (이싸가) 말하였다. "당신을 찬양합니다. 저

는 제게 말할 권리가 없는 것을 말하지 않았나이다. 제가 그렇게 말하였다면 당신께서 이미 아셨을 것입니다. 당신은 제 안에 있는 것을 아시나 저는 당신 안에 있는 것을 알지 못합니다. 당신은 실로 감추어진 것을 아시는 분이십니다. [117]저는 당신이 제게 명하신 것, '나의 주님이요 너희의 주님이신 알라만을 경배하라' 하신 것 외에는 말하지 않았습니다. 제가 그들 가운데 있는 동안에는 제가 그들에 대한 증인이 되었고, 당신이 저를 당신께로 이끄신 이후에는 당신께서 그들을 지켜보십니다. 당신은 모든 것의 증인입니다"(5:116-117).

마지막 본문 5:116-117은 알라가 이싸에게 그가 사람들에게 알라를 제외하고 이싸 자신과 그의 어머니 마리아를 경배하라고 했는지 추궁하는 것과, 알라의 이런 추궁에 이싸가 답변하는 내용이다. 이싸는 여기에서 오직 알라가 그에게 명한 것만 사람들에게 말했을 뿐이며, 그것은 "나의 주님이요 너희의 주님이신 알라만을 경배하라는 것이었다"고 답한다.

무함마드 알리 앗싸부니는 117절, "나의 주님이요 너희의 주님이신 알라만을 경배하라" 문구에 대해, '나의 주님'을 '나의 창조주'로 바꾸고, '나도 너희와 같은 종이니라'는 문구를 덧붙혀 다음과 같이 주석한다.

"저는 그들에게 말했습니다. '나의 창조주요 너희의 창조주인 알라께 경배하라. 나도 너희와 같은 종이라.'"[13]

---

13   Al-Sabuni, *Safwat al-Tafasir*, , 1, 375.

이는 이싸가 '나의 주님이요 너희의 주님'이라는 표현으로 이싸 자신을 다른 사람들과 동일한 알라의 피조물의 위치에 두고 있는 것이라고 주석한 것이다. 그러나 여기서 성경에서 예수가 '나의 아버지와 너희의 아버지'라는 표현(요 20:17)을 사용하셨던 것을 비교해보면, 예수님께서 사용하신 이 표현은 엄밀히 살펴보면, 예수께서 하나님과 맺고 있는 관계와 그의 제자들이 하나님과 맺는 관계를 구분하는 표현이라는 것을 알 수 있다.

예수께서 하나님에 대해 갖는 아들로서의 지위는 본질적인 것으로 제자들이 결코 예수와 공유할 수 없는 지위인 것이다. 예수님은 하나님을 '아버지' 또는 '나의 아버지'라고 불렀고, 제자들에게 대해서는 '너희의 아버지'라고 말씀하셨다. 그는 그의 제자들에게 주기도문을 가르치실 때를 제외하고는 '우리의 아버지'라는 말을 사용하지 않으셨다.[14]

이렇게 '나의 주요 너희의 주인 알라를 경배하라'는 표현에 나타나는 바대로, 이싸의 가르침은 알라의 종으로서의 자의식을 가진 피조물 이싸가 알라만을 경배할 것을 촉구하는 것이다. 이러한 이싸의 가르침은 이슬람 용어로, '타우히드'(*Tawḥīd*) 신앙에 대한 촉구로 표현된다. 이슬람에서 '타우히드'란 알라의 단일신성에[15] 대한 신앙, 알라의 불가분성, 절대성에 대한 신앙을 의미한다.[16]

---

[14] Colin Chapman, *Cross & Crescent: Responding to the challenge of Islam* (England: Inter-Versity Press, 1995), 193.

[15] 필자는 본서에서 삼위일체 하나님의 '유일신성'과 구분하여, 단일인격적 (unipersonal) 알라에 대해서는 '단일신성'이라는 용어를 사용하였다.

[16] 김정위 편, 『이슬람 사전』(서울: 학문사, 2002), 633. 이 사전은 타우히드(*Tawḥīd*)에

싸이드 꼬틉은 코란의 가장 큰 핵심적 가르침은 신성에 대한 진실, 알라의 단일신성을 가르치는 것이라고 하면서, 코란은 타우히드의 기초 위에 인간과 모든 피조물이 알라 앞에 종 된 지위를 확고히 하고, 인간의 삶을 알라의 계시와 알라의 율법 아래 놓고자 한다고 한다.[17] 그는 이싸는 한마디로, 이 타우히드를 위해 보내어졌고 타우히드를 선포하였다고 말한다.

이렇게 이싸는 피조물이요 알라의 종 된 정체성을 가지고, 알라의 단일신성에 대한 설파를 주된 가르침으로 삼는 인물이다. 그러므로 코란 43:63과 3:50에서 발견되는 '내게 순종하라'고 한 이싸의 말은 '단일신 알라만을 경배하라'는 이싸의 가르침의 맥락에서 바로 이해해야 한다. 이는 일부 그리스도인이 이싸가 자신에 대한 절대적 순종과 지지를 요구하는 것처럼 보이는 이 문구를 따로 발췌 강조하여, 코란에서 이싸의 지위를 확대 해석하기 때문이다.

'내게 순종하라'는 이싸의 말은 43:63, 3:50을 살펴보면 '알라를 두려워하라'는 말 뒤에 다음과 같이 나오는 것이다.

> 알라를 두려워하고 나에게 순종하라.

곧 이싸가 자신에 대한 순종을 요구한 것은, 알라의 종으로서 자신이 전하는, '알라만을 두려워하고 경배하라'는 가르침에 순종하라

대해, '하나로 만들다' 또는 '하나 됨을 선언하다 혹은 인정하다'의 뜻을 갖고 있는 '와흐하다'(waḥḥada) 동사의 동명사 형이고, 알라의 단일성, 불가분성, 절대성을 인정하는 것이라고 설명한다.

17 Said Qutb, *Muqauwimat Tasauwur al-Islamiy*, 69.

고 요구하는 것이다.

또한 3:51-52을 보면, 이싸의 제자들은 "누가 나를 도와 알라를 섬기겠는가?"라는 이싸의 외침에 다음과 같이 답한다.

> 우리가 알라를 따르는 자들입니다. 우리는 알라를 믿나이다.
> 우리가 무슬림임을 증언하여 주소서.

곧 이싸의 외침에 자신들은 단지 알라를 믿는 무슬림임을 강조하는 제자들의 모습은, 이싸의 제자들이 이싸의 가르침에서 알라의 사도 이외의 다른 독특성을 발견하지 못했다는 것을 보여준다.

이는 성경의 예수가 자신의 신적 권위를 주장하고, 하나님 나라에 들어가는 조건이 예수의 제자가 되는 것임을 분명히 하고 있는 것(마 7:21; 눅 12:32; 22:29b; 23:42)과 대조된다.[18] 그리고 예수의 제자들 역시 예수의 주장과 사역에서 신적 권위와 독특한 지위를 발견하고 경험하였으며 이에 대한 증거자가 된 것과 대조된다. 그러나 코란의 이싸는 다른 사람과 동일한 피조물이요 알라의 종의 위치에서 '알라만을 경배하라'고 가르친다.

(2) 토라를 확증하는 '인질'을 가르치고 '인질'로 판결

코란 5:46은 이싸가 토라를 확증하는 '인질'(Injīl)을 가르쳤다고 말한다.

---

18   I. Howard Marshall, *The origins of New Testament Christology*, 50.

우리는 마리아의 아들 이싸를 보내어, 그 이전에 주어진 토라를
확증하고, 그들의 발자취를 따르게 했노라. 그리고 우리는 그에
게 인도와 빛이 있는 인질을 주었으니, 이는 이전의 토라를 확증
하는 것이고, (알라를) 두려워하는 자들을 위한 교훈이라(5:46).

코란 3:50은 이싸가 인질을 가지고 토라에 있는 율법을 확증하는
것과 아울러 토라에서 금하였던 율법의 일부를 허용하였다고 한다.

이전 토라에 있던 것을 확증하고, 너희에게 금지되었던 몇 가
지를 허용하기 위해 내가 너희에게 주님으로부터 한 예증을
가지고 왔노라. 알라를 두려워하고 나에게 순종하라(3:50).

이것은 코란이 말하는 '인질'은 일종의 '율법서'라는 것을 알게
한다. 이는 5:46의 전후 문맥, 43, 47-48절 속에서 다시 확인할 수
있다.

어떻게 그들(유대인들)이 그대(무함마드)에게 판결을 구하겠
는가?
그들에게는 알라의 규범이 있는 토라가 있노라 …(5:43).

인질의 백성으로 하여금 알라가 계시한 것으로 판결하게 하였
으니 알라가 계시한 것으로 판결하지 않은 자 그들은 불순종
한 자들이라(5:47).

> 그대(무함마드)에게 이전의 성경을 확증하고 보존하는 성경을 진리로 계시하나니, 알라가 계시한 것(코란)으로 그들을 판결하라 …(5:48).

위 구절은 유대인들에게는 토라가, 인질의 백성 곧 기독교인들에게는 인질이 있어, 각각 그들의 책으로 판결할 것이니 무함마드는 코란으로 판결하라고 말하고 있다. 위 구절에서 공통으로 발견되는 단어는, '판결'이다. 곧, 이 모든 책은 판결의 규범을 제시하는 '율법서'라는 의미이다. 그러므로 코란에서 '인질'의 의미는, 무함마드의 경우와 동일한 방식으로 알라로부터 이싸에게 계시되었다고 보는 '율법서'이다.

아랍 기독교에서 통용되는 단어 '인질'은 세 가지 의미를 지닌다.

① 신약 성경 전체- 이는 성경의 기자들이 성령의 감동으로 하나님의 아들 예수 그리스도의 성육신과 십자가 구속의 은혜로 얻는 구원을 기록하고 있는 책이다.
② 각 복음서- 예수의 성육신에서부터 십자가 죽음 부활 승천을 기록한 책이다.
③ 성경에 계시된 예수로 말미암는 구원의 메시지, 복음을 의미한다.

코란이 말하는 율법서 인질은, 코란이 기독교인에게 '인질'로 명명되는 성경의 존재는 알고 있었으되, 신약 성경이 담고 있는 예수 구원의 복음은 알지 못하였음을 보여준다. 코란은 이싸가 율법서 인질을 가지고 토라를 확증하고, 금해졌던 율법의 일부를 허용하며 인질로 판결하였다고 말한다.

(3) 아흐마드라는 사도가 올 것을 예언

또한 코란은 이싸가 '아흐마드'라는 한 사도의 출현을 예언한 것으로 나타낸다. 사실 '아흐마드'라는 사도의 도래에 대한 예언은 코란 61:6에 단 한번 나온다. 그러나 아피프 압둘 파타하 땁바라와 같은 무슬림 학자는, 이싸의 사명 중의 하나가 바로 이슬람의 선지자 무함마드가 올 것을 예고하는 사명이었다고 말한다.[19]

코란 61:6 본문을 살펴보면 다음과 같다.

> 마리아의 아들 이싸가 말하기를, "이스라엘 자손이여 실로 나는 너희에게 보내어진 알라의 사도로서 이전의 토라를 확증하고, 내 뒤에 아흐마드란 이름을 가진 사도가 올 것을 기쁜 소식으로 전하노라. 그러나 그가 그들에게 분명한 증거를 가지고 왔을 때, 그들은 이것은 분명한 마술이라 하였노라"(61:6).

이 구절에 언급된 '아흐마드'란 인물을 무슬림들은 '무함마드'로 해석한다. 무함마드 알리 앗싸부니는 무함마드의 언행록인 하디쓰를 인용해 이런 해석을 뒷받침한다.

---

19 'Afif Abd al-Fatah Tabbarah, *Ma'a al-Anbiya' fi al-Qur'an al-Karim*, 323.

나에게는 5개의 이름이 있노라. 나는 무함마드(Muḥmmad)이다. 나는 아흐마드(Aḥmad)이다. 나는 사람들이 나의 발에 모여드는 알하-쉬르(al-Ḥāshir, 모으는 자)이다. 나는 알라가 나를 통해 불신앙을 없애는 알-마히(al-Māḥi, 지우는 자, 없애는 자), 그리고 알-아낍(al-'Āqib)[20]이다.[21]

이 하디쓰는 무함마드가 자신에게 5개의 이름이 말하였다고 하는데, 그 중에 '아흐마드'란 이름이 있다는 것이다. 이처럼 이슬람은 코란 61:6과 이 하디쓰의 내용에 기초해 이싸를 무함마드의 도래를 예언하는 자로, 성경에서 세례 요한이 예수에게 그러하였듯, 메카의 선지자 무함마드의 길을 여는 자로 가르친다. 이로써 이슬람은 최후 선지자의 지위를 무함마드에게 내어주고, 이싸를 무함마드보다 열등한 위치에 둔다.[22] 코란의 이싸는 무함마드가 올 것을 가르친다.

20　앗싸부니는 '알 아낍'(al-'Āqib)의 의미는 '그 뒤를 이을 선지자가 없는 자'라고 설명한다. 곧, '최후 선지자'라는 의미로 설명된다. Al-Sabuni, *Safwat al-Tafasir*, vol. 3, 372.
21　Al-Sabuni, *Safwat al-Tafasir* vol. 3, 372.
22　C. George Fry, "The Qur'anic Christ," *Concordia Theological Quarterly* 43 no. 3 (June 1979): 212-213.

3. 이싸의 기적과 활동

1) 이싸의 기적

코란이 비교적 상세하게 기술하고 있는 이싸의 기적은 유아시절 요람에서 말을 한 기적이다. 이 기적은 코란에서 세 차례 언급된다. 이 내용은 천사의 수태고지(3:46), 아기 이싸가 어머니 마리아를 변호하는 내용(19:30-33), 그리고 알라가 이싸에게 자신이 준 은총을 상기할 것을 촉구하는 말(5:110a)에 나온다.

> 그는 요람에서 그리고 성장해서 사람들에게 말을 할 것이며, 의로운 자들 가운데 있을 것이라(3:46).

> 그(이싸)가 말하기를, "나는 진실로 알라의 종입니다. 그는 제게 성경을 주셨으며, 저를 선지자로 삼으셨습니다. 그리고 저의 어머니께 효도하는 자가 되게 하셨고 …"(19:30-33).

> 알라가 말하기를, "마리아의 아들 이싸야 내가 너와 너의 어머니에게 내린 은총을 기억하라. 내가 너를 성령으로 강하게 하여 네가 요람에서 그리고 성장하여서 사람들에게 말을 하였노라 …"(5:110a).

그리고 그 외의 이싸의 기적은 3:49과, 5:110b에서 개략적인 언급으로 다음과 같이 소개된다.

그리고 이스라엘 자손에게 사도로 보내리라. 나는 너희의 주
님으로부터 한 예증을 가져왔노라. 내가 너희를 위해 진흙으
로 새의 형상을 만들고 거기에 숨을 불어넣으면 그것은 알라
의 허락으로 새가 될 것이다. 그리고 나는 장님과 문둥병자를
낫게 하고, 죽은 자를 알라의 허락으로 살리리라. 그리고 너희
가 먹는 것과 너희가 집에 감추는 것이 무엇인지를 말하여 주
리라. 너희가 믿는 자라면, 거기에는 실로 너희를 위한 예증이
있으리라(3:49).

… 너는 나의 허락으로 진흙으로 새의 형상을 만들고 거기에
숨을 불어넣어 나의 허락으로 새가 되게 하노라. 그리고 너는
나의 허락으로 장님과 문둥이를 치료하고, 나의 허락으로 죽
은 자를 살게 하노라 …(5:110b).

여기에 언급되는 이싸의 기적은 진흙으로 새의 형상을 만들고 숨
을 불어 넣어 새를 만든 기적, 장님의 눈을 뜨게 하고 문둥병자를 고
친 기적, 죽은 자를 살린 기적이다. 3:49은 이싸가 사람들이 먹는 것,
집에 비축해 두는 것을 모두 알아내는 능력이 있다고 덧붙인다.
  이 외에도 코란이 언급하고 있는 이싸의 기적은 하늘에서 식탁이
내려오게 하는 기적이다. 제자들이 하늘에서 식탁을 내려오게 하여
그의 진실성을 입증해 달라고 요구하자, 이에 응하여 기적을 베푼다
는 내용이다. 이 내용은 5:112-115에 나온다.

¹¹²제자들이 말하기를, "마리아의 아들 이싸여, 당신의 주는 우리에게 하늘로부터 식탁을 내려 보내주실 수 있으십니까?" 그(이싸)가 말하기를 "너희가 믿는 자라면 알라를 두려워하라." ¹¹³그들이 말하기를, "우리는 그곳(식탁)에서 먹고 우리의 마음이 안심하기를 원하고, 당신이 우리에게 진실을 말하였음을 알고, 우리가 이것(식탁)에 대해 증인이 되기를 원하나이다." ¹¹⁴마리아의 아들 이싸가 말하기를, "주여 우리의 주여, 우리에게 하늘로부터 식탁을 내려주셔서, 우리에게, 우리의 처음과 나중을 위한²³ 축제의 날이 되게 하소서. 그리고 당신으로부터 오는 예증이 되게 하소서. 우리에게 양식을 공급해 주소서. 당신은 양식을 공급해주시는 선하신 분이십니다." ¹¹⁵알라가 말하기를, "나는 너희에게 식탁을 내리노라. 그러나 이후에 너희 중에 불신하는 자는 세상 어느 누구에게도 가하지 아니했던 징벌로 그를 벌하리라"(5:112-115).

이 본문에는 만찬을 위한 식탁, 무리들에게 양식을 공급하는 자로서의 알라, 양식을 위해 알라에게 기도하는 이싸의 모습이 나타난다. 이것은 성경에서 예수님이 제자들과 함께 하신 최후 만찬 장면과, 오병이어 사건, 그리고 일용할 양식을 구하는 예수의 주기도문을 복합적으로 떠올리게 한다. 한마디로 성경의 여러 사건을 섞어 놓은 듯한 내용이다.

이렇게 코란은 이싸의 기적과 관련하여, 성경에 언급된 장님과 문둥병자를 치유하고 죽은 자를 살리는 기적과, 성경에 언급되지 않은

---

23   무함마드 알리 앗싸부니는, '우리의 처음과 나중을 위한'을 '우리와 우리 뒤에 오는 이들을 위한'으로 주석한다. Al-Sabuni, *Safwat al-Tafasir*, vol. 1, 374.

요람에서 말을 하는 기적과 진흙으로 살아 있는 새를 만드는 기적들을 언급하고 있다. 그리고 이 외에도 성경의 여러 기사들을 뒤섞은 것과 같은, 하늘에서 식탁을 내려오게 하는 기적을 언급하고 있다.

그런데 이싸의 기적과 관련하여 더욱 주목할 부분은, 코란에서 이싸의 기적이 언급되는 방식이다. 5:110에서 이싸의 기적은, "내가 너와 너의 어머니에게 내린 은총을 기억하라"는 문구로 시작된다. 그리고 5:110b과 3:49에서는 '나의 허락으로'(5:110)와 '알라의 허락으로'(3:49)라는 문구와 함께 이싸의 기적이 나열된다. 무함마드 알리 앗싸부니는, '나의 허락으로'의 문구를 '알라의 뜻으로,' '알라의 명령으로'라고 설명해주는데,[24] 코란이 이싸의 기적을 언급하고 있는 이런 방식은, 이싸의 기적은 이싸가 한 선지자로서 '알라의 뜻과 허락 하에 행한 것'이며, 이것은 '알라의 은총'을 나타내는 것이라는 코란의 관점을 보여준다. 이는 무슬림들이 예수의 기적의 의미를 바로 깨닫는데 장애 요소가 된다.

성경에서 예수의 기적은 예수의 신성한 본질과 예수 사역의 구원적 성격을 나타내는 것이다. 예수는 기적을 통해 자신의 신성을 드러내셨다. 오직 하나님만 지닐 수 있는 권세가 그에게도 있음을 나타내셨다. 그래서 예수는 하나님의 권한인 죄사함의 선포와 함께 중풍병자를 고치셨다(막 2:10-11). 그리고 예수는 기적을 통해 자신의 사역의 성격, 즉 구원적(redemptive) 성격을 드러내셨다.[25] 예수는 자신이

24　Al-Sabuni, *Safwat al-Tafasir*, vol. 1, 373.

25　Bassam M. Madany, *The Bible and Islam: Sharing God's Word with a Muslim* (Illinois: The Back to God Hour, 1992), 43.

행하시는 기적들, 귀신을 내어 쫓는 것이 바로 하나님의 궁극적 구원을 나타내는 하나님의 나라가 도래하는 것이라고 말씀하셨다.

> 그러나 내가 하나님의 성령을 힘입어 귀신을 쫓아내는 것이면
> 하나님의 나라가 이미 너희에게 임하였느니라(마 12:28).

코란의 이싸의 기적은 알라의 허락으로 이뤄진 것이고 '알라의 은총'을 드러내는 것이다.

2) 이싸의 활동

코란이 언급하는 이싸의 활동은 알라만을 경배할 것을 가르치고, 인질을 통해 이스라엘 백성을 판결하며, 무함마드가 올 것을 예언하고, 알라의 허락을 받아 기적을 행하는 것이다. 제자들과 관련한 이싸의 활동은, 이싸가 제자들의 요구에 응해 하늘에서 식탁이 내려오게 하는 기적을 행하는 것과 제자들을 알라만을 믿는 무슬림으로 가르친 것이다.[26]

---

26 코란 3:51-52 "이싸가 그들의 불신을 알고 말하였노라. '누가 나를 도와 알라를 섬기겠는가?' 제자들이 말하였노라. '우리가 알라를 따르는 자들입니다. 우리는 알라를 믿나이다. 우리가 무슬림임을 증언하여 주소서.'"

4. 이싸의 십자가 사건과 십자가 이후 생애

1) 반-유대 논쟁으로서의 십자가 사건

코란도 이싸의 십자가 사건을 언급하는데 4:157 한 절에서 반-유대 논쟁의 한 부분으로 다룬다. 코란은 4:153부터 유대인을 향해 비난을 쏟아놓고 있는데 155-156절에서 그 비난 사유를 구체적으로 5가지로 열거한다. 그 비난 사유는, 유대인들이 알라와의 계약을 파기한 것, 알라의 예증을 불신한 것, 그리고 많은 선지자들을 죽인 것, 마음을 강퍅하게 한 것, 이싸의 어머니 마리아를 비방하고 치욕을 끼친 것이다.[27]

> 그들이 성약을 깨뜨리고, 알라의 예증을 불신하고, 선지자들을 무고하게 죽이고, "우리의 마음은 봉해져 있노라"고 말하노라. 그러나 그들의 불신을 인해 알라가 그들의 마음을 봉인하였노라. 그러므로 소수를 제외하고는 믿지 아니 하노라. 그들은 불신했고 마리아에 대해 크나 큰 중상을 하였노라(4:155-156).

위 두 구절에 나열된 5가지 비난 사유에 더해, 157절은 유대인들이 선지자 이싸를 죽이고 그를 이겼다고 자랑한 것을 비난한다.

---

[27] 쇼캣 모우캐리, 『기독교와 이슬람의 대화: 아랍 그리스도인이 본 이슬람』, 179.

그리고 그들은 "우리가 알라의 사도 마리아의 아들 이싸 알마 씨흐를 죽였노라"고 말하노라. 그들은 그를 죽이지 않았고 십자가에 못 박지 않았노라. 그러나 그들에게 그렇게 보였을 뿐이라. 이에 의견을 달리한 자들은 의심 속에 있는 것이며 어떤 지식도 없이 오직 추측을 따르는 것이라. 그들은 분명 그를 죽이지 않았노라(4:157).

이 구절은 유대인들이 자신들의 생각처럼 알라의 선지자 이싸를 죽이지도 십자가에 못 박지도 못했다고 말한다. 이로써 이싸의 명예를 모욕하는 유대인들에게 이싸는 알라가 보호하는 선지자임을 나타낸다. 코란은 이싸의 십자가 사건을 이처럼 반-유대 논쟁의 일환 속에서 다루며, 이싸는 알라의 보호로 십자가의 죽음을 면한 것으로 기술한다.

2) 십자가 사건을 언급한 4:157에 대한 다양한 해석

코란 4:157은 유대인들이 생각하는 것과 달리, '그들은 그를 죽이지도 십자가에 못 박지도 않았고 그들에게 그렇게 보였을 뿐이다'라고 말한다. 그런데 이 구절에 대한 무슬림의 해석은 다양하다. 그 다양한 해석은 이 구절에 존재하는 '그들에게 그렇게 보였을 뿐이다'와 관련된다. 이 다양한 해석의 존재는 바로 코란이 십자가 사건에 대해 무슬림 세계에 야기 시킨 혼란을 보여주는 것이다.

(1) 주류의 해석: 대체설 – 이싸가 아닌 다른 사람이 십자가에 달림

무슬림 공동체 주류의 해석은 알라가 이싸의 형상을 다른 사람에게 씌워 이싸를 대신해 십자가에 못 박게 했다는 것이다. 여기서 '그들에게 그렇게 보였을 뿐이라'는 것은 '다른 사람이 십자가에 달렸으나 유대인들에게 이싸가 십자가에 달린 것처럼 보였을 뿐이다'로 해석된다. 이러한 '대체 이론'(substitution theory)을 무함마드 알리 앗싸부니의 4:157에 대한 주석에서 다음과 같이 확인 할 수 있다.

> 그들은 이싸를 죽이지도 십자가에 못 박지도 않았다. 그들은 이싸의 형상을 갖게 된 사람을 죽이고 십자가에 못 박았다. 알바이다위가 말하였다. 전해지는 말로는, 이싸에게 위선적이었던 사람이 이싸를 가리키기 위해 나갔다. 그때 알라가 이싸의 형상을 그에게 씌웠다. 그래서 그가 잡히고 십자가에 못박혔다. 그런데 사람들은 그(잡힌 사람)가 이싸라고 생각했다. 전해지는 말로는, 이싸가 하늘로 올리어 건짐을 받았을 때, 그의 형상이 다른 사람에게 씌워졌고, 그들이 그를 죽인 후에 다음과 같이 말했다.
> "이 죽은 사람이 이싸라면, 우리의 주인[28]은 어디 있는가? 이 사람이 우리의 주인이라면 이싸는 어디에 있는가?"
> 그래서 사람들은 의견의 차이를 보였고, 어떤 사람은 그가 이싸라고 하고 어떤 사람들은 그가 이싸가 아니고 다른 사람이라고 말했다. 그들은 한 사람을 죽였다는 사실에는 일치했지

---

28 이싸를 죽이도록 사주한 사람

만, 그 사람이 누구인지에 대해서는 의견이 달랐다.[29]

앗싸부니는 이싸의 형상이 씌워진 사람이 십자가에 대신 못 박혀 죽었다고 주석한다. 그가 인용하고 있는 전승들은, 이싸를 배반하고 이싸를 죽이려고 한 사람에게 이싸의 형상이 씌어졌다고 말하고 있다. 무슬림 학자들은 이싸를 대신해 죽은 자가 이싸를 배반한 유다였을 것이라는 추측과 함께 구레뇨 시몬, 빌라도, 이싸의 한 제자였을 것이라는 등의 다양한 추측을 하고 있다.[30]

(2) 비주류의 해석

① 십자가에 아무도 죽지 않았다.

소수의 무슬림 학자들은 '아무도 십자가에 못 박히지 않았고, 마치 십자가 사건이 일어난 것처럼 보였을 뿐이다'고 해석한다. 그것은 성경이 보고하는 것처럼 십자가 사건 당시 어둠과 지진이 있었고, 이로써 예수는 십자가 처형에서 벗어났고 알라는 그를 하늘로 승천케 하였다는 것이다.[31]

② 이싸는 알라의 명령으로 십자가에 죽은 것이다.

또 다른 비주류의 해석은 '그들에게 그렇게 보였을 뿐이라'는 문구를, 이싸가 십자가에 못박힌 것은 알라의 뜻 가운데 이루어진 것

---

29 Al-Sabuni, *Safwat al-Tafasir*, vol. 1, 317.
30 Geoffrey Parrinder, *Jesus in the Qur`an* (New York: Oxford University Press, 1977), 111.
31 크리스티네 쉬르마허, 『이슬람과 기독교 교의』, 김대옥·전병희 역 (서울: 도서출판 바울, 2010), 162.

이지만, '유대인들에게는 자신들의 목적을 이룬 것처럼 보였을 뿐이다'라고 해석하는 것이다.[32]

③ 이싸는 십자가에 달렸으나 죽지 않고 기절했다.

이외에도 아흐마디야파[33]는 이싸는 십자가를 피한 것이 아니라 십자가에 달렸고, 그러나 죽지 않고 기절했으며 회생한 후 인도의 카쉬미르(kashmir)로 가서 자연사하였다고 하는 '기절이론'(swooning-theory)을 주장한다.[34] 그러므로 이싸는 '그들에게 그렇게 보였을 뿐이라'고, 즉 '이싸가 십자가에서 기절하였으나 죽은 것처럼 보였을 뿐이라'고 해석된다.

이 이론은 오늘날 아흐마드 디댓트(Ahmed Deedat)와 같은 무슬림 학자들의 저서에 소개되고 있다. 아흐마드 디댓트는 예수에게 내려진 십자가형은 빨리 죽지 않고 천천히 죽도록 한 형벌이었다고 하면서 예수는 십자가에 못 박힌 것이 아니라 사실은 십자가에 묶인 채 매달려 있었고, 죽지 않고 단지 기절하였던 것이라고 주장한다.[35]

이렇게 코란에서 이싸의 십자가 사건을 다룬 유일한 구절 4:157

---

32 크리스티네 쉬르마허, 『이슬람과 기독교 교의』, 162.
33 미르자 굴람 아흐마드(Mirza Ghulam Ahmad, 1839-1908)가 설립한 무슬림 그룹이다. 이 그룹은 정통이슬람으로부터 비 무슬림, 이단으로 간주된다. 그들은 이 종파의 창시자를 약속된 메시아요 선지자로 여긴다. 그들은 전 세계에 선교 센터를 두고 있고, 아프리카와 미국 그리고 유럽국가에서 개종자를 얻고 있다. Jean Marie Gaudeul, *Encounters & Clashes: Islam and Christianity in History,* 274-275.
34 Michael Nazir Ali, *Frontiers in Muslim-Christian Encounter* (Oxford: Regnum Books, 1987), 34.
35 Ahmed Deedat, *The Choice: Islam and Christianity* (New Delhi: Islamic Book Service, 1997), 182-183.

은, 이싸는 십자가 수난으로부터 알라에 의해 건짐을 받았고 다른 누군가가 대신 십자가 수난과 죽음을 겪었다는 주류의 해석 외에도 '십자가에서 죽은 자는 아무도 없다' 혹은 '이싸는 유대인의 의도가 아닌 알라의 뜻으로 십자가 죽음을 맞이했다' 혹은 '이싸는 십자가에서 죽은 것이 아니라 기절하였다' 등의 다양한 해석을 만들어 내고 있다.

결론적으로, 십자가 사건과 관련해 코란은 이싸가 십자가 사건을 맞이했다는 것 외에는 그의 수난과 죽음에 대한 역사성을 부인하거나 모호하게 만들고 있음을 알 수 있다. 또한 코란은 십자가 사건을 오직 반-유대 논쟁의 일환 속에서 이싸는 알라가 보호하는 선지자임을 강조하는 차원에서 제시하고 있을 뿐, 인류 대속의 십자가 의미에 대해서는 어떤 암시도 제공하지 않음을 알 수 있다.

3) 십자가 사건 이후 이싸의 마지막 생애

십자가 사건 이후 이싸의 운명에 대해서는 무슬림 학자들 사이에 크게 두 가지 다른 해석이 있다.

첫째, 이싸는 알라의 개입으로 십자가 죽음을 피하고 하늘로 바로 승천하였다는 것이다.

둘째, 이싸는 십자가 사건에서 건짐을 받고 이후 보통 사람처럼 자연사한다는 것이다.

이렇게 다른 해석이 나오는 이유는, 십자가 구절 4:157이 유대인들은 분명 예수를 죽이지 않았다고 끝맺는 것에 이어, 148절은 이싸의 승천을 바로 언급하기 때문이다. 그런 반면, 3:55; 5:117; 19:33은 이싸의 죽음을 나타내는 단어를 포함하고 있고, 특별히 19:33에는 다른 두 구절과 달리 '죽음'을 직접적으로 나타내는 단어가 나타나기 때문이다. 이런 상이한 구절들의 존재는 십자가 사건 이후의 이싸 운명을 모호하게 만든다.

그러므로 무슬림들은 서로 다른 입장으로 이 모순된 구절들을 조화시키기 위한 노력을 기울인다. 십자가 사건 이후 이싸의 운명에 대한 무슬림들의 엇갈린 입장과 서로 모순된 구절들을 조화시키려는 노력은 다음과 같이 펼쳐진다.

(1) 이싸는 죽음을 맛보지 않고 승천하였다.

첫 번째 견해는 이싸가 죽음을 맛보지 않고 승천하였다는 것인데, 그것은 4:158에 근거한다. 여기에 4:157과 함께 158절을 옮긴다.

> 그리고 그들은 "우리가 알라의 사도 마리아의 아들 이싸 알마씨흐를 죽였노라"고 말하노라. 그들은 그를 죽이지 않았고 십자가에 못 박지 않았노라. 그러나 그들에게 그렇게 보였을 뿐이라. 이에 의견을 달리한 자들은 의심 속에 있는 것이며 어떤 지식도 없이 오직 추측을 따르는 것이라. 그들은 분명 그를 죽이지 않았노라(4:157).
>
> 오히려 알라가 그(이싸)를 그(알라)에게로 올리우셨으니 알라는 권능자요 지혜로운 자시라(4:158).

코란 4:147은 이싸가 십자가에 죽지 않았다고 말하고 있고, 4:148은 오히려 알라가 이싸를 승천케 했다고 말하고 있다. 그러므로 여기서 이싸의 십자가 죽음 없는 승천이라는 해석이 나온다. 이런 해석을 앗싸부니의 주석에서 확인할 수 있다. 그는 다음과 같이 말한다.

> 여러 건전한 하디쓰가 전한 바대로, 알라가 그들(유대인들)의 악으로부터 이싸를 구해서 그를 산 채로 그의 육신과 영혼을 하늘로 올리웠다.[36]

이처럼 이싸가 죽음을 맛보지 않고 승천했다고 주장하는 무슬림들은 3:55, 5:117, 19:33에 언급된 이싸의 죽음을 승천한 이싸가 이 땅에 다시 재림하여 맞이하는 '미래적 죽음'으로 다음과 같이 해석한다.

① **코란 3:55**

> 알라가 말하기를, "이싸야 나는 너를 죽게 하는 자요(*mutawaffika*), 너를 내게로 올리우는 자요(*rāfi'uka*), 불신자로부터 너를 정결케 하는 자요, 부활의 날까지 너를 따르는 자를 불신자들보다 위에 두는 자라. 그리고 나서 너희들은 내게로 돌아오리니, 내가 너희가 이견을 가졌던 것에 대해 너희들 사이에서 판결하여 주리라"(3:55).

---

36 Al-Sabuni, *Safwat al-Tafasir*, vol. 1, 317.

이 구절에는 '나는 너를 죽게 하는 자요' 부분에 이싸의 죽음이 언급된다. 여기에 사용된 단어는 '무타왑피'(mutawaffi)이다. 이 단어는 보통 '…의 영혼을 취하다'의 의미로 죽음을 완곡적으로 표현하는 단어인 '타왑파'(tawaffā)의 능동분사형으로서 '…의 영혼을 취하는 자, 죽게 하는 자'라는 의미를 지닌다.[37]

그러나 4:158의 죽음 없는 승천과의 조화를 위해 3:55의 '무타왑피'를 어떻게 해결하고 있는 지 살펴보도록 하겠다.

첫째, '타왑파'를 '…의 영혼을 취하다. 죽게 하다'라는 본래적 의미로 보고, '무타왑피'를 '…의 영혼을 취하는 자,' '죽게 하는 자'란 의미로 해석하여 이 구절에 이싸의 죽음을 언급하지만, 이 죽음을 재림 후 미래적인 것이 되게 하는 것이다. 이것은 앗 뙈봐리(Al-Tabari)의 해석에서 확인된다. 그는 본문의 문구의 순서를 바꾸어 다음과 같이 해석한다.

---

37 '타왑파'(tawaffā)에 대해, 한스 베어(Hans Wehr)의 『현대 문어체 아랍어 사전』(A Dictionary of Modern Written Arabic)은 'to receive in full (s,th),' '…을 완전히 받다'의 의미를 지닌 동사로 설명한다. 그러면서 '타왑파' 동사가 주어를 '알라'로 취했을 때 곧 '타왑파-훌 라'(tawaffāhu Allah)가 될 때, 'God has taken him unto Him,' 곧 '알라가 그를 자신에게로 데려가다'로 풀이한다. 그리고 이 동사의 수동태 '투웁피야'(tūffiya)는 'to die' '죽다'의 의미로 제시한다. Hans Wehr, A Dictionary of Modern Written Arabic, ed. J Milton Cowan (New York: Spoken Language Services, Inc., 1976), 1086. 그리고 『코란 용어 사전』(Dictionary and Glossary of the Koran)에도 '타왑파'는 'to receive or take to one's life, as God receives the soul of one who dies; to take the life of an one (with acc.)'로 '알라가 죽은 자의 영혼을 취하는 것'이며 그 수동태는 '알라에 의해 받아들여지다' 곧 '죽다'의 완곡적 표현이라고 설명하고 있다. John Penrice, B. A., Dictionary and Glossary of the Koran, (London: Curzon Press, 1979), 161.

나는 너를 승천케 하는 자이고 그리고 이후에 내가 너를 세상
에 내려 보낸 후 너를 죽게 하는 자라.³⁸

본문은 '나는 너를 죽게 하는 자'라는 구문이 먼저 나오고 '너를
내게로 올리우는 자요'가 뒤에 나오지만, 그는 '죽음'을 승천과 재림
이후의 사건으로 해석하고 있는 것이다. 이런 주석은 두 문구 사이
의 접속사 '그리고'가 시간적 연속성을 의미하는 것으로 보지 않기
때문이다.³⁹

그러나 '타왑파'를 '죽게 하다'의 의미로 해석하면서도 이런 두
문구의 순서를 그대로 유지한 채 주석한 주석가도 있다. 와합(Wahab)
은 "알라가 이싸를 낮 시간에 3시간 정도 죽게 하였고, 그리고 다시
그를 살려 승천케 하였다"고 해석한다.⁴⁰ 이 해석은 무슬림 공동체의
보편적 해석은 아니다.

둘째, '타왑파'를 '잠들게 하다'로 해석한 경우이다. 이런 의미로,
라비우 브누 아나스(Al-Rabi'u bnu Anas)는 "이싸는 잠이 들어 있었고,
알라는 이싸가 잠이 든 채로 하늘로 승천케 하였다"고 말한다. 그래
서 그는 55절 본문을, "… 나는 너를 잠들게 하고, 너를 내게로 올리
우는 자라 …"로 해석한다.⁴¹

---

38 Al-Sabuni, *Safwat al-Tafasir* vol. 1, 205.
39 쇼캣 모우캐리, 『기독교와 이슬람의 대화』, 178; 'Abdullah bin 'Ali al-Zaid, *Mukhtasar Tafsir al-Baghawi al-Musamma: Ma'alim al-Tanzil* (Riyad: Maktabat al-Ma'arif, 1996), 123.
40 'Ali al-Zaid, *Mukhtasar Tafsir al-Baghawi*, vol. 1, 123.
41 'Ali al-Zaid, *Mukhtasar Tafsir al-Baghawi*, vol. 1, 123.

셋째, '타왑파'를 '…를 부르다,' '…을 취하다'의 의미로 해석하는 경우이다. 이 의미로, 하싼(al-Hasan)과 이브누 좌리즈(Ibnu Jarij)는 "나는 너를 취하여 이 세상에서 네가 죽음을 맛보지 않은 채 내게로 승천케 하는 자라"[42]고 이 본문을 해석한다. 이 주석 역시 이싸는 죽음을 맛보지 않고 승천함을 나타낸다.

이렇게 무슬림 학자들은 3:55의 '나는 너를 죽게 하는 자'라는 의미의 '무타왑피-카'(mutawaffika)란 단어를 그 본래 의미 그대로 해석하되 그 죽음을 재림 후의 죽음으로 해석하거나, 아예 단어의 의미를 바꾸어 '나는 너를 잠들게 하는 자' 혹은 '나는 너를 부르는 자'로 해석한다. 그리고 이렇게 함으로써 4:158의 죽음을 맛보지 않은 이싸의 승천 해석과 조화를 시도한다.

② 코란 5:117

> 저는 당신이 제게 명하신 것, '나의 주님이요 너희의 주님이신 알라만을 경배하라' 하신 것 외에는 말하지 않았습니다. 제가 그들 가운데 있는 동안에는 제가 그들에 대한 증인이 되었고, 당신이 저를 당신께로 이끄신 이후에는(tawaffaitanī) 당신께서 그들을 지켜보십니다. 당신은 모든 것의 증인입니다 (5:117).

---

[42] 'Ali al-Zaid, *Mukhtasar Tafsir al-Baghawi*, vol. 1, 123.

이 구절은 앞서 살펴본 바대로, 알라가 이싸에게 이싸 자신과 어머니 마리아를 경배하라고 하였는지 질문한 것에, 이싸가 답하는 구절이다. 이싸는 자신이 한 말을 알라가 모두 알고 있다고 항변한다. 이런 이싸의 답변 속에, '당신이 저를 당신께로 이끄신 이후에는'이라는 문구에서 이싸의 죽음을 암시하는 '타왑파'(tawaffā)라는 단어가 나타난다. 그래서 이 단어가 갖고 있는 죽음의 본래적 의미를 살려 해석하면, 이 문구는 '당신이 저를 죽게 하신 후에는'이다.

라지(Razi)는 "본문이 이싸의 죽음을 말하는 것이 아니라, 알라가 그를 하늘로 올리셨다는 것을 의미한다"고 해석한다.[43] 바가위(Baghawi)는 이 문구를 "당신이 나를 붙잡아 당신께로 올리신 때에는"으로 해석한다.[44] 무함마드 알리 앗싸부니도 바가위와 동일한 해석을 한다.[45] 이 구절에서 주석가들은 '타왑파'의 단어에서 죽음의 의미를 배제시키고 해석한다. 곧 이싸는 죽음을 맛보지 않고 알라에 의해 승천하는 것으로 해석한다.

③ 코란 19:33

> 제가 태어난 날(yawma wulidtu)과 제가 죽는 날(yawma amūt), 그리고 제가 살아 부활하는 날(yawma ub'athu)에 제게 평안이 있으리이다(19:33).

---

[43] 쇼캣 모우캐리, 『기독교와 이슬람의 대화』, 176.
[44] ʻAli al-Zaid, *Mukhtasar Tafsir al-Baghawi*, vol. 1, 242.
[45] Al-Sabuni, *Safwat al-Tafasir*, vol. 1, 375.

이 구절은 이싸가 요람에서 부정한 여인으로 내몰린 어머니 마리아와 자신을 변호하는 내용을 담고 있다. 여기에는 3:55나 5:117처럼 '죽음'의 완곡적 표현인 '타왑파'가 쓰인 것이 아니라, '죽다'를 직접적으로 표현하는 '마-타'(māta)동사가 사용되고 있다. 이 구절에 언급된 이싸의 죽음 역시, 죽음을 맛보지 않은 승천과의 조화를 위해, 재림 이후의 미래적 사건으로 해석한다.

(2) 이싸는 십자가에서 건짐을 받고 자연사하였다.

두 번째 견해는 이싸가 십자가에서 건짐을 받고 보통 사람처럼 자연사하였다는 것이다. 위 구절에 나타나는 이싸의 죽음은 재림 이후의 미래적 죽음이 아니라는 것이다. 이런 견해는 19:33이 '죽다'라는 직접적 의미를 지닌 '마-타' 동사를 포함하고 있는 것에 근거한다. 이 견해를 지지하는 자들은 19:33을 다음과 같이 해석한다.

압둘라 유셉 알리(Abdullah Yusuf Ali)는 다음과 같이 말한다.

"이싸가 (이 땅에서) 결코 죽지 않았다고 믿는 자들은 이 구절을 숙고해 보아야 한다."[46]

싸이드 꼬뜹(Said Qutb) 역시, "그에게는 기간이 정해진 한정된 삶이 있다. 그는 죽고, 그는 부활한다. 알라는 그가 태어나고 죽고 부활하는 날에, 평강과 안전을 주기로 정하였다"[47]라고 해석한다. 그는 이싸가 보통 인간과 같은 삶과 죽음, 부활을 맞이할 것이라고 한다.

---

[46] Abdullah Yusuf Ali, ed. & trans., *The Holy Qur'an, Translation and Commentary* (Lahore: Asharf Printings Press, 1993), 774.

[47] Said Qutb, *fi Zilal al-Qur'an* (Beirut: Dar al-Shuruq, 1978), 2308.

여기에서 의도하는 부활은, 무슬림들이 믿고 있는 최후 심판 때의 부활을 의미한다.

무함마드 알리 앗싸부니도 이 구절에서는 다음과 같이 해석한다.

"… 이렇게 이싸는 알라에 대한 종 됨을 선언한다. … 그는 다른 모든 사람들처럼 살고 죽는다."

그는 여기서 보통의 인간의 운명을 맞이하는 이싸를 강조함으로써 이싸의 자연사를 해석한다. 그러나 이것은 그가 이싸의 승천을 언급한 4:158에서 여러 하디쓰에 근거해 이싸가 산 채로 그의 육신과 영혼이 승천하였다고 주석한 것과 모순된다. 그는 십자가 사건 이후 이싸의 운명에 대한 무슬림들의 다른 두 가지 견해를 조화하지 못한 채, 4:158에서는 첫 번째 견해를 지지하는 주석을, 19:33에서는 이 두 번째 견해를 지지하는 주석을 하고 있다.

이렇게 이싸의 자연사를 지지하는 무슬림들은 "나는 너를 죽게 하는 자(무타왑피-카)요, 너를 내게로 승천케 하는 자요"(3:55)에 언급된 이싸의 죽음과 승천을 이 구절의 순서 그대로 해석한다. 이싸는 자연사하고 이후에 그의 영이 승천할 것이라고 해석한다. 이싸의 죽음 없는 승천에 대한 근거 요절인 4:158에 대해, 아흐마드 살라비(Ahmad Shalabi)는 여기서 이싸의 승천이 특별히 언급된 이유는, 이싸의 영은 (죽음 후에) 당연히 하늘로 올리울 것임에도 불구하고, 알라가 유대인들로부터 고난을 면한 그의 지위를 높여 주기 위해 특별히 언급한 것이라고 말한다. [48]

---

48 Ahmad Shalabi, *Muqaranat al-Adyan 2: al-Masihiya* (Cairo: Dar al-Ma'arif, 1984), 57.

이외에도 이싸가 보통의 인간의 삶과 죽음을 맞이했다는 이런 견해는 오바라이(Obaray)같은 무슬림 학자는 19:33의 이싸와 관련한 문구가 19:15에서 야흐야[49]와 관련해 동일하게 사용되고 있는 것에서 찾는다. 여기서 그가 주목한 19:33과 19:15의 유사성을 보면 다음과 같다.

> 제가 태어난 날(yawma wulidtu)과 제가 죽는 날(yawma amūt), 그리고 제가 살아 부활하는 날(yawma ub'athu)에 제게 평안이 있으리이다(19:33).

> 그가 태어난 날(yawma wulida)과 그가 죽는 날(yawma yamūt), 그리고 그가 살아 부활하는 날(yawma yub'athu)에 그에게 평안이 있으리라(19:15).

곧, 오바라이는, 야흐야가 자연적 죽음을 맞이한 것이 분명하고, 어느 누구도 그의 죽음을 미래에 이 땅에 다시 와서 맞이할 죽음으로 해석하지 않기에, 이싸의 죽음 역시 미래적인 것 곧 재림 후의 죽음으로 해석될 수 없다고 본다.[50]

---

49 야흐야는 성경의 사가랴의 아들, 세례 요한에 해당하는 인물이다.
50 John Gilchrist, *The Christian Witness to the Muslim*, 259.

4) 십자가 사건과 이싸의 마지막 생애에 대한 코란 진술의 모호성

결론적으로, 코란은 이싸의 십자가 사건 전개에 대해서도 그리고 이후 마지막 생애에 대해서도 여러 해석을 남기는 진술의 모호함을 가지고 있다. 어떤 무슬림들도 이싸의 십자가 사건에 대한 다양한 해석들을 조화시키지 못한다. 결국 코란은 이싸의 운명을 수많은 추측과 이론 속에 남겨두고 있다. 이것은 길크리스트의 말대로, "역사적으로 너무도 분명한 예수의 십자가 죽음과 부활과 승천에 대해 코란이 불가해한 부정을 함으로써 무슬림 세계에 혼돈을 야기 시킨 결과"[51]인 것이다. 그러므로 위대한 무슬림 주석가 라지가, 이싸의 운명에 대한 코란의 모호한 가르침에 대해, 오직 알라만 가르쳐줄 수 있다고 다음과 같이 고백하는 것은 너무나 당연한 것이라 하겠다.

> 우리는, 무함마드가 하늘의 영감을 받은 책 코란에서 우리에게 가르쳐주는 것을, (해석의)어려움에 둘려 쌓인 그대로, 단순히 알라의 말씀으로 받아들여야 한다. 당신에게 진정한 방향을 제시할 수 있는 분은 오직 주님뿐이다.[52]

---

51 John Gilchrist, *The Christian Witness to the Muslim*, 261.
52 Abdul-Haqq, *Christ in the New Testament and the Qur'an*, 19, John Gilchrist, *The Christian Witness to the Muslim*, 261에서 재인용.

5. 이싸의 재림

코란 43:61은 이싸의 재림을 언급하는 것으로 일반적으로 해석되는 구절이다. 이 구절의 인칭대명사 '그'는 무슬림 학자들에 의해 '무함마드' 또는 '코란' 또는 '이싸'로 해석되는데,[53] 대부분은 '이싸'로 해석하고 있어, 이 구절이 이싸의 재림을 나타내는 구절로 알려져 있다.

> 그는 그 때에 대한 표적이다. … 그 시간에 대해 의심하지 말고 나를 따르라. 이것이 올바른 길이라(43:61).

무함마드 알리 앗싸부니는 이 구절에서 알라가 이싸를 최후 심판을 알리는 징조로 이 땅에 보낼 것이라고 다음과 같이 주석한다.

> 이싸는 심판의 때가 오고 있음에 대한 표가 될 것이다. 이브누 압바스와 까따다가 말하였다. "이싸가 오는 것은 그 심판의 때의 표가 될 것이다. 왜냐하면 알라가 그 시간(심판)의 이행 전에 하늘로부터 그를 내려 보낼 것이기 때문이다. … 심판의 때에 관한 것을 의심하지 말라. 그 시간은 오고 있다. … 나를 따르라. 이것이 올바른 길이라. 무함마드여 그들에게 말하라. 나

---

[53] 아흐마드 샬라비(Ahmad Shalabi)는 이 43:61의 '그는 그 때에 대한 표적이라…'에서 인칭대명사 '그'를 어떤 주석가들은 '무함마드'로 어떤 이들은 '코란'으로 그리고 어떤 이는 '이싸'로 해석한다고 말한다. 그러면서 '그'를 이싸로 해석하는 이들은 아버지 없이 태어나고 죽은 자를 살리는 이싸의 기적적 삶이 부활의 증거가 될 것으로 여기기 때문이라고 언급한다. Ahmad Shalabi, *Muqaranat al-Adyan 2: al-Masihiya*, 61.

의 인도와 나의 법을 따르라. 내가 너희를 초대하는 것은 바른 종교요, 올바른 길이라."⁵⁴

압둘라 유셉 알리는 본절에 대한 주석에서 재림한 이싸가 이 땅에서 행하는 일을 열거하며 그의 재림의 이유를 말한다. 그는 이싸는 바로 온 세계가 이슬람 교리를 받아들이도록 준비하기 위해 재림한다고 다음과 같이 말한다.

… 그(이싸)는 그때(재림하여서), 그의 이름아래 존재했던 잘못된 교리를 파괴할 것이고 전 세계가 통일과 평화의 복음이요, 코란의 올바른 길인 이슬람을 받아들이도록 준비할 것이다.⁵⁵

아피프 압둘 파타하 땁바라도 이싸가 부활의 때의 징조 중의 하나로서 이 땅의 무슬림 공동체(움마)에 내려와서 이슬람의 샤리아(율법)로 통치할 것이고, 그의 통치를 통해 알라의 책(즉 코란)으로 움마를 돌이킬 것이며, 이 땅을 정결케 하고 불의와 압제가 가득한 이 땅에 정의가 가득하게 할 것이라고 말한다.⁵⁶

사실 재림 이싸에 대한 무슬림의 이해는 코란보다 하디쓰와 이슬람 전통에 기인한 것이 더 많다. 크리스티네 쉬르마허(Christine Schirmacher)는 그의 저서 『이슬람과 기독교 교의』에서 이싸의 재림

---

54 Al-Sabuni, *Safwat al-Tafasir*, vol. 3, 162-163.
55 Abdullah Yusuf Ali, ed., *The Holy Qur'an*, 1337.
56 'Afif Abd al-Fatah Tabbarah, *Ma'a al-Anbiya' fi al-Qur'an al-Karim*, 327.

에 대한 이슬람 전통의 내용을 이렇게 전해 주고 있다.

> 그는 다메섹에 재림할 것이다. 다메섹에 있는 대사원 왼쪽에 위치한 첨탑은 '이싸의 첨탑'이라 불리는데, 이싸가 하늘에서 이 특정한 첨탑 위로 내려올 것이라고 믿기 때문이다. 그 다음에 이싸는 칼로 적그리스도를 죽이고 모든 십자가를 깨뜨리고, 모든 돼지들을 죽이고, 모든 회당과 교회당을 파괴시키고 이슬람을 받아들이려 하지 않는 모든 그리스도인들을 처형할 것이다. … 그는 적그리스도를 죽이고, '그 책의 사람들'(유대인과 기독교인 - 역주)의 대부분이 이싸와 이슬람을 믿게 되고, 거부하는 사람들은 이싸에게 죽임을 당하게 되며, 그렇게 해서 오직 하나의 믿음의 회중인 이슬람만 남게 될 것이다.[57]

이렇게 이싸의 재림을 말하는 하디쓰와 코란 구절에 대한 해석은, 심판의 주로 오시는 예수의 영광과 대조적으로, 이싸를 심판의 날의 한 징조로 이 땅에 와서 이슬람의 교리와 율법을 이 땅에 실현하는 이슬람의 선지자로 말하고 있다.

---

[57] 크리스티네 쉬르마허, 『이슬람과 기독교 교의』, 144-145.

제2장

코란이 이싸에게 부여하는 칭호와 그 의미

코란 3:45을 보면, 마리아에게 수태고지를 한 천사가 마리아가 낳을 아이의 이름을 '마리아의 아들 이싸 알마씨흐'라고 가르쳐 주는 내용이 나온다.

> 천사들이 말하길, "마리아여 알라께서 너에게 그로부터의 한 말씀으로 기쁜 소식을 주시리니, 그의 이름은 마리아의 아들 이싸 알마씨흐이니라. 그는 현세와 내세에 영예로운 자요, 알라와 가까이 있는 자 가운데 있으리라"(3:45).

이싸에게는 이 구절에 언급된, 마리아의 아들, 이싸, 알마씨흐 외에도, 알라의 말씀, 알라의 영, 알라의 종, 선지자라는 칭호가 주어져 있다. 여기서는 코란이 이싸에게 부여하는 각각의 칭호와 그 칭호에 부여하는 의미를 살펴보도록 하겠다.

1. 알마씨흐(al-Masīḥ)

코란은 이싸에게 히브리어의 '메시아'에 해당하는 '마씨흐' (Masīḥ)의 칭호를 부여한다. 이 칭호는 항상 정관사(al)와 함께 '알마씨흐'(al-Masīḥ)로 사용되며, 코란에서 11번 이싸를 가리켜 사용된다. 그러나 코란은 '마씨흐'의 의미에 대해 아무런 설명을 하지 않는다. 따라서 무슬림 학자들만이 그 어원을 추측하며 '마씨흐'의 의미에 대한 다양한 해석을 내 놓고 있다.

바가위(Baghawi)가 그의 주석책에서, '마씨흐'의 의미에 대한 무슬림 학자들의 다양한 해석을 종합하여 열거[1]하고 있는데 그것을 정리해 보면 다음과 같다.

첫 번째는 '마씨흐'를 '마싸하(masaha): ① wipe off, wash, clean, rub off[2] - 닦다, 씻다, 깨끗하게 하다, 지우다'의 수동적 의미로 보고, 이싸가 알마씨흐인 것은 '그가 불결함과 죄로부터 정결케 된 자'임을 의미한다고 해석한다.

두 번째는 '마싸하: ② anoint - 기름 붓다'의 수동적 의미로 보고, 알마씨흐는 '축복이 부어진 자' 혹은 '기름이 발라진 채 그의 어머니 뱃속에서 출생해서, 기름이 발라진 자'임을 의미한다고 해석한다.

세 번째는 '마싸하: ③ stroke with the hand - 쓰다듬다, 어루만지다'의 수동적 의미로 보고, 가브리엘 천사가 사단이 아이를 건드리

---

[1] ʿAli al-Zaid, *Mukhtasar Tafsir al-Baghawi*, vol. 1, 120.
[2] '마싸하'(masaha)가 지닌 여러 사전적 의미에 대한 설명은, Hans Wehr, *A Dictionary of Modern Written Arabic*, ed. J Milton Cowan (New York: Spoken Language Services, Inc., 1976), 907에서 옮긴다.

지 못하도록 그의 날개로 이싸를 만졌기 때문에 알마씨흐로 불렀다고 해석한다.

네 번째는 '마싸하: ④ smooth - 평평하다'의 수동적 의미로 보고, 이싸의 발이 평발이어서 알마씨흐로 불렀다고 해석한다.

다섯 번째는 '마싸하: ⑤ 쓰다듬다, 어루만지다'의 능동적 의미로 보고, 그가 질병 있는 자를 만질 때마다 그 병이 다 나았기 때문에, 알마씨흐로 불렀다고 해석한다.

여섯 번째는 그 어원을 위의 경우처럼 '마싸하'가 아닌 '싸-하 (sāha): to travel, journey, to roam, roam about³ - 돌아다니다, 여행하다'로 보고, 그는 이 땅에서 한 곳에 머물지 않고 여기저기를 돌아다녔기에 주어진 칭호라고 해석한다.

일곱 번째는, 그 어원에 대한 설명이 없이, 알마씨흐는 '앗 씻디-끄(al-ṣidīq): honest, righteous, upright⁴ - 정직한, 의로운, 바른'의 의미를 지닌 존칭이라고 해석한다.

요컨대, 코란은 그의 근원이 상고인 하나님의 최고의 통치자로서의 메시아의 지위를 알지 못한다. 그리고 인류 대속을 위한 고난의 사명을 감당할 메시아의 역할을 알지 못한다. 이에 대한 어떤 암시도 제공하지 않는다. 또한 무슬림 학자들의 마씨흐에 대한 해석들 역시 메시아의 본질과 거리가 먼 생경한 해석이다.

---

3 Hans Wehr, *A Dictionary of Modern Written Arabic*, 446.

4 Hans Wehr, *A Dictionary of Modern Written Arabic*, 509.

2. 마리아의 아들

코란에서 이싸는 주로 마리아의 아들로 칭해진다.[5] '마리아의 아들'이 이싸에 대해 가장 흔하게 사용되는 칭호이다. 이 칭호는 코란에 23번 등장하는데, 16번은 '마리아의 아들 이싸'로 7번은 '마리아의 아들'로만 독립적으로, 혹은 다른 칭호와 함께 등장한다. 코란에서 '마리아의 아들'이 이싸에 대한 가장 보편적 칭호인 것은, 이 칭호가 성경에 단 한번[6] 등장하는 것과 대조된다.[7]

코란은 '마리아의 아들'이라는 칭호에 어떤 의미를 부여하고 있는지 살펴보도록 하겠다.

첫째, '마리아의 아들' 칭호는 이싸가 아버지 없이 태어났다는 사실과 연결된다. 3:45절의 "… 그의 이름은 마리아의 아들 이싸 알마씨흐이니라 …"라는 문구에 대한 주석을 살펴보면 이를 확인할 수 있다. 무함마드 알리 앗싸부니(Muhammad 'Ali al-Sabuni)는 이 문구를 다음과 같이 해석한다.

"곧 그의 이름은 '이싸'이고, 그의 별칭은 '알마씨흐'이며, 그의 혈통적 근원은 아버지 없이 그를 출산하는 어머니에 두고 있다."[8]

이븐 카씨르(Ibn Kathir)도 '마리아의 아들'이라는 것은 그가 아버

5　요아힘 그닐카, 『성경과 코란』, 143.
6　막 6:3 "이 사람이 마리아의 아들 목수가 아니냐 야고보와 요셉과 유다와 시몬의 형제가 아니냐 그 누이들이 우리와 함께 있지 아니하냐 하고 예수를 배척한지라."
7　Geoffrey Parrinder, *Jesus in the Qur'an* (Oxford: Oneworld Publications, 1996), 22.
8　Al-Sabuni, *Safwat al-Tafasir*, vol. 1, 202.

지 없이 태어날 것이라는 것을 의미한다고 해석한다.[9]

곧, 코란에서 이싸가 '마리아의 아들'로 명명되는 것은 그가 아버지 없이 태어났다는 것을 우선적으로 시사한다. 이렇게 그가 아버지 없이 동정녀 어머니에게서만 태어났다는 사실은 앞서 살펴본 바대로, 그가 알라의 창조의 기적과 능력을 보여주는 존재라는 것을 의미한다.

여기서 주목할 것은 코란에는 이싸의 육신적 계보를 알려주는 아버지 요셉에 대해 아무런 언급이 없다는 사실이다. 이는 성경이 마리아가 다윗의 가문 요셉과 정혼하였음을 말하면서, 육신으로는 다윗의 자손으로 오신 예수가 영원한 하나님의 나라의 왕권을 가질 자임(삼하 7:12-16)을 말하고 있는 것과 대조된다. 요셉의 존재가 잊혀진 '마리아의 아들 이싸'는, 코란에서 그가 가질 영원한 하나님 나라의 왕권에 대한 어떤 암시도 받지 못하고 다만, '알라가 지닌 창조 능력의 한 예증'으로만 존재한다.

둘째, '마리아의 아들' 칭호는 이싸가 신성을 지닌 존재가 아닌, 한 여성의 아들로 태어난 인간, 곧 '죽을 존재'임을 나타낸다. 제프리 패린더(Geoffrey Parrinder)는 그의 저서, 『코란 속의 예수』(*Jesus in the Qur'an*)에서 한 현대 주석가의 주석을 인용하여 마리아의 아들이라는 호칭은 그가 다른 알라의 선지자들과 같이 죽을 존재임을 보여주기 위해 덧붙혀 진 것이라고 말한다.[10]

---

[9] Abu al-Fida' Isma'il Ibn Kathir, *Tafsir al-Qur'an al-'Azim* (Beirut: Dar Ihya' al-Turath al-'Arabi, 2000), 371.

[10] M. Ali, *Translation and Commentary on The Holy Qur'an*, 4th edn., Lahor 1951, 4, Geoffrey Parrinder, *Jesus in the Qur'an*, 22에서 재인용.

셋째, '마리아 아들' 칭호는 코란이 마리아에 고결한 지위를 부여하고 있는 것을 볼 때, 이싸에게 부여된 존칭으로서의 의미를 지닌다. 코란은 마리아의 출생 설화[11]를 담고 있고, 마리아의 순결을 적극 변호하고, 마리아의 이름을 딴 장[12]을 코란의 한 장으로 갖고 있다. 이렇듯 코란에서 마리아는 특별한 지위를 부여 받고 있다. 그러므로 '마리아의 아들' 칭호는 이싸에게 부여된 존칭이라 할 수 있다.

곧, 코란은 '마리아의 아들'이라는 칭호는, 이싸는 알라의 창조 능력의 한 표징이요 죽을 운명을 맞이하는 보통의 인간이라는 의미와 함께, 고결한 마리아를 어머니로 둔 자라는 존칭으로 사용되고 있음을 알 수 있다.

3. 이싸(ˈIsā)

코란이 천사가 수태고지한 '마리아의 아들'에게 부여한 이름은 '이싸'이다. 이름 '이싸'는 코란에 25번 기록되어 있다. 그러나 코란은 천사의 수태고지[13]에도, 그 어디에서도 '이싸'의 의미를 설명하고 있지 않다.

---

11 코란 3:35-37, 각주 2) 참조.
12 코란 19장(마르얌 장)
13 코란 3:45 "천사들이 말하길, '마리아여 알라께서 너에게 그로부터의 한 말씀으로 기쁜 소식을 주시니라, 그의 이름은 마리아의 아들 이싸 알마씨흐이니라. 그는 현세와 내세에 영예로운 자요, 알라와 가까이 있는 자 가운데 있으리라.'"

코란은 이싸에게 어떠한 인류 구속의 사명을 부여하지 않는다. 따라서 코란에서 '이싸'라는 이름은 '인류 구원,' '구속'과 전혀 무관한 이름이다. 이는 성경이 예수에 대한 수태고지에서 그의 이름 '예수'를 '자기 백성을 그들의 죄에서 구원할 자'(마 1:21)로 설명하고, 또 인류 구속자로서의 예수의 삶을 명시하고 있는 것과 대조된다.

　'이싸' 안에 발생한 음성적 변화를 살펴보기 위해 제프리 패린더의 이싸의 어원에 대한 의견을 들어보면, 그는 '이싸'는 히브리어 '예슈아'(Yeshua)에 해당하는 옛 시리아어 '예슈우'(Yeshū')에서 나온 것이라는 추정에 일반적인 동의가 있다고 말한다. 그러면서 이 외에도 이싸의 어원과 관련해 제기된 다양한 견해들을 언급하는데, 그 중의 하나는, '이싸'의 마지막 모임이 '아' 모음으로 나타나는 것이 모세가 코란에서 '무사'(musā)로 발음되는 것과 같은 현상으로 보는 견해이다.

　또 다른 견해는 '이싸'의 발음이 '에서'(Esau)와 유사한 것에 연유해서, 아랍 유대인들이 이싸에 대해 '에서의 영'이 그에게 들어간 것으로 조롱하며 이싸를 경멸하는 의도로 이 칭호를 사용하였던 것으로 추정하는 것이다. 그러나 제프리 패린더는, 경멸적 의도로 이싸로 불렸을 증거는 없다고 말한다. 그 이유는 예수는 그 수많은 탈무드에서조차 에서와 비교된 적이 없고, 코란과 후기 이슬람은 예수에 대해 그러한 경멸적 태도를 취한 적이 없기 때문으로 본다. '이싸'가 경멸적 이름이라면, 코란이 이싸를 고결한 인물로 묘사하면서 그 이름을 사용할 수 없다는 것이다.[14]

14　Geoffrey Parrinder, *Jesus in the Qur'an*, 16.

결과적으로, 그는 이싸가 시리아인들이 현재 사용하는 '야쑤우'(Yasū')에서 나왔다고 보는 라지의 견해도 제시하며, '이싸'의 시리아적 어원을 타당한 것으로 본다. 그는 그 이유를 이 시리아 단어의 발음이 시리아 남부와 아라비아지역의 네스토리안 기독교인들에 의해 변화되었을 가능성에서 찾는다. 그리고 그 근거로 시리아 남부에, 571년 초에 '예수의 추종자들'이라는 의미를 지닌 '이싸니야'('Isān īya)라는 이름의 수도원이 있었던 것으로 보인다고 말한다.[15]

이것은 예수를 의미하는 시리아어가 아랍 환경에서, 특히나 네스토리안 기독교인들에 의해 변화를 겪으며 최종 '이싸'라는 아랍화된 형태가 되었을 것을 추정하게 한다. 그러나 압둘 마씨흐(Abd al-Masih)는 그의 저서 『무슬림과의 대화』에서, 왜 무함마드가 예수 대신에 이싸라는 이름을 택했는지는 아무도 모르는데 그 이유는 아랍 기독교인들이 처음부터 예수를 '야쑤우'로 기록했기 때문이라고 한다.[16] 곧 그는 무함마드가 아랍 기독교인들이 사용하는 용어의 존재를 알고 있었음에도 '이싸'를 선택적으로 사용했을 가능성을 말한다.

이처럼 코란의 '이싸' 칭호에는, 예수를 의미하는 시리아 단어 '야쑤우'가 네스토리안 기독교인들에 의해 '이싸'로 변화되었을 것을 추정케 하는, 그러나 '야쑤우' 칭호가 당시 엄연히 존재했음에도 무함마드에 의해 선택적으로 사용되었을 가능성을 내재한, 음성학

---

15 Geoffrey Parrinder, *Jesus in the Qur'an*, 17.
16 압둘 마시흐, 『무슬림과의 대화』(*Dialogue with Muslim*), 이동주 역 (서울: 기독교문서선교회, 2001), 43-44.

적(phonetic) 변화가 존재한다. 그리고 무엇보다, 이 칭호에는 성경의 예수와 결코 '같은 기독론'을 공유할 수 없는 내포적(connotative) 변화가 존재한다.[17]

4. 알라의 말씀

코란 4:171에는 이싸가 '그(알라)의 말씀'이라는 문구가 나온다. 이 칭호에 대한 의미를 문맥에서 살펴보면, 이 칭호는 '이싸가 단지 알라의 사도에 불과하다'는 것을 말하는 문맥에서 나오는 것임을 알 수 있다.

> 성경의 백성들이여 너희 종교에서 도를 넘지 말라. 알라에 대해 진실 외에는 말하지 말라. 마리아의 아들 이싸 알마씨흐는 알라의 사도이며, 마리아에게 수여된 그의 말씀이며, 그(알라)

---

[17] 쉴로르프(Schlorff)는 코란에 있는 성경적 이름들에서 발견되는 음성학적(phonetic), 의미론적(semantic), 내포적인(connotative) 변화를 언급한다. ① 음성학상의 변화가 아닌 의미론상의 변화가 있는 것: 코란이 지시하는 사람 혹은 사물의 신원이 성경과 일치하지 않는 경우. 예) 하만(28:5)은 에스더 때의 아하수에로의 법정이 아닌, 모세의 때에 파라오의 법정에 위치해 있다. 이싸의 어머니 마리얌은 '이므란의 딸'(66:12)로 불린다. 성경에서 모세와 아론, 미리암의 아버지가 아므람(Amram)이다. 곧 '아론의 누이, 미리암'(19:28)과 혼동된다. ② 음성학상의 변화가 있는 것: 예) 가인 -> 까빌, 세례 요한 -> 야흐야 ③ 음성학상의 변화와 내포적 변화가 있는 것: 즉 그 이름이 음성학상의 변화와 함께, 지시하는 사람은 성경의 인물과 동일하나 성경적 의미를 상실한 경우: 예) 코란의 이싸는 성경의 동정녀 마리아에게 태어난 아들을 지시하나, 결론적으로는 신약 성경이 말하는 예수와 부합된 인물이 아니다. 샘 쉴로르프, 『무슬림 사역의 선교학적 모델』, 86-87.

로부터의 한 영이다. 그러므로 알라와 그의 사도들을 믿어라. 그리고 셋이라 말하지 말라. 그만두어라. (그렇게 하는 것이) 너희에게 선이 되리라. 실로 알라는 유일한 신이다. 그를 찬송할지니, 그에게는 아들이 있을 수 없노라. 하늘과 땅의 것이 그의 것이라. 보호자는 알라만으로 충분하니라(4:171).

이 구절은 "성경의 백성들이여 너희의 종교의 한계를 넘지 말라," "셋이라 말하지 말라," "알라에게는 아들이 있을 수 없노라" 하며 성경의 백성들이 종교의 한계를 넘고 알라에 대해 거짓을 말하고 있다고 반박하고 있다. 곧 이 구절은 코란이 생각하는 기독교의 '삼위일체 신관'과 '예수님이 하나님의 아들 되심'의 개념을 반박하며, 이싸는 알라의 사도에 불과한 한 인간임을 주장하고자 하는 것이다. 이런 맥락 곧, 이싸의 피조성을 강조하는 문맥에서, 이싸는 마리아에게 수여된 '한 말씀'(a word)이라는 말이 나온 것이다.

이 4:171의 다음 구절인 172절은 '알마씨흐 스스로는 알라의 종 된 본분을 망각하지 않는다'고 말하고 있다.

> 알마씨흐는 알라의 종 됨을 교만히 거부하지 아니하리라. (알라에게) 가까이 있는 천사들도 그러하다. 그(알라)를 경배하는 것을 멸시하는 자, 그리고 교만한 자들을 그(알라)는 그에게로 모두 모으리라(4:172).

그러므로 코란 4:171이 172절과 함께 말하고자 하는 바는, '이싸는 알라의 사도에 불과하다' 곧 '이싸는 피조물이다'이다.

그러면 이싸는 어떻게 '말씀'이면서 알라의 피조물일 수 있는가?

무슬림들은 바로 이싸가 '있으라'(Be)는 알라의 창조의 말씀으로 존재하게 되었기 때문에 '알라의 말씀'이라는 칭호가 주어진 것으로 해석한다.[18] 압둘라 유셉 알리는 4:171에 있는 "마리아에게 수여된 그의 말씀이며" 문구에 대해 이렇게 해석한다.

"마리아에게 부여된 한 말씀이다. 왜냐하면 그는 알라의 말씀, '있으라'는 말에 의해 창조되었기 때문이다."[19]

코란에서 이싸가 '그의 말씀'이라는 것은 이싸의 피조성을 말하는 것이다.

5. 알라의 영

코란 4:171은 위에서 언급한 이싸의 피조성을 강조한 맥락에서, '마리아에게 수여된 그의 말씀이며, 그(알라)로부터의 한 영이다.' 곧, 알라의 말씀일 뿐만 아니라, 알라로부터의 한 영이라고 말한다. 그러므로 이싸에게 부여된 '알라로부터의 한 영'이라는 칭호 역시, 이싸

---

[18] 이처럼 코란은 이싸의 동정녀 탄생을 알라의 아담의 창조와 연결 짓고 있고, 무슬림들은 이싸가 단순히 알라의 '있으라'(be)는 말로써 존재하게 되었기에 이싸가 '알라의 말씀'이라고 해석한다. 그러나 미카엘 나지르 알리(Michael Nazir Ali)는 기독교 변증가들은 아담과 이싸가 동일하게 알라의 창조적 '말씀'(칼리마 kalima)으로써 존재하게 되었다 할지언정, 아담은 결코 알라의 창조적 '말씀'으로 불리지 않았고 이싸만 '말씀'으로 불렸다는 차이를 주목한다고 말한다. 이러한 해석은 코란 안에서 이싸의 독특성을 부각시키기 위한 것이다. Michael Nazir Ali, *Frontiers in Muslim Christian Encounter*, 33.

[19] Abdullah Yusuf Ali, ed., *The Holy Qur'an*, 234.

가 신적 본질을 가졌다고 지지하는 것이 아니다. 그러면 이싸가 '알라로부터의 한 영'이라는 것이 무엇을 의미하는지 무슬림 주석가들의 주석을 통해 살펴보도록 하겠다.

쇼켓 모우커리(Chawkat Moucarry)는, 그의 저서 『기독교와 이슬람의 대화』에서 라지가 제시한 5가지 해석을 열거[20]하고 있는데, 바가위 역시 그의 주석[21]에서 그 의미의 몇 가지를 나열하고 있다. 그것들을 종합하여 정리하면 다음과 같다.[22]

첫째, 사람들은 순결하고 깨끗한 것을 말할 때, '영'이라고 말하는데, 이싸는 아버지 없이 가브리엘이 마리아에 불어 넣은 숨으로 창조되어 순결한 존재이기 때문에 '영'이라는 것이다.

둘째, 이싸는 마리아에게 그리고 가브리엘 천사에게 주어진 '계시의 영'이라는 의미로, 이싸는 '알라로부터의 영'이라고 한다.

셋째, '그로부터의 한 영'이라는 것은 '자비'를 의미한다고 한다. 이싸는 그를 믿고 따른 자에게 자비로운 존재였다는 것이다.

넷째, 이싸는 천사 가브리엘이 마리아에게 불어 넣은 '숨'이라는 의미에서 '영'이라고 한다.

20　쇼캣 모우캐리, 『기독교와 이슬람의 대화』, 239-240.
21　'Ali al-Zaid, *Mukhtasar Tafsir al-Baghawi*, vol. 1, 208.
22　아흐마드 샬라비는 코란에서 '영'이 의미하는 바를 세 가지로 설명한다. 첫째는 '가브리엘 천사' 둘째는 넓은 의미로는 '계시' 그리고 좁은 의미로는 '코란'을 의미하며 셋째는 존재하는 모든 것에 생명을 불어 넣어 주는 '힘'을 의미한다고 한다. 알라는 인간을 흙으로 창조해서 거기에 영을 넣었다. 알라 외에는 알 수 없는 어떤 힘을 아담에게 불어 넣은 것이다. 이 힘이 동정녀 마리아에게 주어진 것이다. 알라의 영이 마리아에게 불어 넣어진 결과로 이싸가 존재하게 되었다고 한다. Ahmad Shalabi, *Muqaranat al-Adyan 2: al-Masihiya*, 43-44.

다섯째, 이싸에게 '알라로부터의 영'의 자격을 준 것은 이싸를 높이기 위한 것으로 그는 진실로 고귀하고 거룩하며 뛰어난 영들 가운데 하나이기 때문이라는 것이다.

이렇게 코란은 '알라로부터의 영'이라는 칭호로 이싸에게 높은 지위를 부여하고 있지만, 그 지위는 결코 신성을 지닌 지위가 아니다.

6. 알라의 종

코란에서 이싸는 알라의 종으로 세 차례 언급된다. 그런데 이 칭호는 이싸가 신성을 갖고 있지 않은 피조물에 불과한 존재라는 사실을 강조하는 맥락에 등장한다. 이는 이 칭호가 나타나는 세 구절의 문맥과 주석에서 확인된다.

첫째, 살펴보는 구절은 이싸가 요람에 누운 아기로서 말을 하였다는 내용의 코란 19:30이다.

> 그(이싸)가 말하기를, "나는 진실로 알라의 종입니다. 그는 제게 성경을 주셨으며, 저를 선지자로 삼으셨습니다"(19:30).

이 구절은 "알라는 아들을 가질 필요가 없노라 …"라고 선언하는 19:35과 연결되어 있다. 곧 이 구절의 맥락은 이싸는 알라의 종일 뿐 알라의 아들의 신분과 무관함을 말하고 있다. 앗싸부니의 주석도 자신은 알라의 종이라고 하는 아기 이싸의 말은 바로 이싸의 신성에 대한 주장을 무효화시키는 것이라고 다음과 같이 말한다.

이싸가 요람에서 사람들에게 말하였다. "나는 알라가 그의 능력으로 아버지 없이 창조한 알라의 종입니다." 그는 그의 종 된 신분을 말함으로써, 그의 신성을 주장하는 이의 말을 무효화시켰다.[23]

둘째, 코란 4:172이다.

알마씨흐는 알라의 종 됨을 교만히 거부하지 아니하리라. (알라에게) 가까이 있는 천사들도 그러하다(4:172).

이 구절의 바로 앞절 171절은, '알라의 말씀'이라는 칭호에서 살펴보았던 구절로, 기독교의 삼위일체 신앙과 예수의 신자성(神子性, Sonship)에 대한 믿음을 반박하고 있다. 앗싸부니는 여기에서도 역시, 이싸는 자신을 알라의 종으로 정확하게 인식하였으므로 이싸의 신성을 주장하는 것은 터무니없는 것이라고 다음과 같이 주석한다.

너희가 신이라고 생각하는 알마씨흐는 자신이 알라의 종인 것을 교만히 부인하지 아니하리라.[24]

셋째, 코란 43:59이다.

---

23 Al-Sabuni, *Safwat al-Tafasir*, vol. 2, 215.
24 Al-Sabuni, *Safwat al-Tafasir*, vol. 1, 322.

> 그(이싸)는 한 종에 불과하니라. 우리(알라)는 그에게 은혜를
> 베풀어 이스라엘 자손을 위한 한 본이 되게 하였도다(43:59).

이 구절은 '이싸가 종의 신분 이상이지 않다'는 직접적 표현을 쓴다. 이 구절에 대해 앗싸부니는 이렇게 주석한다.

> 이싸는 우리가 선지자로서 은혜를 준 다른 종들과 다를 바 없
> 는 종에 불과하다. 우리(알라)는 그에게 사명을 줌으로써 그를
> 고결하게 하였노라. 그는 기독교인들이 생각하는 것처럼 신도
> 아니고 신의 아들도 아니다.[25]

위 세 구절의 맥락과 이에 대한 주석이 보여주는 바는, 코란에서 '알라의 종'이라는 이싸의 칭호는 그가 결코 신성을 지닐 수 없는 인간 피조물임을 강조하는 차원과 연계되어 있음을 알 수 있다.

반면 성경이 예수에게 부여하는 '하나님의 종'의 칭호는 인류 대속을 위한 고난과 죽음의 길을 가는 그의 사명과 연관되어 있다. 사실 예수님은 자신에 대해 '종'의 칭호를 사용하지 않으셨다. 이 칭호는 사도행전에서 베드로가 솔로몬 행각에서 한 설교에 나타난다(행 3:13, 25, 26). 베드로는 이 칭호를 통해, 자기 고난을 통해 하나님의 백성에게 속죄의 길을 여는, 이사야가 예언한 '여호와의 종'(사 42:1-4; 49:1-7; 50:4-11; 52:13-53:12)[26]의 모습을 예수께 부여하고 있다.

---

25 Al-Sabuni, *Safwat al-Tafasir*, vol. 3, 162.
26 이 본문들에서의 여호와의 종의 가장 중요한 본질적 특성은 그의 대표행위가 고난 속에서 성취된다는 점이다. 그 종은 하나님의 고난의 종으로 자원적 속죄적 고난을 경

예수님 자신도 다음의 말씀을 통해, 자발적 대속적 고난의 길을 가는 여호와의 종에 대한 예언(사 52-53장)의 성취로, 자신의 사명을 나타내셨다.

> 인자의 온 것은 섬김을 받으려 함이 아니라 도리어 섬기려 고 하고 자기 목숨을 많은 사람의 대속물로 주려 함이니라 (막 10:45).

뿐만 아니라 그는 이 땅에서 죄인들을 수고와 고난 속에 종의 모습으로 섬기시고 인류 구속을 위한 십자가 고난과 죽음의 길을 가셨다.[27] 이렇듯 성경은 예수에게 '하나님의 종'이라는 칭호를 부여함에 있어, 그의 사명의 성격을 드러내고 있는 반면에, 코란은 이싸에게 '알라의 종'의 칭호를 부여하면서 이싸의 신성에 대한 주장을 배격하고 있다.

7. 사도, 선지자

이싸에게는 선지자(나비, *nabi*)란 칭호가 주어져 있다. 이싸는 요람 속 아기시절부터 스스로 선지자임을 밝혔다(19:30). 또한 이싸에게는 '알라의 사도'(라술, *rasūl*)란 칭호가 주어져 있다. 코란 2:87, 253;

험한다. 오스카 쿨만,『신약의 기독론』, 김근수 역 (서울: 나단, 1988), 87.
[27] 오스카 쿨만,『신약의 기독론』, 108.

3:49, 53; 4:171-172; 5:73; 57:27; 61:6 등 여러 구절에서 이싸에게 '알라의 사도'라는 칭호가 주어진다.

코란이 이싸에게 '선지자'요 '사도'라는 칭호를 부여할 때, 코란은 이싸에게 어떤 의미를 부여하는 것인지는, '선지자'와 '사도,' 그리고 '계시'에 대한 이슬람적 의미에서 파악될 수 있다. 이슬람적인 의미로, '사도'(라술, rasūl)는 알라로부터 경전을 받아 인류를 인도하도록 보냄 받은 자를 의미하고, '선지자'(나비, nabi)는 경전을 가져오지는 않지만 알라의 메시지를 전하는 자를 의미한다.

그러므로 이슬람에서 '선지자,' '사도'는 알라의 메시지를 전하는 자라는 공통의 의미를 지니며, 선지자는 사도보다 보다 더 포괄적 개념이 된다.[28] 코란에서 이싸가 선지자요 사도라는 것은 '알라의 메신저'라는 의미를 지닌다.

코란에서 '계시'의 의미는, 알라가 신성한 계시를 '내려 준다'(안잘라, anzala)는 의미를 갖는다. 알라는 가브리엘 천사에게 메시지를 전하고, 천사는 그것을 직접 화법으로 선지자들에게 전달한다. 그러면 선지자들은 천사에게 들은 메시지 그대로를 직접화법으로 다시 전달하는 형태로 계시가 이루어진다고 본다.

그래서 코란에서 계시에 대해 사용하는 용어는 '안잘라'(Anzala, 내려보내다), '나잘라'(nazala, 내려오다), '탄질'(tanzīl, 내려보냄) 등이다. 이 용어는 알라가 천사에게 그리고 천사가 선지자에게 '하강' 식으로 전달하는 계시 방식을 나타내준다. 이 외에도, '아타'(atā, 오다), '우히야'(ūhiya, 계시를 받다), '아우하'(auḥā, 계시를 주다)라는 용어도 사

---

28 Colin Chapman, *Cross & Crescent*, 319.

용되는데, 이 용어 역시 '안잘라'(*anzala*, 내려 보내다)와 같은 하강식의 계시 의미를 내포한다.[29]

코란의 이러한 '수직 하강식'의 계시 방식이 말하는 것은, 알라의 계시는 알라와 선지자간의 인격적이고 직접적인 관계성 속에 영감으로 이루 어지는 것이 아니라, 선지자 한 개인의 인격에 초월에 있다는 것을 의미 한다. 또한 더 나아가, 알라의 계시는 역사를 초월해 있다는 것을 의미한다. 그래서 바드루 카테렉가(Badru D. Kateregga)라는 무슬림학자는 코란의 계시에 대해 이렇게 표현한다.

> 모든 신성한 계시는 '알라의 절대적인 법적 통치권'을 나타낸다. … 이슬람에서의 선지적 계시는 역사를 초월해 있다. 역사적 사건도 그리고 이에 대한 인간의 반응도 계시가 아니다. 선지자들은 역사 속에 있을지라도, 그가 받은 계시는 그의 역사에 의해서 영향 받지 않는다. 계시는 오직 알라로부터 온다.[30]

이렇게 코란이 말하는 선지자의 메시지에는 선지자 개인의 인격도 역사에 개입하는 알라의 행위와 이에 대한 영감 받은 해석이 포함된 것이 아니다. 그러므로 코란이 이싸가 선지자라고 했을 때, 이싸는 알라와 아무런 인격적 관계성이 없는 것이다. 또한 이싸는 알라가 역사 속에서 행하는 일에 대해 계시된 해석을 백성들에게 전달하고 있는 것이 아니다.

---

29 Badru D. Kateregga, David W. Shenk, *A Muslim and a Christian in Dialogue*, 155.
30 Badru D. Kateregga & David W. Shenk, *A Muslim and a Christian in Dialogue*, 155.

이러한 코란의 계시 개념 속에서 선지자와 사도란 칭호가 결코 성경과 동일한 칭호가 될 수 없음이 자명하다. 그 이유는 성경의 계시는 선지자들이 하나님과 직접적이고 인격적인 관계성 속에서 성령의 영감으로 받는 것이기 때문이다. 성경은 역사에서 하나님이 행하신 구원 행위에 관한 이야기와 하나님의 구원 행위에 대한 계시된 해석을 포함하고 있다. 하나님은 역사 속에서 행하시는 당신의 구원 행위의 의미를 선지자들과 사도들을 통해 해석하여 주셨다. 선지자들은 하나님과의 직접적이고 인격적인 관계성 속에서 성령님의 영감으로 하나님이 행하신 일의 의미를 깨닫고, 하나님의 말씀을 받아 백성들에게 전달하였다.[31]

성경의 예수는 선지자들이 하나님과의 인격적 관계성 속에서 하나님의 말씀을 받고 백성에게 전달하셨다는 측면에서 선지자의 역할을 수행하셨다. 그리고 그는 모세가 예언한 '그 선지자'의 칭호를 가지셨다.[32] 그러나 그는 선지자들이 누릴 수 없는 아들의 지위, 아들

---

31 Badru D. Kateregga & David W. Shenk, *A Muslim and a Christian in Dialogue*, 152.
32 예수는 모세가 하나님이 모세 자신과 같은 한 선지자를 세우실 것이라고 예언했던 그 약속된 대 선지자이다. 유대인들은 신 18:15의 예언을 바탕으로 모세와 같은 '그 선지자'의 도래를 기다려 왔다. 신약시대에 유대인들은 '그 선지자'에 대해 '메시아'(요 4:25; 6:14) 혹은 메시아와 구분된 '어떤 위대한 선지자'(요 1:20-21; 7:40-41)라는 이해를 갖고 있었다. 그리고 그들은 세례 요한이 광야에서 회개하라고 외치기 시작했을 때, 세례 요한에게 '네가 그 선지자냐'고 질문했다(요 1:22). 그리고 예수가 오병이어로 오천명을 먹이시는 기적을 행하시는 것을 보고, 많은 이들이 '이는 참으로 세상에 오실 그 선지자'라 생각했다(요 6:14). 제자들 역시 처음 예수를 보고 '그 선지자'로 생각했다(요 1:45). 그런데 예수께서 요 5:46에서 자신은 바로 모세가 말한 그 선지자임을 이렇게 말씀하셨다. "모세를 믿었더라면 또 나를 믿었으리니 이는 그가 내게 대하여 기록하였음이라." 그리고 예수가 요 12:48-49에서 "나를 저버리고 내 말을 받지 아니하는 자를 심판할 이가 있으니 곧 내가 한 그 말이 마지막 날에 그를 심판하리라 내가 내 자의로 말한 것이 아니요 나를 보내신 아버지께서 내가 말할 것과 이를

로서의 관계성을 가지고 하나님 자신을 인류에게 온전히 계시한 선지자 이상이신 분이다. 그렇기에 히브리서 1:1-2 말씀은 이제 마지막 때에는 선지자가 아닌, 아들을 통하여 우리에게 말씀하셨다고 하고, 히브리서 3:5-6은 모세를 하나님의 온 집의 종으로, 예수를 하나님의 집을 맡은 아들로 구분함으로써, 선지자 지위를 뛰어넘는 하나님의 아들로서의 예수의 본질적 지위를 분명히 한다.

하나님의 아들인 예수께서 계시하신 것은 어떤 선지자도 계시하지 못하였던 하나님 자신에 대한 온전한 계시이다. 하나님은 자기 자신을 예수의 말씀과 행위들 속에서 계시하셨다(요 1:18; 17:6). 그러므로 예수는 하나님 아버지의 말씀을 인류에게 전하고 가르치실 뿐만 아니라, 하나님의 말씀 자체가 되신다(요 1:1).

또한 예수는 하나님 아버지로부터 보냄 받은 사도일 뿐 아니라, 하나님의 아들로서 선지자들을 보내신 자이다(마 23:34, 37). 그리고 예수는 단순히 하나님이 보내신 자가 아니라, 하나님 아버지로부터 오신 자이다(요 8:42; 17:8). 그리고 예수는 자신의 사명을 다하시고 하나님 아버지께로 다시 돌아가시는 자이다(요 13:1). 예수는 또한 하나님의 구원의 행위를 성령의 영감으로 계시하는 선지자 이상으로, 자신의 존재, 삶 자체가 하나님의 구원적 행위가 되신다. 그러므로 예수는 구약 선지자들이 선포한 예언의 성취가 되신다(마 1:21-23).

것을 친히 명령하여 주셨으니"라고 한 말은, 신 18:19 "누구든지 내 이름으로 전하는 내 말을 듣지 아니하는 자는 내게 벌을 받을 것이요"를 상기 시키는 것이었다. 이는 예수가 자신을 이 신명기의 위대한 예언의 주인공으로 나타내셨음을 보여준다. 그리고 제자들은 예수의 부활 이후, 예수가 진정 그 선지자임을 선포하였다. 쇼캣 모우캐리, 『기독교와 이슬람의 대화』, 236; Edward J. Young, *My Servants the Prophets* (Grand Rapids; WM. B. Eerdmans Publishing, 1980), 32-34.

결론적으로 앞에서 살펴본 바대로 이슬람적 의미의 '선지자,' '사도'는 알라와 비인격적 관계 속에 있다. 그러므로 하나님과 인격적 관계 속에 있는 성경의 선지자와 동일한 개념일 수 없다. 따라서 이싸는 '선지자'의 칭호로도 모세가 예언한 '그 선지자'의 칭호를 가졌던 예수와 동일할 수 없다. 더 나아가 예수는 선지자 이상인 하나님의 아들이시다.

제3장

지위와 사명에 있어서 이싸와 예수의 차별성

여기에서는 결론적으로 앞에서 살펴본 코란의 이싸의 생애와 칭호에 기초해 이싸와 예수를 그 지위와 사명의 면에서 비교하고 이싸와 예수의 차별성을 확고히 하고자 한다.

1. 지위

1) 이싸 선지자

(1) 선지자 중에서 높은 지위

코란에서 이싸는 코란에 나오는 선지자들 가운데 특출한 지위를 갖는다. 코란에는 총 25명의 선지자[1]가 언급된다. 그 중 이싸는 알라

---

[1] 코란에 언급되는 선지자들은 다음과 같다. 아담, 이드리스(에녹), 누흐(노아), 이브라힘

로부터 경전이 주어졌다고 하는 6명의 위대한 선지자 중 한 명이다. 그 6명의 위대한 선지자는 아담, 노아, 아브라함, 모세, 이싸, 그리고 무함마드이다.[2] 이 중 모세와 이싸, 무함마드는 책으로 기록된 율법을 가져온 선지자로 높은 지위를 갖는다.[3]

다음의 코란 문구는 이싸가 여러 선지자들 가운데서도 뛰어난 위치를 갖고 있음을 보여준다.

> 그는 현세와 내세에 영예로운 자요, 알라와 가까이 있는 자 가운데 있으리라(3:45).

이는 이싸가 현세와 내세에 존경 받기에 합당한 자며, 알라 앞에 높은 지위를 갖는 존귀한 자라는 것이다.[4] 이 구절은 코란 안에서 이싸의 특별한 지위를 찾고자 하는 기독교인들의 주목을 끄는 구절이다. 그러나 이 구절이 말하는 이싸의 높은 지위에 대한 이슬람적 이해는 코란 맥락과 이 구절에 대한 무슬림 공동체의 해석에서 파악

(아브라함), 이스마일(이스마엘), 이스하끄(이삭), 야으꿉(야곱), 다우드(다윗), 술래이만(솔로몬), 아이유브(욥), 유수프(요셉), 무사(모세), 하룬(아론), 일리야스(엘리야), 알야사(엘리사), 유느스(요나), 루뜨(롯), 후드, 슈아이브, 쌀리흐, 둘 키플(에스겔), 자카리야(사가랴), 야흐야(요한), 이싸(예수), 무함마드 'Afif Abd al-Fatah Tabbarah, *Maʿa al-Anbiya' fi al-Qur'an al-Karim*, 17.

2 쇼캣 모우캐리, 『기독교와 이슬람의 대화』, 235.

3 물론 이슬람에서 무함마드는 다른 선지자들에 비해 가장 높은 지위를 갖는다. 알라가 다른 선지자들은 자기백성에게만 보낸 반면, 무함마드는 전 인류의 사도로 보냄으로써 그의 지위를 가장 높게 하였다고 한다. 코란 34:28 "우리는 그대(무함마드)를 전 인류에게 복음을 전하는 자요 경고자로 보냈으나 대부분의 사람들은 이를 알지 못하더라." 'Afif Abd al-Fatah Tabbarah, *Maʿa al-Anbiya' fi al-Qur'an al-Karim*, 17.

4 'Ali al-Zaid, *Mukhtasar Tafsir al-Baghawi*, vol. 1, 120.

될 수 있다. 무슬림 주석가 이븐 카씨르(Ibn Kathir)는 이 구절에 대한 주석에서 이싸가 현세와 내세에서 존경받는 이유를 다음과 같이 풀이하고 있다.

> 그는 이 세상에서 지도자가 될 것이고, 알라에 의해 존귀한 자가 될 것이다. 왜냐하면 알라가 그에게 경전을 내려 보냄으로써 (알라의) 율법을 계시하였기 때문이다. 그리고 이싸는 내세에서도 존귀히 여겨질 것이고, 알라의 다른 사도들이 그러한 것처럼, 일부 사람들을 위하여 알라에게 탄원하여 줄 것이다.[5]

곧, 이싸가 현세와 내세에 존귀한 자가 되는 이유는, 그가 이 세상에서는 알라의 율법을 가르치는 지도자요, 저 세상에서는 알라 앞에 사람들의 중재자가 되기 때문이라고 설명한다. '중재자'라 하면 이는 예수가 하나님 아버지와 인류사이의 중보자가 되는 것을 떠올리게 되지만, 이 주석가가 이싸를 중재자로 언급한 이유는, '알라의 허락을 받은 자'(20:109), '진리를 증언한 자'(43:86)[6]를 알라와 사람들 사이의 중재자의 조건으로 제시하고 있는 코란 구절에 근거한다.

> 그날에는 어떤 중재도 효용이 없으되 자비하신 이(알라)가 허락하고, 그의 말을 기쁘게 여기는 자는 예외라(20:109).

---

5 Ibn Kathir, *Tafsir Ibn kathir*, vol. 2, 161.
6 코란 43:86 "알라 외에 다른 것을 숭배하는 자들에게는 중재할 능력이 없다. 그러나 오직 진리를 증언자는 예외다 …."

알라 외에 다른 것을 숭배하는 자들에게는 중재할 능력이 없다. 그러나 오직 진리를 증언자는 예외다(43:86).

앗싸부니(al-Sabuni)는 20:109의 '알라가 중재를 허용한 자'는 "현세에서 알라 외에는 신이 없다고 말한 자"[7]라고 설명한다. 그리고 43:86의 '진리를 증언하는 자'에 대해서는 '이싸와 우자이르,[8] 천사들'이라고 해석하며, 이들은 진리 곧 알라의 단일신성을 증언한다고 설명한다.[9] 곧 이싸는 '알라 외에는 신이 없다'는 알라의 단일신성을 증언한 자로 중재자의 위치에 서고 내세에서도 존귀한 자가 된다는 것이다. 그러므로 심판의 날 내세에서 갖는 높은 지위는 알라의 단일신성을 설파한 선지자로서 갖는 지위이다.

이렇게 코란에서 알라의 선지자로서 이싸가 갖는 높은 지위와 중요성은, 코란에서 14개의 장에 걸쳐 이싸의 이름이 언급되며, 아브라함과 모세와 함께 성경의 인물들 가운데 코란에서 그 이름이 가장 많이 거명되는 인물인 사실에서도 나타난다.[10] 그러므로 바드루 카테렉가(Badru D. Kateregga) 같은 무슬림학자는 코란에서 이싸는 알라의 위대한 사도 중의 하나이기에, 그의 선지성을 부인하는 것은 이슬람

---

7 Al-Sabuni, *Safwat al-Tafasir*, vol. 2, 248.
8 우자이르('Uzair)는 구약의 '에스라'를 지칭하는 인물로, 코란 9:30에는 유대인들이 에스라를 하나님의 아들이라고 말했다고 반박하는 구절이 나온다. 코란 9:30 "유대인들은 우자이르가 하나님의 아들이라고 말하였노라. 그리고 나사라들(기독교인들)은 알 마씨흐가 하나님의 아들이라고 말하였노라. …."
9 Al-Sabuni, *Safwat al-Tafasir*, vol. 3, 167.
10 요아힘 그닐카, 『성경과 코란』, 143.

을 부인하는 것과 같다고 말한다.[11]

(2) 이싸의 인성에 대한 강조

비록 코란이 이싸를 위대한 선지자 중 한 사람으로 만들고 그에 관해 특별한 것을 언급한다 할지라도 그는 많은 선지자 중의 하나요, 다른 선지자와 같은 한 인간일 뿐이다.[12] 이러한 이싸의 인성에 대한 강조는 코란의 이싸 진술에서 반복적으로 나타나는 부분이다.

> 마리아의 아들 알마씨흐는 그 이전에 지나간 사도들과 같은 한 사도일 뿐이다. 그의 어머니는 진실하였으며 그들(이싸와 마리아)은 음식을 먹었노라 …(5:75).

이 구절은 코란의 이싸가 이전 선지자들과 같은 선지자일 뿐, 신성을 지니지 않은 한 인간임을 강조한다. 그리고 앞에서 살펴본 이싸의 생애와 칭호는 코란이 이싸의 인성을 여러 차원에서 강조하고 있음을 보여준다.

첫째, 마리아에 대한 수태고지로, 코란의 천사는 마리아가 잉태할 자를 '이스라엘에게 보내어진 사도'(3:49)라고 말한다. 곧 한 인간 사도의 잉태를 고지한다. 이는 성경의 가브리엘 천사가 마리아가 잉태할 자는 '하나님의 아들이요 하나님 나라를 이 땅에 도래케 할 왕'(눅 1:32-33)임을 고지한 것과 대조된다. 코란은 이싸가 동정녀에게

11　Badru D. Kateregga & David W. Shenk, *A Muslim and A Christian in Dialogue*, 166.
12　Roelf S. Kuitse, "Christology in the Qur'an," 366.

탄생한 것을 예수의 성육신과 신성에 대한 증거가 아닌 알라의 창조 능력의 한 예증으로 해석한다. 이를 위해 이싸의 동정녀 탄생을 아담의 창조와 연결시킨다.[13]

둘째, 이싸의 자의식이 인간에 불과한 알라의 종임을 보여준다. 그 자의식은 요람 속에서 아기로서 한 말에서부터 나타난다. 아기 이싸는 어머니 마리아를 변호하며 다음과 같이 말한다.

> 그(이싸)가 말하기를, "나는 진실로 알라의 종입니다. 그는 제게 성경을 주셨으며, 저를 선지자로 삼으셨습니다" …(19:30).

또한 알라는 이싸가 사람들 앞에서 스스로의 신성을 주장하지 않았느냐고 추궁한다. 이싸의 반응은 절대적인 부정이다. 그는 알라의 추궁에 다음과 같이 답한다.

> … 당신을 찬양합니다. 저는 제게 말할 권리가 없는 것을 말하지 않았나이다. 제가 그렇게 말하였다면 당신께서 이미 아셨을 것입니다 …(5:116).

코란의 이싸는 자신의 신성을 결코 생각해 본적이 없는 인물이다. 셋째, 이싸의 가르침으로, 이싸는 자신을 오직 피조물의 위치에

---

13 뢸프 쿠이츠(Roelf S. Kuitse)는 코란의 이싸는 두 번째 아담으로 불려 질 수 있으나 그것은 신약(롬 5:14; 고전 15:22)에서의 의미와 다르게 사용된다고 한다. 곧 코란의 이싸는 아담과 같이 알라의 창조적인 말씀(코란 3:42-52; 19:16-36)으로 태어났다는 면에서 두 번째 아담이라는 것이다. Roelf S. Kuitse, "Christology in the Qur'an," 357.

두고 알라만을 경배할 것을 가르친다.

> 실로 알라는 나의 주님이요 너희의 주님이시라. 그러므로 그 분께 경배하라. 이것이 올바른 길이니라(43:64).

넷째, 이싸의 기적과 관련해서도, 코란은 이싸가 행하는 이적은 오직 '알라의 허락' 하에 이루어진 '알라의 은총'임을 강조한다. 그래서 5:110에서 언급되는 이싸의 기적은, "내가 너와 너의 어머니에게 내린 은총을 기억하라"는 알라의 문구로 시작하고, 5:110b와 3:49에서는 각각 '나의 허락으로'와 '알라의 허락으로'라는 문구와 함께 이싸의 기적이 나열된다.

코란이 이싸의 기적을 언급하는 이런 방식은 성경의 예수의 기적이 계시하는 예수의 신성한 본질과 예수 사역의 구원적(redemptive) 성격을 간과하게 한다.[14]

다섯째, 코란은 이싸에게 부여하는 칭호 안에서도 이싸의 인간성을 강조한다. '마씨흐' 칭호에 대해서, 코란은 그 근원이 상고이며 하나님의 아들인 '메시아'에 대한 어떤 암시도 제공하지 않는다. '마리아의 아들' 칭호를 통해서는 이싸가 아버지 없이 어머니 마리아를 통해서만 출생한 알라의 창조 능력의 표징이요, 한 여성의 아들로

---

[14] 아흐마드 샬라비(Ahmad Shalabi)는 이싸의 동정녀 탄생과 기적의 의미를 이렇게 해석한다. 곧 그의 탄생에서부터 시작되는 그의 기적의 목적은 영의 존재를 부인하는 이스라엘 사람들에게 영적인 측면을 일깨우고 영의 존재를 입증하기 위함이라고 한다. 그래서 그는 진흙에 불과한 진흙으로 빚어진 새에 숨을 불어넣어 새가 되는 기적을 행했다고 한다. Ahmad Shalabi, *Muqaranat al-Adyan 2: al-Masihiya*, 52.

태어난 인간, 곧 '죽을 존재'임을 나타낸다.[15]

칭호 '알라의 말씀'과 '알라의 영'은 이싸가 단지 알라의 사도에 불과하다는 것을 말하려는 코란 4:171[16]의 "마리아에게 수여된 그의 말씀이며, 그(알라)로부터의 한 영이다"라는 문구에서 언급된다. 그러므로 코란의 문맥은 '알라의 말씀'과 '알라의 영'이라는 이싸의 칭호가 이싸의 신성과 결코 연관될 수 없게 한다.

그래서 이싸가 '알라의 말씀'일 수 있는 것은 그가 알라의 말씀 '있으라'는 말에 의해 창조되었기 때문인 것으로 무슬림 주석가들은 해석한다. 그리고 '알라로부터의 영'이라는 칭호에 대해서도, 무슬림 주석가들은 이 칭호는 이싸의 지위를 높여 말하는 것이지만 이것이 결코 이싸에게 신적 본질을 갖는 지위를 허용하는 것은 아니라고 한다. '알라의 종'으로서의 칭호는 성경의 예수의 경우처럼 그의 사명의 성격을 나타내 주는 차원이 아니라, 이싸가 신성을 지닌 존재가 아닌 피조물에 불과한 존재임을 강조하는 맥락에서 사용되고 있다.

---

15 그래서 아피프 압둘 파타하 땁바라('Afif Abd al-Fatah Tabbarah)같은 학자는 코란 5:75 "알마씨흐는 마리아 아들로서 선지자일 뿐이며 그는 이전에 지나간 선지자들과 같음이라. 그의 어머니는 진실하였노라 …"를 가리키며, "알라가 '알마씨흐'를 '마리아의 아들'이라는 단어와 연결시켜, 알마씨흐가 '알라의 아들'이 아니고 '마리아의 아들'이라는 것에 우리의 시선을 돌리고 있음을 주목하라"고 말한다. 이런 해석은 '마리아의 아들'이라는 칭호는 이싸가 '하나님의 아들'임을 부정하는, 이싸의 인성을 강조하는 칭호로 사용되고 있음을 보여준다. 'Afif Abd al-Fatah Tabbarah, *Ma'a al-Anbiya' fi al-Qur'an al-Karim*, 328.

16 코란 4:171 "성경의 백성들이여 너희 종교의 한계를 넘지 말라. 알라에 대해 진실 외에는 말하지 말라. 마리아의 아들 이싸 알마씨흐는 알라의 사도이며, 마리아에게 수여된 그의 말씀이며, 그(알라)로부터의 한 영이다. 그러므로 알라와 그의 사도들을 믿어라. 그리고 셋이라 말하지 말라. 그만두어라. (그렇게 하는 것이) 너희에게 선이 되리라. 실로 알라는 유일한 신이다. 그를 찬송할지니, 그에게는 아들이 있을 수 없노라. 하늘과 땅의 것이 그의 것이라. 보호자는 알라만으로 충분하니라."

여섯째, 이외에도 코란은 기독교인이 '이싸'의 신성을 믿는 것에 대해, 진리에서 벗어난 것이라고 강한 어조로 비난한다. 코란 5:17, 72에는 동일하게 '알라가 마리아의 아들 알마씨흐라고 말하는 이들은 불신자라'라는 문구가 나오는데, 5:17에 있는 이 문구는 다음 문구에 의해 이어진다.

> … 그가 마리아의 아들 알마씨흐와 그의 어머니와 세상에 있는 모든 자들을 멸망시키기 원한다면, 그 누가 알라를 저지할 힘을 가지리요 …(5:17).

곧 알라는 그가 원하기만 하면, 이싸마저 멸망시킬 수 있다고 하면서 코란은 이싸의 신성을 강하게 부정한다.

그리고 5:72의 이 문구는 다음 문구로 이어진다.

> … 알라에게 동등한 자를 두는 자는 알라가 천국에 들어가는 것을 금하였으니 불지옥이 그들의 거주지가 되리라. 죄인들에게는 도울 자가 없으리라(5:72).

곧, 코란은 이싸의 신성을 주장하는 것은 알라에게 동등한 자를 두는 것으로 불지옥에 떨어지는 죄를 범하는 것이라고 저주하고 있다.

기독교인들의 삼위일체 신앙을 겨냥한 듯한 4:171도 이싸는 신성을 갖지 않은 존재로 알라의 사도에 불과함을 주장한다. 그리고 이싸의 신성을 주장하는 기독교인에 대해 진리의 선을 넘은 자들이라고 비난한다.

성경의 백성들이여 너희 종교의 한계를 넘지 말라. … 마리아
의 아들 이싸 알마씨흐는 알라의 사도이며 … 셋이라 말하지
말라 …(4:171).

코란이 기독교인의 예수의 신성에 대한 신앙을 비난하며 언급하
는 위 구절들은, 뒤에 살펴보겠지만 기독교 정통 신앙을 바르게 알
고 표현한 것이 아니다. 그러나 코란이 이 구절들을 통해 의도하는
것은, 예수 신성을 부정하고, 예수 신성을 믿는 자를 '알라에게 동등
한 자를 두는 죄,' 곧 '쉬르크'(Shirk)라고 불려지는 대죄를 범한 자로
저주하려는 것이다. 그러면서 이싸를 '쉬르크' 죄와 무관한, '타우히
드'(Tawḥīd)의 교리를 가져온 자로 나타내는 것이다.17 이렇게 코란은
이싸를 그 어떤 신성도 배제한 인간 선지자로 제시하고 있다.

2) 하나님의 아들 예수

성경의 예수는 제2위 하나님, 성자로서의 신성한 지위18를 가지

17　싸이드 꼬틉(Said Qutb)은 이싸는 바울과 바울 이후의 교회가 '타우히드' (Tawḥīd)교
리를 왜곡함으로써 '쉬르크'(Shirk) 죄가 발생했다고 하면서, 이싸는 기독교인의 쉬르
크 죄와 무관하다고 한다. 그는 오히려 그 이전의 다른 선지자들처럼 오직 순결한 타
우히드 교리를 가져왔고, 그의 역할은 타우히드의 교리에 활기를 불어넣는 것이었다
고 한다. Said Qutb, *Muqauwimat Tasauwur al-Islamiy*, 96.

18　제2위 하나님, 성자로서의 예수의 지위는 선재성(先在性, pre-existence)을 갖는다. 그
는 동정녀에게 잉태된 사건으로 신성한 아들의 지위를 갖는 것이 아니라, 성육신 이
전에 본래 성자로서 만물보다 먼저 계시고 만물보다 뛰어난 영원한 지위를 가지신
다. 그러므로 그는 성경에서 '보내어진 자'(the One Sent)로 묘사된다(요 3:17; 4:34;
5:24; 요일 4:9 등). 예수도 역시 'I came'의 표현으로 자신이 이 땅에서 행하는 구원
사역의 근원을 나타낸다(막 1:38; 2:17; 눅 12:49; 마 11:19 등). 'I came~'의 표현에

신다. 여기서는 알라의 종의 자의식을 갖는 이싸와 이싸의 신자성 (Sonship)을 부인하는 알라와 대조하여, 예수님이 하나님의 아들로서의 자의식을 갖고 계셨음을 보여주는 성경구절[19]과, 성부 하나님이 예수를 하나님의 아들로 증거하는 구절 몇 가지를 살펴보도록 하겠다.

(1) 하나님의 아들로서의 예수의 자의식

예수님은 하나님의 아들로서의 자의식을 분명하게 드러내시는데,[20] 그것은 선지자와 구별된 아들의 지위를 드러내심과 하나님을 아버지로, 자신을 아들로서 칭하심에서, 그리고 아들의 권세를 선포하시고 또 아들의 권세를 가지고 능력을 나타내심에서 확인할 수 있다.

는 예수의 초역사성 초월성이 반영되어 있다. Leopold Sabourin, S.J., *Christology Basic Texts in Focus* (New York: Alba House, 1984), 58-60, 69.

[19] 예수의 자기 이해(self-understanding)를 보면, 성경은 예수가 자신의 사명을 하나님의 종(the Servant of God)의 사명을 성취하는 것으로, 그리고 그의 운명(his destiny)은 다니엘의 인자(Danielic Son)의 상(像)에서 가장 잘 표현된 것으로, 그리고 그의 하나님과의 개인적 관계는 성부 하나님께 아들의 관계로 인식하고 있음을 보여준다. Leopold Sabourin, S. J., *Christology Basic Texts in Focus*, 69.

[20] 오스카 쿨만(Oscar Cullmann)은 예수님의 내면에, '하나님의 아들'로서의 자의식이 있었음을 다음과 같이 이야기한다. "'하나님의 아들'은 예수님의 그 아버지의 뜻과의 완전한 일체성에 대한 부단한 체험을, 즉 그 아버지에 의해, 예수님 스스로의 독특한 인식으로, 그에게 알려지는 계시에 대한 완전한 자각을 표상한다. 이것은 자신이 하나님의 도구라는 것을 아는 한 사람의 단순한 선지자적 의식 그 이상의 것이다. 예수께서 선지자 혹은 사도가 하는 것처럼 하나님의 계획을 수행하시긴 하지만, 그러나 그는 그렇게 하시면서 하나님과 하나이심을 체험하신다. 이 체험이 예수님의 비밀이고, 바로 여기에 그가 매우 빈번히 자신을 '아들'로 말씀하신 사실에 대한 해명이 있다." 오스카 쿨만, 『신약의 기독론』, 429-430.

① 선지자보다 뛰어난 하나님의 아들로서의 지위에 대한 선포

먼저 예수님은 자신을 지칭할 때, 선지자와 구별되고 선지자보다 뛰어난, 신성한 하나님의 아들의 지위에 두고 말씀하셨다. 이에 대한 증거본문으로, 악한 농부들에 대한 예수님의 비유(마 21:33-46; 막 12:1-12; 눅 20:9-18)를 들 수 있다. 이 비유는 포도원의 주인이 소출의 때에 수확물을 얻기 위해 농부들에게 자신의 종들을 보내지만, 농부들이 종들을 거듭 능멸하자, 마침내 주인은 자신의 아들을 보낸다는 내용이다.

예수님은 이 비유를 통해, 단지 종에 불과한 선지자들보다 높은 '하나님의 아들'로 자신을 계시하신다. 이 비유는 선지자들과 구분된 하나님의 아들로서의 예수의 지위를 나타내 보여주고, 그가 가진 역할의 최고성, 최종성을 보여준다. 포도원 주인이 악한 농부들에게 최종적으로 보낸 이는, '자기 아들'(마 21:37), '그가 사랑하는 아들'(막 12:6), '내 사랑하는 아들'(눅 20:13)이다. 여기서 아들의 지위는 아버지로부터 사명을 받아 보냄을 받기 이전부터 갖는 지위이다. 이것은 예수가 영원 전부터 성부 하나님께 갖는 신성한 본질적 아들의 지위를 말해준다. 그리고 이 아들이야말로 아버지로부터 최고의 마지막 임무를 부여 받기에 가장 적임자임을 말해준다.[21]

---

21 게할더스 보스(Geerhardus Vos)는 '하나님의 아들'의 칭호가 갖는 네 가지 의미- ① 도덕적 종교적 의미로 '하나님의 자녀' ② 본질이 아닌 직무를 묘사하는 직무적 메시아적 의미로서 하나님의 상속자 대리자로서, 다윗에게, 그리고 그의 메시아적 후손과 다윗 계열의 왕들에게 부여된 칭호 ③ 하나님의 직접적이고 초자연적 부성에 기원한 출생적 의미의 아들의 의미. ④ 세상이 있기 전 영원부터 존재하신 삼위일체적 아들됨의 의미-를 구분하며, 위 비유에서 간과해서 안 될 부분으로 본래적으로 '영원한 아들됨'이 메시아적 사명에 앞서 존재했음을 강조한다. 이를 통해 예수의 아들 됨이 자칫 '메시아적 아들됨'으로 축소 오해될 가능성을 배제한다. 게할더스 보스,

요한복음 6:22-58에서 예수님은 자신은 유대인들의 위대한 선지자 모세보다 우월한 아들의 지위를 갖고 계심을 드러내셨다. 유대인들은 그들이 예수를 믿게 할 표적이 무엇인가 하고 예수께 질문하며 모세가 광야에서 만나를 내리게 한 표적을 언급한다. 이에 대해 예수님은 모세가 하늘에서 떡을 준 것이 아니고 떡을 주신 이는 내 아버지라고 말씀하신다. 여기서 예수님은 하나님을 '내 아버지'라 칭함으로써, 모세는 아버지 하나님의 대리자였을 뿐이요(32절), 자신은 하나님의 아들임을 나타내신다. 또한 35절에서 자신은 세상에 생명을 주는, 생명의 떡이라고 말씀하신다. 이로써 선지자 모세가 근접할 수 없는 아들로서의 권위를 나타내신다.

예수님은 베드로가 사람들이 예수님에 대해 세례 요한, 엘리야, 예레미야, 혹은 선지자 중의 하나로 생각하는 것과 달리, "주는 그리스도시요 살아계신 하나님의 아들이시니이다"라고 말했을 때, 그의 말을 하늘의 계시를 받은 것으로 칭찬하셨다(마 16:17).

② 아버지와 아들의 칭호로 하나님의 아들 되심을 계시하심

예수님은 하나님을 아버지라고 부르시면서[22] 하나님과 절대적

『예수의 자기 계시』, 이승구 역 (서울: 도서출판 엠마오, 1986), 159, 184-185. 그리고 사이몬 게더콜(Simon J. Gathercole)은 이 비유가 기독론에 매우 중요한 부분으로서 공관복음서에서 '아들'의 성격을 결정적으로 규명해 주고 있다고 본다. 곧 하늘에서부터 선재(先在)하신 아들이 성부 하나님으로부터 보냄을 받고 이 땅에 와서 죽음에 이르는 것을 비유함으로써, 아들의 선재적 근원과 사명을 나타낸다고 본다. Simon J. Gathercole, *The Preexistent Son: Recovering the Christologies of Matthew, Mark, and Luke* (Grand Rapids: William B. Eerdmans Publishing Company, 2006), 283.

22 성경에는 예수가 하나님을 아버지로 부르는 약 150여개의 구절이 있다. Colin Chapman, *Cross & Crescent: Responding to the Challenge of Islam* (Leicester: Inter-

으로 독특한 관계를 누리고 있는 아들의 자의식을 드러내셨다. 그가 자신을 하나님의 아들로 칭하신 것은, 보통 사람이 공유할 수 없는 하나님과의 독특한 관계를 나타내신 것으로 그의 신성한 본질을 계시하신 것이었다.

그러므로 예수님이 하나님을 아버지로 자신을 아들로 칭하실 때, 당시 유대인들은 예수님이 자신을 하나님의 위치에 놓는 신성한 본질을 주장한 것으로 바로 이해하였다. 예수께서 38년된 병자를 고치셨을 때, 유대인들은 그가 안식일에 이런 일을 행했다고 예수를 비난하였다. 그때 예수님은 "… 내 아버지께서 이제까지 일하시니 나도 일한다"(요 5:17)라고 답하셨다. 유대인들은 그가 하나님을 아버지라고 부르는 것을 들었을 때, 그가 하나님과 자신을 동등하게 여긴다고 생각했다(요 5:18). 예수님이 '하나님의 아들'로서 자신을 계시하신 것은 그를 죽음으로 몰고 간 원인 중 가장 결정적 요소가 되었다. 예수님은 자신이 하나님의 아들됨을 그를 심문하는 대제사장 앞에서 공언하신다(막 14:61-65).

③ **하나님의 아들로서 아버지로부터 모든 권세를 부여 받으셨음을 선포**

예수님은 하나님의 아들로서의 분명한 자의식을 가지고, 자신에게 하나님의 아들만이 갖는 특별한 권세가 있음을 주장하셨다. 예수

Varsity Press, 1995), 193-194. 예레미야스(Jeremias)는 특별히, 예수님이 하나님께 말을 건네는 형식으로 사용한 '아바'(아버지)의 호칭(막 14:36)은 친밀한 가족관계에서 사용되는 아람어로서, 유대의 기도문에서 도저히 찾아 볼 수 없는 것이며, 이 호칭은 그의 아버지로서의 하나님에 대한 예수 자신의 깊은 관계를 나타내기 위해 예수가 사용한 참된 어법임을 주장한다. I. Howard Marshall, *The origins of New Testament Christology*, 46.

께서 특별히 '아버지'와 '아들'의 칭호를 사용하여 자신의 권세를 주장하신 것은 다음과 같다. 그는 하나님의 아들로서 성부 하나님이 하신 일을 그도 다 행하며(요 5:19), 생명과 죽음을 다스리는 권세를 가졌고(요 5:21), 세상을 심판할 권세를 아버지로부터 부여 받았음(요 5:22-23)을 선포하셨다. 그리고 예수님은 하나님의 아들로서 성부 하나님으로부터 완전한 계시가 주어졌음을 말씀하셨다(마 11:27; 눅 10:22).[23] '아들 외에 아버지를 아는 자가 없다'는 것은 곧 예수님만이 하나님 아버지에 관한 배타적이고 절대적인 완전한 지식을 소유하셨음을 의미하는 것이다. 성경은 예수가 하나님의 아들로서 지닌 신성한 특권을 선포하셨음을 분명히 증언한다. 그러나 코란은 이싸의 말로써 이싸 스스로 자신의 신성을 부정케 한다(코란 5:116-117).

④ 하나님의 아들의 권세를 가지고 기적을 베푸심

코란에서는 이싸가 '알라의 허락'으로 기적을 베풀었다고 한다.

---

23 게할더스 보스(Geerhardus Vos)는 마 11:27 "내 아버지께서 모든 것을 내게 주셨으니 아버지 외에는 아들을 아는 자가 없고 아들과 또 아들의 소원대로 계시를 받는 자 외에는 아버지를 아는 자가 없느니라"를 공관복음서에서 예수께서 자기 계시의 절정을 보여주는 부분이라고 한다. 그는 여기에 사용된 '아버지'라는 표현이 예수께 맡겨진 계시의 과제의 절대성과 포괄성을 설명하는 역할을 한다고 한다. 하나님이 그의 아버지이시고, 예수께서는 하나님의 아들이셨기 때문에, 계시의 영역에서의 이런 모든 것의 전달이 가능했음을 말해준다고 한다. 그리고 '아버지 외에는 아들을 아는 자가 없고'에서, 예수께서는 특별히 '아버지'와 '아들'이라는 상관적 용어를 사용하셔서, 그는 하나님의 아들이시기에 이런 특별한 종류의 신(神)지식을 가지시고, 하나님께서도 예수의 아버지이기 때문에 그에 대해 독특한 지식을 가지심을 설명하신다고 한다. 그러면서 여기에 '안다'라는 단어로 '에피기노스케이'(ἐπιγινώσκει, epiginōskei)가 사용되고 있음을 주목한다. 이 단어는 현재시제로서 배워서 알게 된 획득적 지식이 아니라, 특정한 존재 상태(아버지와 아들)에 의해서 얻은 지식 곧 본질적 지식을 나타낸다고 한다. 게할더스 보스, 『예수의 자기 계시』, 166-168.

코란 5:110은 '알라의 허락으로' 진흙으로 살아있는 새를 만들고, '알라의 허락으로' 장님과 문둥이를 치유하고, '알라의 허락으로' 죽은 자를 살게 했다고 한다. 그러나 성경의 예수는 '하나님의 아들의 권세로' 기적을 행하신다.

요한복음 11장에서 예수님은 '하나님의 아들의 권세'를 가지고 하나님 아버지께 구함으로 죽은 나사로를 살리신다. 요한복음 11:41-43은 나사로를 살리기에 앞서 아버지께 기도하는 예수의 모습을 보여준다.

> 돌을 옮겨 놓으니 예수께서 눈을 들어 우러러 보시고 이르시되 아버지여 내 말을 들으신 것을 감사하나이다. 항상 내 말을 들으시는 줄을 내가 알았나이다 그러나 이 말씀을 하옵는 것은 둘러선 무리를 위함이니 곧 아버지께서 나를 보내신 것을 그들로 믿게 하려 함이니이다. 이 말씀을 하시고 큰 소리로 나사로야 나오라 부르시니(요 11:41-43).

예수님은 아들로서 아버지 하나님께 죽은 자를 살리는 일이 가능케 하여 줄 것을 기도하고, 아버지 하나님은 아들 예수의 기도를 들어주신다.

(2) 하나님 아버지로부터의 증거

코란에서 알라는 이싸가 사람들 앞에서 스스로 자신의 신성을 주장했는지를 추궁한다. 그러나 성경은 하나님 아버지께서 예수가 하나님의 아들됨을 직접 선포하고 계심을 증언한다. 예수님이 세례 요한에게 세례 받으실 때(마 3:16-17; 눅 3:21-22; 요 1:32-34)와 예수님이 제자들과 함께 오르신 산에서 영광스러운 모습으로 변형되셨을 때(마 17:1-8; 막 9:2-13; 눅 9:28-36), 이 두 사건 모두에서 성부 하나님은 예수가 그의 아들됨을 직접 선포하신다.

2. 사명

1) 이싸: 이스라엘 민족에게 이슬람 신앙을 설파하는 선지자의 사명

(1) 이슬람 선지자의 사명: 단일신 알라에 대한 경배 신앙 설파

코란은 이싸를 알라의 선지자로서 다른 선지자들과 동일한 사명을 갖는 것으로 묘사한다. 이슬람 선지자들이 갖는 사명을 아피프 압둘 파타하 땁바라('Afif Abd al-Fatah Tabbarah)는 다음의 세 가지로 제시한다.

첫째, 알라에 대한 믿음, 알라의 단일신성에 대한 믿음으로의 초대이다.

둘째, 마지막 때와 각 사람의 행위에 대한 알라의 보응을 경고하는 것이다.

셋째, 이슬람 율법(샤리아)을 설명해주는 것이다.[24]

곧, 이슬람 선지자의 소명은 인류에게 단일신 알라 만을 믿고 순종하는 이슬람 신앙을 가르치고 최후의 심판의 날을 경고하며 이슬

---

24 'Afif Abd al-Fatah Tabbarah, *Ma'a al-Anbiya' fi al-Qur'an al-Karim*, 15.

람법을 가르치는 것이라고 한다.

코란 제7장인 아으라프(al-'A'rāf)²⁵ 장은 선지자들의 활동을 나열하고 있는데, 이것은 이슬람의 선지자에 대한 코란의 관점을 잘 나타내 준다. 이 장은 노아, 후드, 살레, 롯, 슈아이브, 모세 등을 선지자로 거론하며 이들이 각자 자신들의 백성에게 보내어졌고, 동일한 내용을 설파하였다고 말한다. 그러면서 각 선지자들이 설파한 내용을 동일한 문구로 나타내고 있다. 그 동일한 문구는 '알라를 경배하라 그 외에는 신이 없다'이다.²⁶

> 우리가 노아를 그의 민족에게 보내니, 그가 말하였노라. "백성들이여 알라를 경배하라. 그 외에는 신이 없다. 나는 심판의 날 너희에게 형벌이 임할 것을 두려워한다"(7:59).
>
> 아드 백성에게 그들의 형제 후드를 보내니, 그가 말하였노라. "백성들이여 알라를 경배하라. 그 외에는 신이 없다. 너희는 (알라를) 두려워하지 않는가"(7:65).

---

25 아으라프(al-'A'rāf)는 코란에서 낙원과 지옥을 가르는 높은 벽을 칭하는 것으로, 이곳에는 선행과 악행이 똑같아 낙원과 지옥 그 어느 곳에도 들어가지 않은 채 알라의 심판을 기다리는 사람들이 거주하고 있다고 한다. Al-Sabuni, *Safwat al-Tafasir*, vol.1, 435.

26 무함마드 꼬틉(Muhammd Qutb)은 코란에서 '선지자들의 이야기'가 지닌 목적 중의 하나가 선지자와 사도들은 모든 시대를 거쳐 동일한 한 단어, 한 주제를 가지고 왔다는 진리를 드러내는 것이라고 한다. 그 한 단어는, '알라 외는 신이 없다'이며, 그 한 주제는 '알라를 경배해라 너희에게는 그 한 분 외에는 신이 없다'라고 한다. Muhammd Qutb, *Dirasat al-Qur'aniya* (Beirut: Dar al-Shuruq, 1993), 102.

사무드 백성에게 그들의 형제 살레를 보내니, 그가 말하였노라. "백성들이여 알라를 경배하라. 그 외에는 신이 없다 …"(7:73).

마드얀 백성에게 그들의 형제 슈아이브를 보내니, 그가 말하였노라. "백성들이여 알라를 경배하라. 그 외에는 신이 없다"(7:85).

또한 이 아으라프 장은 선지자의 메시지를 들은 모든 백성들이 각각 이들의 메시지를 불신하고 오히려 선지자들을 조롱하고 죽였다는 것과, 그러므로 그들에 대한 알라의 형벌이 크다는 내용을 반복적으로 제시하고 있다.

… 그들이 나의 사도들을 불신하였노라. 그리함으로 (그들에 대한 나의) 형벌은 얼마나 컸었던가(34:45).

어떤 사도든 그들에게 이르기만 하면, 그들은 그를 조롱하였더라(15:11).

… 우리는 그들이 말한 것, 그들이 선지자들을 부당하게 죽인 것을 기록하리라. 우리는 말하노라. "타오르는 불의 형벌을 맛볼지어다"(3:181).

이렇게 아으라프 장에서 다시 확인하는 바와 것과 같이, 코란에서 선지자들의 임무는 단일신 알라를 경배하는 이슬람을 가르치고, 이 길에서 벗어난 자들에게 알라의 심판을 경고하는 것이다.

그런데 다음의 6:48은 이런 선지자들을 '복음 전달자'로 나타내고 있다.

> 우리는 사도들을 오직 복음 전달자요 경고자로 보내었노라. 그러므로 (그들을) 믿고 (행실을) 바르게 한 자 그들에게는 두려움이 없고 슬픔도 없노라(6:48).

알리 카비르(al-'Ali al-Kabir)의 이 구절에 대한 주석은 코란이 의도한 '복음 전달자'의 의미를 더 상세히 설명해 주는데 그의 주석은 다음과 같다.

> 즉 우리는 선지자들에게, 알라를 믿고 선을 행하는 자에게는 그들이 구원을 받고 천국에 들어가리라는 복음을 전하고, 믿지 않고 악을 행하는 자에게는 (알라의 심판을) 경고하는 임무를 맡겼노라.[27]

그러므로 코란에서 '복음 전달자'의 의미는 알라를 믿고 선을 행하는 자는 낙원에 들어간다는 소식을 전하는 자란 뜻이다. 코란의 이싸는 이런 이슬람 신앙을 설파하는 선지자의 사명을 갖고 있으며, 이슬람적인 의미의 '복음 전달자'가 된다. 이싸가 전하는 복음은 바로 '알라를 믿고 선을 행하면 낙원에 들어간다는 것'이다.

---

27 Abi Bkr Al-Jaza'iri, *Aisaru al-Tafasir* (Beirut: al-Maktaba al-'Asriya, 2005), 456.

(2) 이스라엘 민족에게 보내어진 선지자

코란은 이싸를 이스라엘 민족에게 보내어진 선지자로 이야기한다. 알라는 이스라엘 민족에게 모세와 이후 그를 이어 여러 선지자들을 계속해서 보내었고, 마침내 마리아의 아들 이싸를 보냈다고 말한다.

> 우리는 모세에게 성경을 주었고, 그의 뒤를 이어 (많은) 사도들을 보냈으며, 마리아의 아들 이싸에게 예증들을 주고 그를 성령으로 강하게 하였노라.
> 그런데 너희가 원하지 않는 사도가 올 때마다 너희는 교만히 행하여 일부는 불신하고 일부는 살인 한단 말인가?(2:87)

위 구절은 이싸가 이스라엘의 선지자로 보내어졌음과 함께 이스라엘이 선지자들을 부정하고 죽인 이력을 함께 언급하고 있다. 코란은 이 구절뿐만 아니라 여러 곳에서 이스라엘을 선지자들의 가르침과 경고를 저버린 민족으로 비난한다. 그리고 그들이 알라와의 성약을 깨뜨리고 우상을 숭배하였다고 지적한다. 코란의 이싸는 바로 이러한 종교적 이력을 가진 이스라엘에게 보내어진 선지자로 제시된다.

> 그리고 (알라는) 그에게 성경과 지혜와 토라와 인질을 가르칠 것이며, 그를 이스라엘의 자손에게 사도로 보내리라 …(3:48-49a).

그리고 코란은 이싸가 이스라엘이 의견을 달리하는 종교적인 것[28]에 대한 해답을 제시하며, 그들에게 올바른 길인 알라만을 경배하는 신앙을 가르치는 사명을 담당한다고 말한다.

> [63]이싸가 분명한 증거를 가지고 와서 말하였노라. 나는 지혜를 가지고 너희에게 왔노니, 너희가 이견을 가지고 있는 것들의 일부를 밝혀주기 위함이라. 그러므로 알라를 두려워하고 나에게 순종하라. [64]실로 알라는 나의 주님이요 너희의 주님이시라. 그러므로 그분께 경배하라. 이것이 올바른 길이니라(43:63-64).

이렇게 코란은 이싸에게 이 땅에서 알라만을 경배하는 신앙을 설파하고 이런 신앙에서 벗어난 자들이 받을 최후 심판을 경고하는 알라의 선지자의 사명을 부여하고 있다. 그렇기에 이싸는 이전 선지자들과 동일한 가르침을 가지고 온 자로서, 오직 그 이전 선지자들의 발자취를 좇는 자로 묘사된다.

> 우리는 마리아의 아들 이싸를 보내어, 그 이전에 주어진 토라를 확증하고, 그들의 발자취를 따르게 했노라. 그리고 우리는 그에게 인도와 빛이 있는 인질을 주었으니, 이는 이전의 토라를 확증하는 것이고, (알라를) 두려워하는 자들을 위한 교훈이라(5:46).

---

[28] Al-Sabuni, *Safwat al-Tafasir*, vol. 3, 163.

(3) 유대인의 십자가 음모로부터 이싸를 구하는 알라

위 코란 2:87[29]이 이싸가 이스라엘의 선지자로 보내어졌다는 사실과 아울러 이스라엘이 선지자들을 부정하고 죽였던 이력을 함께 언급하고 있는 것은, 코란이 이싸 역시 이전 선지자들의 경우처럼 이스라엘로부터 배척과 죽임의 위기를 맞게 될 것을 시사 하는 것이다. 그러므로 코란이 이싸의 십자가 사건을 바라보는 시각은 이스라엘이 과거 선지자들에게 행했던 행적의 연상 선상에 있다. 그리고 코란은 이싸의 십자가 사건에서 알라가 자신의 선지자 이싸를 이스라엘의 손에서 구해내는 것으로 결말을 짓는다.

> 그들이 모사를 꾸미나, 알라도 모사를 꾀하니, 알라는 최고의 모사자라(3:54).[30]

---

[29] 코란 2:87 "우리는 모세에게 성경을 주었고, 그를 이어 선지자들을 보내었으매, 마리아의 아들 이싸에게 분명한 예증을 주고 그를 성령으로 강하게 하였노라. 그런데 너희가 바라지 않는 선지자들이 왔을 때 너희는 교만히 행하고 어떤 이는 부정하고 어떤 이는 살인을 행했단 말인가?"

[30] 본 절의 아랍어 원어는, "wa makarū wa makara Allah wa Allah khairu al-mākirīna"이다. 여기에는 '마카라'(makara)동사와 이 동사의 능동 분사형인 '마-키룬'(mākirun)이 사용되고 있는데, '마카라'의 의미에 대해 『현대 문어체 아랍어 사전』(A Dictionary of Modern Written Arabic)은 'to deceive, to delude, cheat, double-cross' 곧 '속이다'는 의미로 풀이한다. 그리고 『코란 용어 사전』(Dictionary and Glossary of the Koran)은 이 단어를 "to contrive a plot; to act deceitfully" 곧 '(음모, 책략, 모사)를 꾸미다, 속임수로 행하다'의 의미로 풀이한다. plot은 음모, 책략, 모사 등의 여러 해석이 가능하나, 부정적 의미가 강한 단어이다. 그러므로 '마카라'는 부정적 의미가 강한 단어인 것이다. 그런데 이 동일한 단어가 유대인들과 알라를 주어로 하고 있다. 그러므로 『아랍어-영어 코란 용어 사전』(Arabic-English Dictionary of Qur'anic Usage)은 'plot'이라는 부정적 의미의 어휘를 쓰지 않고, 중립적 의미를 갖고 있는 'scheme'이라는 단어를 사용하여 이 구절을 다음과 같이 번역한다. "**And they schemed and God schemed, but God is the best of schemers.**" 그리고 압둘라 유수프 알리(Abdullah Yusuf Ali)는 이 구절에 대한 각주에서 '마카라'가 부정적 의미와 긍정적 의미를 지니

그리고 그들은 "우리가 알라의 사도 마리아의 아들 이싸 알마씨흐를 죽였노라"고 말하노라. 그들은 그를 죽이지 않았고 십자가에 못 박지 않았노라. 그러나 그들에게 그렇게 보였을 뿐이라. 이에 의견을 달리한 자들은 의심 속에 있는 것이며 어떤 지식도 없이 오직 추측을 따르는 것이라. 그들은 분명 그를 죽이지 않았노라(4:157).

따라서 코란의 십자가 사건은, 전 인류의 구속과는 아무런 연관이 없는 알라가 자신의 선지자를 죽음의 위기에서 구해내는 극적 드라마로서, 이싸 개인이 알라의 구원을 경험하는 개인적 사건이 된다.

2) 인류 구속 사명의 예수

(1) 인류 구속자로서의 사명

코란의 이싸는 알라의 선지자요, 알라로부터 성경을 하사받은 알라의 사도로서 높은 지위를 갖고 있지만, 그 역시 구원이 필요한 한 인간에 불과하다. 성경의 예수는 인류를 죄에서 구속하시는 인류 구원의 완성자시다. 예수가 죄로부터의 인류 구속의 사명을 지닌 이유는 바로 인간이 죄로 인해 철저히 타락한 존재이고, 스스로의 힘으

고 있다고 설명하면서, 알라에 대해서는 'plan'이라는 단어를 사용하여 번역하고, 유대인들에 대해서는 'plot'이라는 단어를 덧붙여 다음과 같이 번역 한다. "**And (then unbelievers) plotted and planned, and Allah too planned, And the best of planners is Allah**." Hans Wehr, *A Dictionary of Modern Written Arabic*, 917; John Penrice, Dictionary and Glossary, 139; Elsaid M. & Muhammad Abdel, *Dictionary of Qur'anic Usage*, 890; Yusuf Ali, *The Holy Qur'an*, 136.

로 회복이 불가능한 존재이기 때문이다. 성경은 아담의 불순종 이후 세상에 들어온 죄의 파괴력에 대해 선언한다. 곧, 하나님과 인간과의 관계 단절, 인간 안에서 하나님 형상의 파괴, 그리고 이로 인한 죽음과 심판을 선언한다(사 59:2; 롬 3:23; 6:23; 히 9:27).

성경은 파괴적인 죄의 영향력 하에 스스로 회복 불가능한 인간의 구속을 위해, 인류에게 대속자를 보내시는 하나님의 주도적인 개입을 말한다. 곧 하나님은 아담의 범죄 직후 하나님의 인류 구속 계획을 선언하신다(창 3:15). 그리고 하나님의 구속의 계획을 하나님의 독생자 예수를 보내심으로 성취하신다(갈 4:4).

(2) 인류 구속을 위한 십자가 고난과 죽음의 사명

예수는 인류 대속이라는 사명을 정확히 인지하셨고,[31] 이 사명을 감당하기 위해 자신이 감당해야 할 고난과 죽음을 말씀하셨다(막 10:45; 마 26:28). 그렇기에 성경은 예수를 인류를 죄에서 구하는 구속자로 이 땅에 대속물이 되시기 위해 오셨음을 일관되게 증언하며, 예수의 십자가 사건과 죽음을 예수 사역의 절정으로 묘사하고 있다.[32]

---

[31] 예수님이 세례 받는 사건은 마가복음이나 요한복음 모두 서두에 나온다. 그것은 예수의 전 생애에 대한 서론을 제공하는 것으로 '예수가 누구신가'에 대한 답을 제공한다. 그것은 예수님이 성부 하나님과 하나 된 아들의 지위를 가지심과 그에게 인류 구속을 위해 고난받는 종의 책무가 지워져 있음을 나타낸다. 예수님의 수세 시에 하늘로부터 들려온 소리 "이는 내 사랑하는 아들이요 내 기뻐하는 자라", 사 42:1 "내가 붙드는 나의 종, 내 마음에 기뻐하는 자 곧 내가 택한 사람을 보라"의 여호와의 종(ebed Yahweh) 송영들의 도입절과 연결되는 것으로, 이는 예수의 지위와 책무를 다 같이 강조한다. 예수는 아버지와 완전한 일체의식을 가진 아들로서의 의식과 그에게 규정된 책무에 대한 이중 의식을 결코 잃지 않으신다. 그리고 예수님은 아들로서 그 책무를 순종으로 실행하신다. 오스카 쿨만, 『신약의 기독론』, 430-433.

[32] 게할더스 보스(Geerhardus Vos)는 복음서가 예수의 죽으심을 그의 지상 생애의 핵심

예수께서 십자가 죽음으로 감당하신 구속의 사명은, 인류를 위한 '복음'으로 선포되었다. 바울은 예수가 완수하신 속죄의 사명으로 그를 믿는 자가 누리는 혜택을 로마서 3:23, 24에서 이렇게 선포한다.

> 모든 사람이 죄를 범하였으매 하나님의 영광에 이르지 못하더니, 그리스도 예수 안에 있는 속량으로 말미암아 하나님의 은혜로 값없이 의롭다 하심을 얻은 자 되었느니라(롬 3:23, 24).

이렇게 예수께서 구속의 사명을 감당하심으로, 그를 믿는 자는 값없이 의롭다 함을 입고, 하나님의 형상을 회복하고 하나님과의 관계의 회복을 누리게 된다(골 3:10; 요 1:12).

예수의 구속의 사명으로 인해, 죄와 심판아래 있던 인간과 모든 피조물의 구원이 임했다. 그러므로 그는 선지자들에 의해 미리 예언된 마지막 시대의 구원자이다. 성경은 예수의 도래의 때가 바로 이 땅에 구원이 임하는 궁극적인 때임을 선포하고 있다(히 1:1-2).

예수는 자신이 이 땅에 옴으로 말미암아 이루어지는 구원을, 하나님의 결정적이고 최종적인 구원을 의미하는 하나님 나라의 도래로 선포하셨다(막 1:14-15). 예수는 단지 하나님의 나라가 앞으로 도래할 것이라고 선포하기만 한 것이 아니었다. 하나님 나라는 바로 예수 안에서 그의 말과 행위와 인격을 통해 시작되었다. 그리고 하나님 나라를 위해 지불된 값이 그리스도의 십자가였다. 그러므로 신약의 계

과 절정으로 보고 그의 죽음을 최대한도로 기록하고 있는 면에서, 복음서를 '수난 서사시'(passion-epos)로 본다. 게할더스 보스,『예수의 자기 계시』, 318.

속된 증언은 이것이다. 즉 예수의 사역은 완전한 삶을 사시는 것이고, 인류를 위한 흠 없는 대속물로 죽으시는 것이었다.[33] 궁극적인 구원은 예수의 인격, 그의 삶, 그의 십자가 속에서 이루어졌다(눅 11:20).

이싸의 생애와 칭호를 통해 살펴본 코란의 이싸는 동정녀 마리아에게서 태어난 인물로 지시되면서도, 성경과 달리 알라의 종으로서의 자의식을 가지고 알라의 단일신성을 설파하며, 십자가에서 모호한 행적[34]을 남기고, 알라의 심판의 전조로 이 세상에 다시 올 이슬람의 선지자다. 그의 칭호는 비록 그에게 임한 알라의 능력과 그의 높은 지위를 말해주지만 그 어떤 칭호도 그를 신성한 존재로 이끌지 않는다.

따라서 그는 인간 선지자이고 알라의 단일신성을 이스라엘 민족에게 설파하는 사명을 수행했고 알라의 은혜로 유대인의 십자가 음모로부터 건짐을 받는 존재이다. 그는 결코 하나님의 아들로서 인류 대속의 사명을 지시고 십자가 고난의 죽음의 길을 가신 예수와 같은 인물일 수 없다.

---

33 C. George Fry, The Qur'anic Christ, 213-214.
34 무슬림 주류는 이싸는 알라의 도움으로 십자가를 면하고 하늘로 올리어진 것으로 해석 한다

제2부

이싸 진술의 특징에 나타난 성경적 증언과의 차별성

제1장 / 위경, 기독교 이단, 아랍 다신주의의 영향

제2장 / 코란적 세계관의 영향

제3장 / 복음의 핵심 부재

제2부에서는 이싸에 대한 코란 진술의 특징을 고찰함으로써 이싸가 예수에 대한 성경의 증언과 어떻게 다른지를 파악하고자 한다. 코란의 이싸 진술의 특징은 이싸 정보의 출처 면에서, 그리고 이싸의 세계관 측면에서, 그리고 핵심적인 복음 진리와의 관련성 측면에서 다음 세 가지로 제시할 수 있다.

첫째, 외경과 기독교 이단 그리고 아랍 다신주의 영향이다.

둘째, 이싸는 코란의 세계관, 곧 코란의 신관, 죄관, 인간관, 구원관의 영향을 받고 있다는 것이다.

셋째, 복음의 핵심 요소인 성육신, 구속, 대속적 십자가 죽음의 부재이다.

제1장

위경, 기독교 이단, 아랍 다신주의의 영향

이싸 진술의 첫 번째 특징은 이싸 정보의 출처 면에서 살펴본 것으로서, 그 진술이 위경과 기독교 이단, 그리고 아랍 다신주의의 영향을 반영하고 있는 점이다. 코란에는 기독교 정경의 증언과 다른 위경의 내용과 기독교 이단의 비정통적 이설들이 반영되어 있다. 그리고 코란은 이런 비정통적 기독교 정보가 아랍 다신주의적 환경 속에서 재해석되어 코란의 이싸라는 인물을 형성시키고 있음을 보여준다.

1. 위경적 전승 유입

코란은 기독교 위경의 전승들이 유입된 흔적을 보여주는데, 이싸와 관련하여서는 다음과 같은 위경의 유입을 확인할 수 있다. 코란 5:110에는 이싸가 진흙으로 새의 모양을 빚어 숨을 불어 넣자 진짜 새가 되었다는 내용이 나온다.

> … 너는 나의 허락으로 진흙으로 새의 형상을 만들고 거기에 숨을 불어넣어 나의 허락으로 새가 되게 하노라 …(5:110).

이 내용은, 위경 '도마의 유아기 복음'[1]에 근거하고 있다. '도마의 유아기 복음'에 나온 내용을 통해 이를 확인할 수 있다.

> 이 아이 예수는 다섯 살이던 해, 흐르는 물을 막아서 작은 연못을 만드는 놀이를 하고 있었는데, 그 모인 물을 즉시 깨끗하게 만들었으며 단 한 마디 명령만 했다. 그는 부드러운 진흙을 만든 후 그것으로 참새 열 두 마리를 빚었다. 그가 이 일을 한 때는 안식일이었다. 또한 거기서 다른 많은 아이들이 그와 함께 놀고 있었다. 어떤 유대인이 예수가 안식일에 놀면서 하는 일을 보고서는 즉시 요셉에게 가서 "개울에서 놀고 있는 당신의 아들을 보시오. 그 아이가 진흙으로 새 열두 마리를 빚었으니 안식일을 범했소"라고 말했다. 요셉이 그곳으로 가서 예수에게 다음과 같이 소리쳤다.

---

1 '도마의 유아기 복음'은 헬라어 사본 A와 B, 라틴어 사본 및 시리아어 사본 등 네 가지 이본들이 있다. 쓰여진 연대는 150-180년간으로 장소는 시리아로 본다. 여기에 포함되어 있는 예수의 유년기 전기는 대체로 그의 기적담들이고, 그 기적담들 사이에 그의 초인적 지혜도 소개되어 있다. 죽은 자를 소생시킨 것(7, 15장), 형제 야고보가 독사에게 물린 것을 고치신 것(14장), 아버지 요셉의 목공 공사에서 재료가 짧은 것을 길게 한 것(11장), 5세 때 진흙으로 만든 새를 날게 한 것 등이다. 그러나 내용 중에는 초인성에 치중하고 복음적 윤리성을 무시한 내용도 포함되어 있다. 이상근 편, 『주해외경: 신약외경』(서울: 성동사, 1998), 53-54.

"너는 왜 안식일에 하지 말아야 할 일을 했느냐?'
예수는 손뼉을 치면서 참새들을 향하여 "가라!"고 말했다. 그러자 참새들이 짹짹거리면서 날아가 버렸다. 이것을 본 유대인들이 놀라서 그들의 지도자에게 자기들이 본 것을 이야기했다.[2]

또한 코란 19:22-26에는 마리아가 출산이 임박해서 종려나무 아래에서 산통을 겪고 있을 때, 천사가 나타나 그녀에게 시원한 물을 대어주고, 종려나무의 열매를 먹고 힘을 얻게 하여 그녀의 출산을 돕는다는 내용이 나온다.

[22]그리하여 그녀는 그를 잉태하였다. 그리고 그녀는 그와 함께 멀리 떨어진 곳으로 은신하여 갔다. [23]출산의 진통이 그녀를 대추야자 나무의 줄기로 이끌었다. 그녀는 말하기를, "이런 일이 있기 전에 내가 죽었더라면 내가 잊혀진 망각의 존재가 되었을 텐데 …." [24]그때, 아래에서 천사가 그녀를 불러 (말하기를), "슬퍼하지 말라 네 주님께서 너의 아래에 시냇물을 만들어 놓으셨느니라. [25]대추야자 나무 줄기를 네 쪽으로 흔들어라. 그러면 그것(그 나무)이 신선하고 잘 익은 대추야자를 네게로 떨어지게 할 것이라. [26]그러니 먹고 마시고 네 눈을 시원케 하라(마음을 편히 하라). 그리고 어떤 사람이든 보게 되거든, '실로 저는 자비로우신 분(알라)께 금언[3]할 것을 맹세

---

[2] 로버트 스타인, 『메시아 예수』, 황영철 역 (서울: IVP, 2001), 38-39.
[3] 원어에는 '싸움'(ṣaum) 곧, 일반적으로 '단식, 금식'을 나타내는 단어가 사용되고 있

하였으니, 오늘 저는 어떤 사람과도 말을 하지 않을 것이라'
말하라"(19:22-26).

이는 '위경-마태복음'(Pseudo-Matthew)⁴ 20장의 내용과 유사하다.
위경-마태복음 20장의 내용을 옮기면 다음과 같다.

> 사흘을 걸어간 뒤에 마리아가 사막의 엄청난 열기에 지쳤다.
> 종려나무 한 그루를 발견한 그녀가 요셉에게 "그늘에서 좀 쉬
> 고 싶어요"라고 말했다. 그리고 열매를 좀 따달라고 부탁했다.
> 요셉은 "나무가 저렇게 높은 것을 보고도 열매를 먹고 싶어
> 하고 또 당신이 그런 말을 다 하다니 놀랄 뿐이오"라고 대꾸
> 했다. 아기 예수가 "나무야, 가지를 굽혀서 우리 어머니의 원
> 기를 네 열매로 돋워주어라"고 명령했다. 나무 꼭대기가 마
> 리아의 발밑까지 휘어져서 그들이 열매를 먹고 기운을 회복
> 했다. 예수가 "종려나무야, 허리를 펴고 튼튼해져라. 그리고
> 나의 아버지의 낙원에 있는 내 나무들의 친구가 되어라. 땅 속
> 에 숨겨진 수맥을 네 뿌리로부터 열어서 물이 흐르게 해라. 그
> 래야 우리가 갈증을 면할 수 있으니까"라고 지시했다. 나무가
> 일어서자 맑고 시원한 탄산수가 솟아나왔다. 사람뿐 아니라
> 가축들도 갈증을 면하고 기쁨에 넘쳐서 하느님을 찬미했다.⁵

다. 그러나 무슬림 주석가들은 이 구절에서 이 단어를 '금언'(禁言)의 의미로 해석한다. Ali al-Zaid, *Mukhtasar Tafsir al-Baghawi*, vol. 2, 555.

4 이 문헌은 '야고보의 최초 복음'과 '도마의 유아복음'을 근거로 해서 저술된 것이기는 하지만 다른 내용도 추가한 것이다.

5 이동진 편역, 『제2의 성서: 아포크리파 신약시대』, 125.

위 위경의 내용에 의하면, 마리아가 대추야자 열매와 시원한 물로 기운을 회복하는 기사가 코란에서 변형되어 나타나고 있음을 알 수 있다. 곧 위경-마태복음에는 이 기사가 아기 예수가 어머니 마리아를 위해 베푼 기적의 행위로 나타난 반면, 코란에서는 출산 직전의 마리아에게 알라가 은혜를 베푼 것으로 변형되어 나타나고 있다.

또한 코란 3:35-37에는 마리아의 탄생 설화가 나온다. 이므란의 아내로 불리어지는 마리아의 어머니는 태중에 있는 마리아를 알라께 바치기로 서약한다. 그리고 성전에서 자라는 마리아를 야흐야(세례 요한)의 아버지 자카리야(사가랴)가 돌본다. 이와 유사한 내용이 위경인 '야고보의 원복음서'(Protoevangelium Jacobi)[6]에서 발견된다. 이 복음서의 1-9장에는 마리아의 아버지 '요아킴'(Iocaim)과 어머니 '안나'(Anna)사이에는 자녀가 없었는데, 서약 기도의 결과 얻은 자녀가 마리아였으며, 마리아는 성전에서 성장하고 천사로부터 음식을 공급받아 자라며 14세 때 늙은 홀아비 요셉과 정혼한다는 내용이 나온다.[7]

이런 위경적 정보와 그 변형된 이야기들이 코란에 등장하는 것은 무함마드가 접했던 기독교 자료들을 짐작하게 하는 것이다. 리차드 벨(Richard Bell)은 무함마드가 기독교적 정보들을 얻어간 과정은 느리게 진행된 과정이며, 맨 처음 이런 성경과 관련한 자료들을

---

6 예수님의 동정녀 탄생 전후를 신화적으로 승격시킨 초대의 전기는 수십 종에 이르고, 이런 전기들의 원본이 바로 본서이다. 본서는 3부로 나누어지는데 세 책이 합본되었다는 가설도 있다. 1-9장은 마리아의 탄생과 관련한 설화 10-20장은 동정녀 탄생담, 21-24장은 헤롯의 어린이 박해로 사가랴가 성전에서 순교 당한 내용이 들어있다. 이 저술의 목적은 마리아 숭배론을 펴기 위한 것으로 본다. 이상근 편, 『주해외경: 신약외경』, 33.
7 이상근 편, 『주해외경: 신약외경』, 33.

접한 것은 아마도 메카에 있는 기독교인[8] 노예와 같은 불완전한 출처를 통해서였을 것으로 추정한다. 또한 이러한 자료들은 매우 단편적으로 그에게 주어졌고, 그는 이런 단편적 내용들을 어떻게 짜맞추어야 하는지 잘 몰랐으며 이런 위경적 자료가 성경의 내용과 다르다는 사실도 알지 못했을 것이라고 추정한다.[9] 이렇게 코란의 이싸 진술은 이런 신뢰할 수 없는 성경 외적 자료에 대한 의존성을 보여줄 뿐만 아니라, 또한 기독교 이단의 이설 (異說)에 영향 받고 있음을 보여준다.

---

8 압디야 아크바르 하끄(Abdiyah Akbar Abdul-Haqq)는 무함마드가 이미 자신의 고향 메카에 거주하는 기독교인들을 통해 기독교를 접했을 정황을 다음과 같이 설명해준다. 메카에는 매우 큰 규모의 기독교 공동체가 있어서 기독교인들 자신의 공동묘지도 있었으며, 이 기독교인들은 다양한 기독교 분파에 속해 있었고 이웃들과 매우 친밀하게 교류하며 살았다. 메카의 이교도들이 카바 신전을 재건축하는 일을 계획했을 때, 그들은 이 일을 '친절한 기술자'로 묘사한 한 콥틱 기독교인에게 맡길 것을 결정했다. 메카에 살고 있는 기독교인중에는 이디오피아오에서 온 노예들과 비잔틴 교회의 신조와 콥틱 신조를 따르는 아랍부족들이 있었다. 바누 아싸드(Banu Asad)족의 일부 기독교인들은 카바 신전 가까이에서 살았다. 그리고 다른 기독교인들은 메카 교외에서 살았다. 메카의 유력한 사람들이 소유한 노예 중에는 기독교인들도 있었다. 또한 기독교 여행가들과 기독교인 수사(monks)들이 종종 메카를 경유해갔다. 무함마드는 자신의 고향 메카에서 이런 기독교인들을 알고 관계성을 유지했을 것이며 또한 여행을 통해 다른 기독교인들을 만날 더 많은 기회들을 가졌을 것이다. 무함마드의 첫 아내인 카디자의 사촌, 와라까 브누 나우팔(Warqa b. Naufal)과 우쓰만 브누 알후와이리쓰(Uthman b. Al-Huwayrith)도 기독교인이었고, 카디자의 미용사도 에티오피아 기독교인이었다. 그리고 무함마드의 양아들(adopted son)도 남부 시리아의 바누 칼브(Banu Kalb)기독교 부족 출신이었다. 비록 그는 어린 시절에 입양되었지만 그의 조상들의 신앙을 그의 기억 속에 담아 옮겼을 것이다. 그리고 무함마드가 아끼는 첩 중의 하나도 마리아라 불리는 콥틱 기독교도였다. Abdiyah Akbar Abdul-Haqq, *Sharing Your Faith with a Muslim*, 15-17.

9 Michael Graves, Apocryphal Elements in the New Testament and Qur'an, *Journal of Ecumenical Studies* 47:2 (Spring 2012): 153.

2. 기독교 이단과 아랍 다신주의 환경의 영향

코란은 성경의 기독론의 중요한 부분을 차지하는 십자가 사건, 삼위일체 신관, 그리고 예수의 신성과 신자성에 대해 비성경적 진술을 하고 있는데 이러한 진술에는 무함마드가 기독교 이단의 이설이 난무한 환경에 노출되어 있었고, 그 이설의 영향을 받았음을 보여준다. 이는 초대 교회가 정통 기독론을 확고히 정립해가는 과정에 아라비아 반도가 각종 이단들의 피난처가 되었던 상황에 기인한다.[10] 또한 코란의 기독론에는 당시의 아랍 다신주의 환경이 영향을 미치고 있다.

1) 십자가 사건에 대한 성경적 이해 부재

코란은 성경과 달리 십자가 사건을 단 한 구절에서 사소한 사건으로 다룬다. 그리고 십자가 사건은 역사적인 것으로 인정하면서도 이싸의 죽음은 비역사적인 것으로 만든다. 기독교 신앙에 있어 가장 핵심적인 십자가 사건과 그 의미에 대한 이러한 부정확한 진술의 사유에 대해, 크리스티네 쉬르마허(Christine Schirmacher)는 다음과 같이 말한다.

---

[10] Gabriel Said Raynolds, Reading the Qur'an Through the Bible, *First Things* no. 197 (Nov. 2009): 17.

기독교 이단인 단성론자들(monophysites)이나 그 당시의 기독교 이단 분파들과 접촉하게 된 무함마드는 십자가 사건에 관한 진정한 성경적 해설이나 설명을 듣지 못하였고, 그로 인해 꾸란에서 그 사실을 발견할 수 없게 된 것으로 여겨진다.[11]

무함마드가 예수 십자가에 담긴 성경적 복음을 듣지 못하고 십자가 사건에 대한 분열된 여러 이단적 견해만 들었을 가능성은, 코란 4:157에서 확인된다.

> 그리고 그들은 '우리가 알라의 사도 마리아의 아들 이싸 알마씨흐를 죽였노라'고 말하노라. 그들은 그를 죽이지 않았고 십자가에 못 박지 않았노라. 그러나 그들에게 그렇게 보였을 뿐이라. 이에 의견을 달리한 자들은 의심 속에 있는 것이며 어떤 지식도 없이 오직 추측을 따르는 것이라. 그들은 분명 그를 죽이지 않았노라(4:157).

곧, 이 구절은 기독교인들 사이에 십자가 사건을 두고 의견이 분분한 것을 비난하며, 십자가 사건에 대한 진실로, '유대인들은 그를 죽이지 않았고 십자가에 못 박지 않았노라 그렇게 보였을 뿐이다'를 제시하고 있다. 압디야 아크바르 압둘 하끄(Abdiyah Akbar Abdul-Haqq)는 코란이 이 구절에서 그리스도인들이 의견이 나뉘었다고 비난한 것은, 바로 예수 그리스도의 두 본성에 관한 당시 그리스도인

---

11 크리스티네 쉬르마허, 『이슬람과 기독교 교의』, 161.

들 사이의 불일치를 말하는 것으로, 십자가 사건에 대해 예수가 인성만을 가지고 십자가에서 고난받고 죽었다는 견해와, 그의 신성과 인성이 혼합된 한 본성으로 고난을 받았다는 견해 등이 나뉘어 있었던 것을 지적하는 것이라고 주장한다.[12]

예수의 인성과 신성의 나뉨, 그리함으로 예수 안에 두 인격의 존재를 주장하는 네스토리우스파는 예수가 바로 인성으로만 고난받고 죽으셨다는 주장을 했고, 반면 단성론자들은 성육신 전의 두 본성이 성육신 후 한 본성이 되어 고난당했다고 주장했다.

그런데 압디야 아크바르 압둘 하끄는 코란의 예수 십자가 죽음의 부인은 단성론자들보다는 네스토리우스파의 견해에 가깝다고 말한다. 왜냐하면 네스토리우스파의 견해를 따르자면, 그의 신성한 본성의 측면에서는, 코란의 십자가 구절 4:157처럼 '유대인들이 예수 그리스도를 십자가에 죽이지도 못 박지도 않았다'고 볼 수 있기 때문이라는 것이다.[13]

무함마드가 네스토리우스파의 예수의 인성만 십자가 수난을 당했다는 견해를 지지하는 차원에서 예수는 십자가에 달리지도 죽지도 않았다고 말했을 리는 만무하다. 무함마드에게 예수는 한 인간일 뿐이다. 그리스도인들의 기독론 논쟁에는 늘 예수의 신성이 전제되어 있었지만 코란을 통해 보여주는 무함마드의 이싸에 대한 견해는, 이싸는 어떤 신성도 배제된 한 인간일 뿐이다. 그러므로 필자는 압디야 아크바르의 견해에서는 단지 무함마드가 십자가와 관련하여 네스토리안

---

12 Abdiyah Akbar, *Sharing Your Faith with a Muslim*, 138.

13 Abdiyah Akbar, *Sharing Your Faith with a Muslim*, 138.

과 단성론자들의 여러 이견들에 접하였을 가능성만을 수용한다.

또한 코란이 예수의 십자가 죽음을 부인하는 견해에 대해 이는 도세티즘(Docetism, 가현설[假現說]) 이단의 영향을 받은 것으로 종종 거론된다.[14] 이 이단은 예수의 인간성을 제거함으로써 예수의 인성과 예수의 수난이 비실재적이고 환영적(phantasmal)인 것이라고 본다.[15] 그러나 영지주의적 가현설이 7세기의 아라비아에 얼마나 알려졌고 또 살아 남아있었을 지에 대해서는 분명치 않다.[16] 뢸프 쿠이츠(Roelf S. Kuitse)는 영지주의는 이슬람 탄생 이전에는 영향력을 갖고 있지 않았고, 오직 이슬람 역사에서 후기 비정통 교리의 발전 속에서 한 역할을 담당했을 뿐이라고 말한다.[17] 그러므로 코란의 예수 십자가 죽음 부인이 도세티즘 곧 영지주의적 가현설의 영향을 받은 것이라고 단정하는 것은 무리이다.

뢸프 쿠이츠는 코란이 예수 십자가 죽음을 부정하는 배경을 무함마드가 신앙하는 알라의 전능성에 둔다. 곧 전능한 알라는 그의 사도를 십자가 죽음이라는 그런 치욕적 죽음을 맞게 할 리 없다는 것이다.[18]

사실 이 견해는 코란의 예수 십자가 죽음 부정이, 엄연히 예수의 신성을 전제한 채, 예수가 인성으로만 고난을 받았다는 것으로 주장을 펴는 네스토리안이나, 무함마드 당시 그 영향력이 아라비아에 남

---

14 Geoffrey Parrinder, *Jesus in the Qur'an*, 118.
15 J. N. D. Kelly, *Early Christian Doctrines* (New York: HarperCollins Publishers, 1978), 141.
16 Geoffrey Parrinder, *Jesus in the Qur'an*, 118.
17 Roelf Kuitse, *Christology in the Qur'an*, 360.
18 Roelf Kuitse, *Christology in the Qur'an*, 360.

아있었을 지가 의심되는 도세티즘의 영향으로 보는 견해보다 더 타당해 보인다.

왜냐하면 예수의 본성과 십자가에 대한 여러 이설을 접한 무함마드는 알라를 전능한 단일신으로 이싸를 한 완전한 인간 선지자로 보는 관점 위에서 십자가 사건을 전능한 알라가 자신의 선지자를 구원한 사건으로 결론지었을 것이기 때문이다.

결론적으로 십자가와 관련해 코란이 말해주는 것은 무함마드는 기독교 이단의 여러 이설 속에서, 예수 십자가 사건에 담긴 구원의 복음을 정확하게 듣지 못하였다는 것이다.

2) 율법과 복음을 동일시: '유대적 기독교(Jewish-Christianity) 이단의 영향

코란에서는 이싸의 가르침(인질)과 모세의 율법(토라)이 동일한 것으로 인식되고, 예수는 단순한 선지자의 위치를 갖는다. 여기에서 예수 복음과 함께 율법 준수를 강조하고 예수의 신성을 부인했던 '유대적 기독교' 이단 분파의 영향을 발견할 수 있다.

2세기에 에비온주의(Ebionism)로 알려진 유대적인 형태의 기독교 분파가 있었다. 이들은 율법의 완전한 준수를 주장하였다. 이 유대적 기독교인들의 분파 중에는 율법의 고수를 주장하면서도 예수가 하나님의 아들이라고 믿는 나자레안파(Nazaraeans)도 있었지만, 또 다른 분파인 에비온파(Ebionites)는 예수를 요셉과 마리아 사이에서 태어난 아들이라고 주장하며 예수의 신성과 선재성을 부인하였다. 그러나 그들은 예수가 예언된 메시아이며 능력으로 이 땅을 다스리기 위

해 다시 오실 것이라고 믿었다.[19]

터툴리안(Tertullian, 160-230년경)은 에비온파들이 그리스도를 한 인간에 불과하면서 선지자들보다는 영광스러운 존재로 보았다고 전하고, 유세비우스(Eusebius, 260-340년경)는 이들이 예수를 믿음으로 구원받는 것을 추구하기보다 율법의 미세한 부분까지 준수하였다고 전한다. 또한 팔레스타인 에비온 공동체를 알고 있던 제롬(Jerome, 340-420년경)은 '그들이 기독교인인지 유대교인인지 결정하지 못했다'고 전한다.[20]

탁월한 인간 예수에 대한 믿음과 함께 율법 준수를 주장하는 이들의 신앙은 코란의 이싸에 대한 관점과 유사하다. 요아힘 그닐카도 코란이 토라와 인질 모두를 동일한 계시로 보고 유대인과 기독교인 사이의 구분을 짓지 않는 것에서 유대적 기독교와 이슬람교 사이의 연계성을 다음과 같이 이야기한다.

> 유대 기독교인들과 이슬람교 사이에 긍정적인 의미의 접촉점들이 있다. 코란은 토라와 인질을 독특한 방식으로 결합시키고 있다. 코란은 율법과 복음을 모두 하나님의 타당한 계시로 인정한다. 코란 3:67에 의하면 유대인도 아니고 기독교인도 아닌 아브라함은 율법과 복음을 매개해 주는 다리의 역할을 한다. 복음을 받아들인 유대인 기독교인들도 모세의 율법을 고수했다. 코란의 여러 곳에서 우리는 유대인들과 기독교

---

19 J. N. D. Kelly, *Early Christian Doctrines*, 139.
20 공일주, 『아랍 교회에 부흥 있으라』(서울: 예루살렘, 2000), 217.

인들 사이에는 전혀 차이가 없는 것처럼 묘사되어 있음을 발견한다. 이들은 모두 간단하게 '경전의 백성들'이라고 기록되어 있다. 무함마드는 예수가 하나님의 아들임을 철저히 거부했다. 유대인 기독교인들은 예수를 하나님의 아들이 아니라, 단지 선지자라고 생각했다.[21]

신약학자 오스카 쿨만(Oscar Cullmann)도 이 유대적 기독교 이단이 후기에 기독교 내부가 아닌, 이슬람에서 그 역사적 역할을 담당하였다고 하면서 이슬람과 유대 기독교 간의 연계의 가능성을 다음과 같이 말한다.

> 전적으로 '그 선지자'(the Prophet)에 대한 신앙을 기반으로 세워진 유일한 기독론 체계는 유대적 기독교-초기 기독교 이단 분파-체계이다. … 비록 미래가 이 기독교 분파의 것은 아니었다 하더라도, 이 분파의 기독론은 후대에, 기독교가 아닌 이슬람교 안에서 실질적인 한 역사적 역할을 갖게 되었다. … 시리아 지역에 널리 퍼져있던 이단적인 유대적 기독교가 이슬람 건설에 한 역할을 담당한 것이다. 거기에서 '그 선지자'는 새로운 형태로 살아 있다.[22]

---

21 요아힘 그닐카, 『성경과 코란: 무엇이 같으며 무엇이 다른가』, 83-84.
22 Oscar Cullmann, *Christology of the New Testament*, trans. Shirley C. Guthrie & Carles A.M. Hall (Philadelphia, PA: Westminster Press, 1963), 49, Roelf Kuitse, "Christology in the Qur'an," 356에서 재인용

그러나 압디야 아크바르 압둘 하끄는 리차드 벨(Richard Bell)의 "이슬람은 모호한 유대 기독교 분파의 후미진 곳에서 발생하지 않았고, 아시아에 있는 종교적 삶의 충만한 흐름가운데 생성되었다"는 말을 인용하며, 아라비아에서 그들 세력이 미미하였고, 또한 이슬람 생성과도 큰 연관성이 없음을 지적하려고 한다.[23] 그러나 코란에서 볼 수 있는 유대적 기독교와의 유사성은 무함마드와 이들과의 연관성을 간과하기 어렵게 한다.

3) '마리아 숭배' 배격

코란 5:116에는 알라가 이싸에게 사람들에게 이싸 자신과 그의 어머니를 경배하라 하였는지 추궁하는 내용이 나온다.

> 알라께서, "마리아의 아들 이싸야 네가 사람들에게 '알라를 제외하고 나와 나의 어머니를 신으로서 경배하라' 말하였느냐"고 하시니, (이싸가) 말하였다. "당신을 찬양합니다. 저는 제게 말할 권리가 없는 것을 말하지 않았나이다 …."

이 본문은 당시 무함마드가 확인한 아라비아 반도 기독교인들 사이에 있었던 '마리아 숭배'를 보여주는 것이다. 압디야 아크바르 압둘 하끄는 그의 저서 『무슬림과 당신의 신앙을 나누는 법』(*Sharing Your Faith with a Muslim*)에서 이슬람 이전에 존재했던 기독교내의 마

---

[23] Abdiyah Akbar, *Sharing Your Faith with a Muslim*, 11.

리아 숭배에 관해 언급한다. 그는 5세기에 네스토리우스가 '하나님의 어머니'의 의미를 지닌 '테오토코스'(Theotokos) 대신에 '그리스도의 어머니'라는 의미의 '크리스토코스'(Christotokos)를 마리아에게 부여하고자 한 이유 중의 하나가, '테오토코스' 칭호가 실제 단성론자들과 마리아 숭배자들에 의해 사용되고 있었고, 이 칭호가 이교도들 가운데 기독교 신앙에 대해 일으킬 오해를 우려했기 때문이었다고 말한다. 그러면서 네스토리우스의 이런 우려는 이슬람 안에서 이처럼 현실화되었다고 말한다.[24]

제프리 패린더(Geoffrey Parrinder)도 5세기에 네스토리안 논쟁 후에 '그리스도의 어머니'라는 용어 대신에 '하나님의 어머니'라는 용어가 널리 사용되었고, 이것이 마리아 숭배를 자극하는 다른 요인이 되었다고 언급한다.[25]

이미 4세기에 아라비아에 동정녀 마리아를 여신으로 숭배하고 그녀에게 케익 같은 것을 바치는 콜리라이디언(Collyridians)이라고 불리는 이단들이 있었으며 5세기에는 예수와 마리아의 그림이 여러 성인들과 함께 숭배되었고, 이슬람 출현 당시에 예수와 마리아의 상은 메카의 카바 신전에서도 발견되었다고 전해진다.[26] 메카출신의 9세기 아랍 역사가인 아즈라끼('Azraqi)는 메카의 카바 신전 문 옆 기둥에 예수가 마리아의 무릎 위에 있는 그림이 있었다고 전한다.[27]

---

24 Abdiyah Akbar Abdul-Haqq, *Sharing Your Faith with a Muslim*, 20.
25 Geoffrey Parrinder, *Jesus in the Qur'an*, 135.
26 Abdiyah Akbar Abdul-Haqq, *Sharing Your Faith with a Muslim*, 21.
27 Geoffrey Parrinder, *Jesus in the Qur'an,* 66.

곧 코란이 보여주고 있는 '마리아의 신성'에 대한 배격은, 무함마드가 아라비아의 기독교 이단 안에서 확인한 마리아 숭배에서 연유한 것임을 알 수 있다.

4) '하나님의 아들' 개념에 대한 오해: 인간 예수에 대한 신격화

(1) 양자론(養子論, Adoptionism)적 이해

코란은 예수의 하나님의 아들로서의 지위를 알지 못한다. 코란은 하나님의 아들 예수의 지위에 대한 논쟁과 이단적 견해가 무성하던 당시의 기독교 세계를 반영하여, '하나님의 아들'에 대한 이해를 '하나님이 인간 예수를 아들로 취하였다' 또는 '신격화하였다'는 이단적 견해로 이해하고 있음을 보여준다.

코란 19:34-36은 바로 이 사실을 나타내준다.

> 그것이 마리아의 아들 이싸(에 대한 이야기)로 (이것은) 그들이 의심하고 있는 것에 대한 진리의 말이니라. 아들을 취한다는 것은 알라께는 있을 수 없는 일이라. 그를 찬양합니다. 그가 어떤 일을 정할 때, 그가 단지 '있으라' 말하면 그것이 있게 되느니라. 진실로 알라는 나의 주요 너희의 주이시니, 그분만을 경배하라 이것이 가장 올바른 길이라.

위 본문 34절의 마리아의 아들 이싸에 대한 진실이라는 '그것'

은 바로 19:30[28]에서 요람 속의 아기 이싸가 어머니 마리아를 변호하며 자신은 알라의 선지자로 태어났음을 주장하는 내용이다. 곧, 본문은 이싸는 오직 알라의 선지자라는 사실만이 이싸에 관한 진실이라고 말한다. 이 구절은 '알라에게는 아들을 취한다는 것이 있을 수 없다'고 강조한다. 여기에 '취한다'는 의미로 아랍어 동사 '얕타키다'(yattakhidha)가 쓰이고 있는데, 『아랍어-영어 코란용어 사전』(Arabic-English Dictionary of Qur'anic Usage)은 이 단어를 'to adopt, 양자로 삼다'로 풀이한다.[29] 그러므로 이 구절은 '알라가 한 피조물을 양자삼을 수 없는 일이다'는 의미를 지닌다.

'하나님이 아들을 취한다'는 견해는 양자론자(Adoptionist)들과 아리안주의(Arianism) 기독교 이단의 견해이다. 그들은 예수는 영원한 신성을 지니고 있지 않고 피조물에 불과하며 세례 받을 때 혹은 어떤 다른 한 순간에, '하나님의 아들이 되었다' 혹은 '양자가 되었다'고 주장한다.[30]

양자론자들은 예수는 단지 인간에 불과하였는데, 그에게 하나님의 영이 임하였다고 주장한다. 데오도투스(Theodotus)는 예수는 세례 받기 전까지는 최고의 덕을 가진 탁월함을 가진 평범한 인간에 불과하였는데, 세례 받을 때 성령 혹은 그리스도가 그에게 강림하였고 그 때부터 그는 기적을 베풀고 성스러운 존재가 되었다고 한다. 그

---

28 코란 19:30 "그(이싸)가 말하기를, '나는 진실로 알라의 종입니다. 그는 제게 성경을 주셨으며, 저를 선지자로 삼으셨습니다.'"

29 Elsaid M. Badawi & Muhammad Abdel Haleem, *Arabic-English Dictionary of Qur'anic Usage* (Leiden: Brili, 2008), 15.

30 Geoffrey Parrinder, *Jesus in the Qur'an*, 127.

리고 이 학파의 일부 사람들은 예수가 부활 후에 신격화되었다고 주장한다. 이 양자론은 역동적 군주신론(Dynamic monarchianism)으로 성자의 본래적 신성을 부인하였다. 2세기 말에 시작된 이 주장은 3세기말 사모사타의 바울(Paul of Samosata)에 의해 완성되었으나 268년에 열렸던 안디옥 공의회에서 공식적으로 정죄 되었다.[31]

아리안주의자들 역시 성자의 완전한 신성을 부인하였다. 그리고 예수는 하나님의 은혜를 입어 하나님의 양자로 선택 받은 것으로 보았다. 아리우스(Arius)는 하나님은 유일하고 초월적이며 나누어질 수 없는 분이기 때문에 그의 신성의 본질과 존재를 그 무엇과도 나누어 가질 수 없고, 성자는 피조물이며 '그분이 계시지 않을 때가 있었다'고 주장한다.

그런데 예수가 '하나님' 혹은 '하나님의 아들'로 불린 것은 단지 예우적인 경칭(courtesy titles)으로, 그가 하나님으로 불렸을지라도 실제로는 하나님이 아니고 하나님의 은총으로 이름으로만 하나님으로 불린 것이고 성자로 명명된 것 역시 하나님의 은혜를 입은 것이라고 한다.

그러면서 성자는 다른 피조물을 초월하고 있음에도 불구하고 아버지와의 관계에서는 피조물 이상이 아니라고 주장한다. 결국 이런 아리우스의 주장은 성자 예수를 반신반인(demi-god)으로 만드는 것이었다.[32] 때문에 아리우스의 주장은 325년 니케아 공의회에서 이단으로 규정되었다.

---

31 J. N. D. Kelly, *Early Christian Doctrines*, 115-117.
32 J. N. D. Kelly, *Early Christian Doctrines*, 227-230.

사실, 양자론이나 아리우스의 주장은 성부 하나님의 초월성과 절대적 유일성을 강조하면서 성자 예수의 특별한 지위를 규정하고자 하였던 시도였다. 그러나 예수 지위에 대한 이단적 견해를 반영하고 있는 코란에서는 이싸의 지위에 어떤 신성의 의미도 부여하지 않으려는 것으로 나타났다.

무슬림 학자 라지(Razi)도 기독교인들이 '하나님의 아들' 개념을 주장할 때, 두 그룹이 있는데 한 그룹은, '예수가 진정한 하나님의 아들'이라고 믿는 그룹이고, 다른 그룹은, 하나님이 아브라함을 친구로 택하였듯이(4:125), 예수를 아들로 택하여 그를 영화롭게 했다고 믿는 이들이라고 한다. 그러면서 이 두 번째 그룹의 믿음에 대해서는 하나님은 자족하신 분이며, 따라서 그 누구의 도움도 필요로 하지 않는 분이라는 이유로 코란은 이를 거부한다고 말한다.[33]

후자의 개념을 전제로 한다면, 코란의 반박은 정당한 것이다. 하나님은 자족하신 분이시기 때문에 아들을 두어 어떤 도움을 받거나 자신을 영화롭게 하실 필요가 없는 분이다. 그러나 코란이 반박하고 있는 '알라가 아들을 취하다'는 것은 이처럼 하나님 아들 예수의 온전하신 신성을 부인한 반신(demi-god)을 말하거나 인간 예수의 신격화를 말한 이단적 개념과 관련한 것이다.

(2) 아랍 이교도적 '신의 아들' 개념으로 오해

무함마드 당시의 아랍 사회에는 최고신에게 많은 신들을 연계시키는, 곧 신에게 아내 혹은 아내들, 아들들, 딸들이 있다고 하는 다신

---

33 쇼캣 모우캐리, 『기독교와 이슬람의 대화』, 257.

주의가 만연해 있었다. 이런 다신주의를 코란은 강력하게 반박한다. 그리고 이런 아랍 다신주의의 배경에서 기독교 신앙을 이해하고, 반(反)-다신교적 입장으로 이싸가 알라의 아들됨을 비난한다.

앞에서 언급한대로, 라지는 기독교인들이 '예수가 하나님의 아들이다'라고 주장할 때, 두 그룹이 있다고 하면서, 첫 번째 그룹은 '예수가 진정으로 하나님의 아들'이라고 믿는 그룹이라고 하였다. 그런데 그의 첫 번째 그룹에 대한 비판을 살펴보면, '하나님의 아들' 개념이, 신이 자신의 아내를 통해 아들을 출산한다는 육체적 신의 아들 개념임을 알 수 있다. 라지는 첫 번째 그룹을 다음과 같이 비판한다.

> 첫째, 아들을 생산한다는 것은 그의 형상을 따라 어떤 것이 만들어 지기 전에, 아버지의 한 부분이 떨어져 나온다는 것을 의미한다. 하나님은 하나의 유일한 본체이므로 아들을 가질 수 없다. … 셋째, 아들을 갖는다는 것은, 남편과 아내 같은 동일한 종이 존재한다는 것을 의미한다. 만일 하나님에게 아들이 있다면, 그는 그와 같은 속성을 지닌 아내가 있어야 하고 그렇다면 그는 더 이상 한 분 하나님일 수 없다.[34]

이 진술은 무함마드 당시 아랍 다신주의 사회에 존재하던, 신에게도 아내와 아들, 딸이 있는 가족이 있고, 신도 인간 경험과 유사한 '출산'을 한다는 이교도적 개념이 '하나님의 아들' 개념에 반영되었음을 보여준다.

---

[34] 쇼캣 모우캐리, 『기독교와 이슬람의 대화』, 258.

예수의 신자성(神子性)에 대한 코란의 부정적 관점은, 이처럼 '하나님이 예수를 아들로 택하였다'는 예수의 본래적 신성을 부인하는 양자론적 이단의 영향과, 신의 아들 개념에 대한 아랍 다신주의적 이해에서 비롯된 것이다. 코란은 이러한 '하나님의 아들' 개념에 대한 부정을 통해, 양자론적 '신격화된 아들' 개념도, 육체적 신의 아들 개념도 완전히 배제한 오직 '인간 예수'를 주장하고 있다.

5) 삼위일체에 대한 비정통적 이해

무함마드는 기독교 이단들과 접촉하면서 삼위일체에 대한 부정확한 진술과 여러 이견에 접하였을 것이다. 그리고 무함마드는 신에게 아내와 아들이 있는 '신의 가족'이라는 아랍 사회의 이교적 관념을 알고 있었기 때문에 더더욱 삼위일체를 바로 이해하기 어려웠을 것이다. 결국 무함마드는 삼위일체에 대한 성경적 이해를 갖지 못하고, 이단적이고 이교적인 삼위일체에 대한 이해를 형성한 것이다. 삼위일체에 대한 그의 이단적 이교적 이해는 기독교 삼위일체 신관에 대한 조소와 부정으로 코란에 반영되어 나타난다.

코란 5:73 "알라가 셋 중의 세 번째(곧 셋 중의 하나)라 말하는 자들은 분명 불신자라"와 4:171 "… 셋이라 말하지 말라 …"에 숫자 '셋'이 언급되고 있는데, 이 구절들의 비난은 기독교 삼위일체 신관을 겨냥하고 있다. 이제 무함마드가 삼위일체에 대해 어떤 이해를 했는지 살펴보고자 한다.

(1) 하나님과 메시아를 구분하지 않은 이해: 양태론(樣態論, Modalism)적 표현

삼위일체에 대한 코란의 이해는 우선적으로 코란 5:17, 72에서 확인할 수 있다.

> **알라가 마리아의 아들 알마씨흐라고 말하는 이들은 불신자라.** 그가 마리아의 아들 알마씨흐와 그의 어머니와 세상에 있는 모든 자들을 멸망시키기 원한다면, 그 누가 알라를 저지할 힘을 가지리요. 하늘과 땅, 그리고 천지에 있는 모든 것이 알라께 속했노라. 그는 그가 원하는 것을 창조하고, 알라는 모든 일에 전능한 자라(5:17).

> **알라가 마리아의 아들 알마씨흐라고 말하는 이들은 분명 불신자라.** 알마씨흐가 말했노라. "이스라엘 자손이여 나의 주님이고 너희의 주님인 알라만을 경배하라." 알라에게 동등한 자를 두는 자는 알라가 천국에 들어가는 것을 금하였으니 불지옥이 그들의 거주지가 되리라. 죄인들에게는 도울 자가 없으리라(5:72).

이 두 구절에는 "알라가 마리아의 아들 알마씨흐라고 말하는 이들은 불신자라"고 하며 이싸의 신성을 믿는 자들을 반박하고 저주하는 내용이 나온다. 그러나 '알라가 알마씨흐이다'는 '하나님이 메시아이다'를 말하려는 것으로, '하나님이 메시아이다'라는 표현은 삼위에서 제1위와 제2위를 구분하지 않는, 양태론적 군주신론(Modalistic Monarchianism) 이단의 표현이다.

양자론자나 아리우스주의가 예수를 한 인간으로 혹은 반신(demi-god)으로 만듦으로써 하나님의 유일신성을 보존하려고 하였던 것과 달리, 양태론자들은 성자 예수를 성부의 자기 현현의 한 양태로 봄으로써 하나님의 유일신성과 그리스도의 온전한 신성 모두를 보존하고자 하였다.

이런 신론(神論)을 처음 진술한 서머나의 노에투스(Noetus of Smyrna)는 오직 한 분이신 성부 하나님만 계시다고 하였고, 그리스도가 하나님이라면 그리스도는 성부와 동일할 수 밖에 없고 그렇지 않다면 그리스도가 하나님일 수 없다고 하였다. 곧 성부와 성자의 구분을 두지 않았다. 결과적으로 이런 주장은 그리스도가 수난 당한 것은 성부가 수난 당한 것이 되기 때문에 성부수난설(patripassianism)로도 알려져 있다.[35]

'알라가 마씨흐이다' 곧 '하나님이 그리스도이다'(God is Christ)라는 진술은 신약 성경과 기독교인의 신조 어디에서도 발견할 수 없는 것이다. 단지 우리는 성경에서 다음과 같은 문구를 발견할 뿐이다.

> 너희는 그리스도의 것이요 그리스도는 하나님의 것이니라
> (고전 3:23, You are of Christ, and Christ is of God, NIV)

> 곧 하나님께서 그리스도 안에 계시사 세상을 자기와 화목하게 하시며(고후 5:19, God was in Christ, reconciling the world unto himself, KJV)

---

[35] J. N. D. Kelly, *Early Christian Doctrines*, 119-120.

그리스도는 신성을 지니신 분으로, '그리스도가 하나님이시다'는 말은 맞지만, '하나님이 그리스도'라는 표현은 맞지 않다. 왜냐하면, 그것은 삼위일체의 삼위를 혼돈하는 개념이며, 하나님은 아들의 위격(Person)만으로 축소될 수 없는 분이시기 때문이다.[36]

코란이 기독교인의 예수 신성에 대한 주장을 반박하며 양태론적 표현을 쓰고 있는 것은, 무함마드가 당시 아라비아 반도 기독교 이단으로부터 성경의 가르침과 정통교리에서 벗어난 부정확한 삼위일체론에 접하였던 것을 보여준다.

(2) 마리아를 삼위일체의 한 위격으로 오해

이싸와 마리아 숭배를 반박하는 코란 5:116은 코란이 이해하는 삼위일체에 마리아가 포함되고 있음을 짐작하게 한다.

> 알라가 말하였노라, "마리아의 아들 이싸야 네가 백성에게 '알라를 제외하고 나와 나의 어머니를 경배하라' 말하였느냐 …" (5:116).

따라서 무슬림들 주석가들은 기독교의 삼위일체 신관을 비판하는 것으로 간주되는 두 구절 5:73과 4:171을 주석하면서, 기독교인들의 삼위일체 개념은, '알라, 이싸, 마리아'인 것으로 일차적인 추정을 한다. 물론 이 삼위에 대한 해석은 무슬림학자들이 기독교 정보를 접할 기회가 많아지면서 점차, '성부 성자 성령'으로 정정되기는 하였지

---

[36] Geoffrey Parrinder, *Jesus in the Qur'an*, 133.

만, 무슬림의 삼위에 대한 전통적 이해는 '알라, 이싸, 마리아'이다.

코란이 기독교 삼위일체에 마리아를 포함시킨 것은 당시 무함마드가 경험했던 마리아 숭배 신앙을 가진 기독교 이단 때문이었을 것이다. 앞에서 언급한대로, 4세기 아라비아 반도에는 여성 사이비 마리아 숭배 집단 콜리라이디언(Collyridians)이 있었다. 그런데 이 이단을 비판한 에피파니우스(Epiphanius)가 '삼위일체는 경배되어야 한다. 그러나 마리아는 숭배되어서는 안 된다'[37]고 말한 것은, 당시 삼위일체 정통 개념을 위협했던 마리아 숭배의 심각성을 보여주는 것이라 하겠다.

제프리 패린더는 그 일례로 마리아와 성령의 연계는 삼위일체에 관한 일부 해석에 한 요소가 되기도 했으며, 히브리인 복음은 '나의 어머니 성령'에 대해 말했다고 언급한다. 그는 오리겐의 말을 인용해, 히브리인 복음은, "구주가 말씀하셨다, '지금 나의 어머니 성령이 나를 데려갔다'"고 말했다고 한다.[38] 또한 압디야 아크바르 압둘 하끄는 니케아 회의에 마리아의 신성 개념을 주장하는 몇몇 교부들도 있었으며, 성부 하나님 외에 그리스도와 동정녀를 신격으로 두는 마리아 숭배자들이 '메리오나이트'(Marionites)로 알려졌다고 전한다.[39]

이렇게 무함마드가 접했을 마리아 숭배 기독교 이단은 그가 삼위일체 개념에 마리아를 포함시킨 배경을 설명해준다. 무함마드는 마리아 숭배를, '가족 신' 개념을 갖고 있는 아랍 이교적 배경에서 이해

---

37 Geoffrey Parrinder, *Jesus in the Qur'an*, 135.
38 Geoffrey Parrinder, *Jesus in the Qur'an*, 136.
39 Abdiyah Akbar, *Sharing Your Faith with a Muslim*, 21.

함으로써, 기독교의 삼위일체 개념을 '알라, 이싸, 마리아'라는 가족 신으로 오해하였던 것이다.

(3) 삼신(三神)주의 이교도적 이해

코란은 4:171 "셋이라 말하지 말라"와 5:73의 "알라가 셋 중의 세 번째라 말하지 말라"는 문구를 통해 기독교의 삼위일체 하나님에 대한 신앙을 반박하고자 한다.

> 성경의 백성들이여 너희 종교에서 도를 넘지 말라. 알라에 대해 진실 외에는 말하지 말라. 마리아의 아들 이싸 알마씨흐는 알라의 사도이며, 마리아에게 수여된 그의 말씀이며, 그(알라)로부터의 한 영이다. 그러므로 알라와 그의 사도들을 믿어라. 그리고 **셋이라 말하지 말라**. 그만두어라. (그렇게 하는 것이) 너희에게 선이 되리라. 실로 알라는 유일한 신이다. 그를 찬송할지니, 그에게는 아들이 있을 수 없노라. 하늘과 땅의 것이 그의 것이라. 보호자는 알라만으로 충분하니라(4:171).

> **알라가 셋 중의 세 번째라 말하는 자들은 분명 불신자라**. 한 분의 신 외에는 신이 없다. 만일 그들이 말한 것을 그만두지 않는다면, 그들 불신자들에게는 반드시 고통스러운 벌이 임할 것이라(5:73).

코란 4:171은 "성경의 백성들이여 너희 종교에서 도를 넘지 말라"라는 문구로 시작하고, 이싸에 대한 코란적 지위를 언급하며 "셋이라 말하지 말라"고 말하고 있는데, 이런 문맥의 정황은 이 구절이 기독교인들을 향하고 있고, 기독교의 삼위일체 신관에 대한 반박을 의도하고 있음을 보여준다.

코란 5:73도 "알라가 마리아의 아들 알마씨흐라고 말하는 이들은 불신자라 …"라고 하는 5:72에 이어지는 구절로서, 이 구절 역시 기독교인의 삼위일체 신관에 대한 반박을 의도하고 있다.

그러나 여기서 '셋'으로 언급하고 있는 것은 기독교의 삼위일체 신관과 아무런 상관이 없는 것으로, 앞서 살펴본 바대로 무함마드가 삼위일체에 대해 오해한 '알라, 이싸, 마리아'와 관련된다. 곧 이 '셋'이라는 숫자에는 삼위일체를 이루는 위격에 대한 오해가 있을 뿐 아니라, 무함마드가 아랍 다신주의적 '가족 신' 개념과 연관 지은 '삼신주의'가 자리하고 있다.

숫자 '셋'이 '삼신주의'와 관련됨은 5:73의 "알라가 셋 중의 세 번째라 말하는 이들은 분명 불신자라 …"는 표현에서도 드러난다. 이 표현은 '하나님을 세 개의 신 중 하나로 믿는 신앙'에 대한 비난을 나타내고 있기 때문이다. 이렇게 무함마드가 삼위일체에 대해 삼신주의적 이해를 갖고 반박한 것은, 무슬림들이 기독교 삼위일체 신앙에 대해 '셋이 하나일 수 없다'는 반박 논리를 펴는 데 강한 근거점이 되었다.

코란 5:73에 대해, 『가장 쉬운 주석』(Aisaru al-Tafasir)은 다음과 같이 해석한다.

> 그들은 셋을 하나라고 말한다. 알라는 그들의 거짓에 대해,
> '알라 외에는 신이 없다'고 선포한다.[40]

이 '셋이 하나일 수 없다'는 단정은 코란이 기독교의 삼위일체 신앙을 삼신주의로 나타내고 있기 때문이다. 즉 삼신주의는 결코 논리적으로도 유일신관이 될 수 없기 때문이다. 그러나 기독교 삼위일체 유일신관은, 코란이 위 구절을 통해 반박하는 삼신주의와 아무런 관련이 없다.

이렇게 코란은 위경과 이단적 정보와 아랍 다신주의적 개념에서 비롯되는 관점으로 성경의 예수에 대해 잘못된 정보를 제공하고 있다. 코란은 이런 배경 속에서 하나님에게 육체적이고 일시적인 개념의 아들을 두는 것에 대해 반박하고 마리아 숭배를 배격하고 삼신주의를 반박한다. 이런 반박은 정당하다. 그러나 이러한 정통적 기독교 가르침에서 벗어난 코란의 진술들은 하나님이 성경을 통해 계시하신 하나님의 아들, 삼위일체 하나님, 그리고 십자가 대속을 통한 구원 진리를 흐리게 함으로써, 기독교 신앙에 대한 도전이요 무슬림 복음화에 대한 결정적인 장애 요인으로 작용하고 있다.

---

40 Abi Bkr Al-Jaza'iri, *Aisaru al-Tafasir*, 415.

제2장

코란적 세계관의 영향

코란의 이싸 진술의 두 번째 특징은 이싸의 세계관 측면에서 파악되는 것으로, 코란의 이싸 진술은 당연히 코란의 세계관에 영향을 받고 있다. 우선적으로는 코란의 신관의 영향을 확인할 수 있다.

1. 신관: 알라의 단일신성

알라의 단일신성에 대한 강조는 코란 전체를 관통하는 핵심 주제이다. 알라의 단일신성에 대한 선포는 다음과 같은 표현으로 나타나며, 이러한 표현은 마치 코란의 후렴구처럼 코란 전체에 반복적으로 나타난다.

> 너희들의 신은 한 분이라. 자비로우신 이(알라) 그 외는 신이 없다(2:163).

> 알라 그 외에는 신이 없다. 그는 살아 계시고 영원하신 분이다 …(2:255).

> 알라가 증언하기를 '그 외에는 신이 없다' …(3:18).

> 너희의 신은 단 한 분이라 …(3:22).

> 그는 알라이다. 그 외에는 신이 없다 …(59:22).

따라서 이슬람의 제1의 신앙고백은 '알라 외에는 신이 없다'이다. 그리고 권위 있는 하디쓰들은 '권좌의 절'이라는 이름을 갖고 있는 2:255[1]을 알라의 단일신성을 선포하는 최고의 구절로 간주하며, 코란에서 가장 위대한 구절로 묘사한다.[2] 그리고 4절의 짧은 절로 이루어진 '성실'(al-Ikhlāṣ)[3]이라는 이름을 가진 112장은 '알라의 단일신성'을 집약적으로 나타내주고 있는데, 무함마드의 언행록에 따르면, 이 장은 코란의 3분의 1에 해당하는 중요성을 가진다.[4]

---

1 코란 2:255 "알라 그 외에는 신이 없다. 그는 살아 계시고 영원하신 분이라. 졸지도 주무시지도 않는 분이라. 하늘과 땅 위의 모든 것이 그의 것이라. 그의 허락 없이 그에게 중재할 수 있는 이는 누군가? 그는 그들 손에 있는 것과 그들 뒤에 있는 것을 다 알고 있느니라. 그러나 그들은 그가 뜻한 것 외에는 그의 지식 중 어떤 것도 알 수 없느니라. 그의 권자가 하늘과 땅에 퍼져 있고, 그것들을 보존하는 것이 그를 피곤케 아니하노라. 그는 가장 높고 위대한 분이라." 이 구절에서 '그의 권자가 하늘과 땅에 퍼져있다'라는 부분에 '그의 권자'(kursiyyatuhu)가 나온다. 그래서 이 구절은 '권자의 절'로 불리어 진다.
2 Ibn Kathir, *Tafsir al-Qur'an al-'Azim*, vol. 1, 315-316.
3 코란 112장 "1. 말하라, 알라는 한 분이다. 2. 알라는 영원하다. 3. 그는 출산하지도 태어나지도 않는 분이다. 4. 그에게 비길 자 아무도 없다."
4 Muahmmad bin Isma'il al-Bukari, *Sahih al-Bukari* (Beirut: al-Maktaba al-'Asriya,

이슬람에서 가장 큰 대죄는 바로 알라에게 동등한 자를 두고 그를 숭배하는 것이다. 이것을 '쉬르크'(Shirk)라고 한다. 코란 4:48은 '쉬르크' 죄를 알라로부터 결코 용서받을 수 없는 죄로 선언한다. "알라는 그에게 동등한 자를 두는 것을 용서치 아니하리라. 이외는 그가 원하는 자는 용서하리라. 알라에게 동등한 자를 두는 자, 엄청난 죄를 도모한 것이라."[5]

코란의 '알라 외에는 신이 없다'는 타우히드(Tawhīd)신앙에 대한 강조는 무함마드의 언행록에서도 재확인 된다. 무함마드의 언행록은 '타우히드' 신앙을 가진 자들과 '쉬르크'의 죄를 범하는 자들이 각각 각각 천국과 지옥행으로 그 운명이 갈라짐을 다음과 같이 전한다.

> 쉬르크 죄를 범하지 않고 알라를 만나는 자는 낙원에 들어갈 것이고, 쉬르크 죄를 범하고 알라를 만나는 자는 불지옥에 들어가리라.[6]

2000), 1616. 알 부카리의 하디쓰집에 나오는 내용을 옮기면 다음과 같다. "한 남자가 어떤 사람이 '말하라. 그는 한 분이시다'라는 구절을 반복해서 낭송하는 것을 들었다. 그리고 그 다음날 알라의 사도에게 와서 그의 낭송이 충분하지 않는 것으로 생각한다고 말했다. 그러자 알라의 사도는 '나의 생명이 그의 손에 달린 이를 두고 맹세하노니, 이것은 코란의 3분의 1과 같다'라고 말했다." 여기서 '말하라, 그는 한 분이시다'는 코란 112장의 네 구절 중 첫 번째 구절이다.

5   'Afif Abd al-Fatah Tabbarah, *al-Khataya fi Nazar al-Islam* (Beirut: Dar al-'Ilm li-l-Malain, 1993), 38.

6   Muhammad bin Abdul-Wahhab, *Kitab At-Tauhid* (Riyadh: Dar-us-Salam Publications, 1996), 33.

실로 알라는 '그의 얼굴을 구하며 경배하는 자, 알라 외에는 신이 없다고 말하는 자'는 지옥에 들어가지 못하게 하였다.[7]

더 나아가 무함마드의 언행록은, 알라는 '타우히드' 신앙을 가진 자를 그의 행위가 부족해도 낙원에 들어가게 해준다고 다음과 같이 말한다.

> 알라 외에는 신이 없고 그에게는 동등한 자가 없으며, 무함마드는 그의 종이고 그의 사도이고, 이싸는 알라의 종이고 사도이고 마리아에게 주어진 알라의 말씀이고, 알라로부터의 영이라고 증언하는 자를…알라는 그의 행위가 어떠하였던지 간에 낙원에 들어가게 할 것이다.[8]

그러므로 알라의 단일신성을 강조하는 코란의 신관은 이싸를 철저히 한 인간으로 묘사하며 이싸에게 오직 알라의 단일신성을 선포하는 사명을 부여한다. 그리고 기독교인들이 이싸를 알라의 아들로 여기는 것에 대해서는 알라의 단일신성을 침해하는 것으로 단호히 배격한다.

코란은 이싸가 동정녀 마리아에게서 태어난 것을 알라가 인간을 창조하는 다양한 능력을 보여주는 한 예증으로 본다. 코란의 이싸는 '있으라'라는 알라의 말씀으로 존재케 된 피조물이며, 한 인간에 불과하다.

---

7 Muhammad bin Abdul-Wahhab, *Kitab At-Tauhid*, 24.
8 Muhammad bin Abdul-Wahhab, *Kitab At-Tauhid*, 23.

> 알라에게 있어 이싸의 경우는 아담의 경우와 같으니라. 그는 흙으로 그를 빚었고 그리고 그에게 '있어라'라고 말하였더니, 있게 되었느니라(3:59).

또한 이싸의 사명은 이전에 계시된 토라를 확증하며 이전 선지자들의 발자취를 좇는 것이다.

> 우리는 마리아의 아들 이싸를 보내어, 그 이전에 주어진 토라를 확증하고, 그들의 발자취를 따르게 했노라 …(5:46).

이싸가 선지자들의 발자취를 좇는다는 것은, 코란이 선지자들의 소명으로 여기는 '알라 한 분만을 경배하라'는 메시지를 전할 소명을 받았다는 것이다. 그래서 이싸는 이렇게 선언하고 있다.

> 실로 알라는 나의 주요 너희의 주라. 그분 만을 경배하라 (19:36).

이것이 이싸의 메시지의 핵심이다.
아피프 압둘 파타하 땁바라는 이싸의 가르침을 다음과 같이 말한다.

> 그의 메시지는 알라의 단일신성에 대한 신앙으로의 부름이다. 경배에서의 단일성. 경배는 오직 알라 한 분께만 순전하게 드려져야 한다. 알라의 본질, 알라의 속성에서의 단일성. 그의 본

질은 합성체가 아니다. 그리고 그의 속성과 유사한 것은 없다. 그에게는 아들의 존재란 있을 수 없다.[9]

코란은 기독교인이 이싸를 알라의 아들로 여기는 것에 대해, 알라에게 동등한 자를 두는 '쉬르크'의 죄를 범하는 것으로 비난하고, 알라의 단일신성을 믿는 신앙으로 나아오라고 촉구한다.

> 성경의 백성들이여, 우리와 너희에게 있는 동일한 말씀으로 나아오라. 우리는 알라 외에는 다른 신을 경배하지 않는다. 우리는 알라에게 동등한 자를 두지 않는다 …(3:64).

이처럼 이싸는 코란의 단일신관에 지배 받는 인물로 제2위 성자 하나님과 무관한 '타우히드' 단일신앙을 전파하는 이슬람 선지자일 뿐이다.

2. 죄관

코란의 죄관은 성경의 죄관과 다르다. 코란이 죄로 규정하는 것은 하나님과 인간과의 깨어진 관계, 하나님의 통치를 거부하고자 하는 인간의 반역적인 내면을 반영하는 것이 아니다. 코란은 '알라에게 불순종하는 행위,' '알라의 뜻과 법을 범한 것'을 죄로 본다.

---

9 'Afif Abd al-Fatah Tabbarah, *Ma'a al-Anbiya' fi al-Qur'an al-Karim*, 327.

그리고 인간이 알라의 뜻을 거슬러 불복종하는 이유를 '인간의 약한 본성'과, '신의 율법에 대한 무지' 때문이라고 본다. "알라는 너희의 짐을 가볍게 하기를 원한다. 인간은 연약하게 창조되었다"(4:28)에서 '인간은 약하게 창조되었다'는 것에 대해 무함마드 알리 앗싸부니(Muhammad ʿAli al-Sabuni)는 다음과 같이 설명한다.

"인간은 자신의 욕구를 거스르는데 약하다. 욕망을 따르는 것을 억제하지 못한다."[10]

인간은 본래 죄된 욕구를 거스르는 것에 약하게 창조되었다는 것이다. 그렇기에 이런 인간에게 필요한 것은 인간이 바른 길을 갈 수 있도록 도와주는 알라의 지침이라고 본다.

코란에도 인류의 첫 조상 아담과 하와의 타락 기사가 나온다. 그런데 코란은 이들의 타락을 알라와의 관계 단절과 알라에게 반역하는 인간 내면의 관점으로 보지 않는다. 그저 사탄의 유혹을 받아 알라가 금한 열매를 따 먹게 된 그 행위에 초점을 둔다. 그리고 그 행위의 원인에 대해 코란은 이렇게 설명한다.

> 우리는 이전에 아담과 성약을 맺었으나, 그는 그것을 잊었더라. 우리는 그에게 굳은 결심을 발견하지 못했노라(20:115).

곧, 아담이 알라가 금한 과일을 따먹은 것은, 알라가 사단은 그에게 유혹자가 될 것이라고 경고했고, '이 나무를 먹지 말라'고 명령했음에도, 굳은 결심을 갖고 알라의 말씀을 붙들지 않고 망각했기 때

---

10 Al-Sabuni, *Safwat al-Tafasir*, vol. 1, 271.

문이라고 해석한다.

그래서 아피프 땁바라('Afif Tabbarah)는 '아담의 죄'의 원인에 대해 이렇게 이야기한다.

"아담과 하와는 이블리스가 그들의 적이라는 사실을 잊어버렸다. 그래서 그들은 유혹의 덫에 빠지고 말았다."[11]

무함마드 꼬틉(Muhammd Qutb)도 아담의 범죄의 원인을, 인간 내면 속의 약한 부분으로 돌린다.

> 사탄은 어떻게 아담의 마음에 기어들어갈 수 있었을까?
> 그래서 그의 마음에서 당연한 감사를 없앴을까?
> 이 이야기는 아담의 존재 안에 있는, 사단이 들어올 수 있는 약점을 보여준다. … 이것은 아담과 아담의 자손의 삶에 있는 문제 중의 문제이다. 그것은 여러 능력과 은사에도 불구하고 인간의 존재 안에 있는 거대한 약점이다. … 금지된 것이 순간 욕망으로 변하고, … 이 욕망 속에 사단이 들어왔다.[12]

코란의 알라는 아담과 하와와 사탄에게 그들이 낙원에서 쫓겨 지상으로 내려갈 것을 결정한다. 그러자 아담과 하와는 알라의 말을 듣고 회개한다.[13] 알라는 회개하는 그들을 용서한다.[14] 그리고 알라

---

11 'Afif Abd al-Fatah Tabbarah, *Ma'a al-Anbiya' fi al-Qur'an al-Karim*, 38.
12 Muhammd Qutb, *Dirasat al-Qur'aniya*, 122-123.
13 코란 7:23 "그들(아담과 그의 아내)이 말하였노라. '주여 우리가 우리 스스로를 욕되게 하였나이다. 당신이 저희를 용서하시고 자비를 베풀어 주시지 않는다면, 우리는 멸망한 자가 될 것입니다.'"
14 코란 2:36-37 "36. 사단이 그 둘을 유혹하여, 그들이 있던 곳으로부터 그들을 추방시

는 아담과 하와에게 '알라의 지침'을 내려 줄 것을 약속한다.

> 여기서 모두 내려가라. 나로부터 너희에게 지침이 있으리라.
> 나의 지침을 따르는 자, 그들에게는 두려움이 없고, 슬픔도 없
> 으리라(2:38).

여기서 알라가 보내주는 지침이란, 선지자와 알라가 내려 보내주는 경전을 의미한다.[15]

그러므로 코란은 죄의 유혹에 약하게 지음 받은 인간은 이 지상에서 끊임없는 사탄의 유혹을 받으며 살아가는 동안[16] 알라가 보내주는 지침 곧 선지자의 경고와 경전을 통해 바른 길로 인도된다고 본다. 그러므로 무함마드 꼬톱은 이렇게 말한다.

> 그럼에도 불구하고 알라의 지침으로 사단의 유혹을 물리치는
> 자들, 사탄으로부터 알라의 보호아래 피하는 자들에게 사단의
> 계략은 얼마나 무력한가![17]

켰노라. 우리(알라)가 말하였노라. '내려가라. 너희(사단과 인류)는 서로에게 적이 되리라. 당분간 너희의 주거지와 생필품이 지상에 있으리라.' 37. 그때 아담이 주로부터 말씀을 받으니 그(알라)는 그(아담)를 용서하였노라. 실로 그(알라)는 자비로운 용서자시라."

15 Al-Sabuni, *Safwat al-Tafasir*, vol. 1, 51.

16 코란에서 사탄은 아담의 후손에 대한 끊임없는 유혹자로 있을 것을 다음과 같이 말한다. 코란 7:17 "그래서 나는 그들의 앞과 뒤에서 그리고 그들의 오른편과 왼편에서 그들을 공격할 것입니다. 당신은 그들 대부분에게서 감사하는 것을 발견치 못할 것입니다."

17 Muhammd Qutb, *Dirasat al-Qur'aniya*, 125.

이렇게 코란의 죄관은, 죄는 인간이 죄의 유혹에 약한 본성을 가지고 있고, 신의 율법에 대해 무지하거나 율법을 망각한 것에서 비롯된다고 하는 것이다. 그리고 인간이 죄를 이기기 위해서는 알라의 지침이 필요하다고 보는 것이다. 바로 이 지점에서 '이싸'의 위치를 발견하게 된다. 죄의 유혹에 약한 인간이 사탄의 끊임없는 유혹을 이길 수 있도록, 알라가 각 시대와 각 민족에게 보낸 선지자 중에 그의 위치가 있다. 이싸는 특별히 알라의 지침서 '인질'을 가지고 이스라엘에게 보내어진 선지자라는 것이다.

이싸가 아담과의 관계에서 갖는 위치는 다른 선지자들이 아담과 갖는 관계와 다를 바 없다. 아담도 이 땅에 알라가 주는 성경을 갖고 오는 선지자이고, 다른 선지자들과 함께 이싸 역시 이 땅에 알라의 지침인 경전을 가지고 와서 자신에게 맡겨진 백성을 선도하는 사도로서의 관계를 지닌다. 이싸가 다른 선지자들과 달리 아담과 연계될 만한 특별한 것이 있다면 그것은 아담과 함께 알라의 주권적인 창조 능력을 보여주는 예증으로서의 유사성뿐이다.

3. 인간관과 구원관

코란 95:4은 알라가 인간을 최고의 형상으로 지었다고 말한다.

우리는 인간을 최고의 형상으로 창조하였노라(95:4).

무함마드 알리 앗싸부니는 이 구절을 알라가 그 형상에 있어서도 최고이고, 지식과 이해, 이성, 분별력, 언어, 교양이 갖추어진 최고의 모습으로 인간을 창조했다고 해석한다.[18] 곧 인간은 모든 피조물 중에 으뜸인 모습으로 창조되었다고 한다. 그래서 싸이드 꼬톱(Said Qutb)은 "인간은 특별한 창조물이다. 우월적 본질을 갖고 있다. 그래서 이 땅의 대리자의 역할을 감당할 만한 자질이 갖추어져 있다"[19]고 말한다.

코란은 인간이 지닌 죄성에 대해서도 언급한다. 앞서 언급한 대로 4:28은 인간이 욕망과 욕구를 억제하기에 약하게 창조되었다고 한다. 그리고 70:19은 "실로 인간은 참을성이 없게 창조되었노라"라고 말한다. 그리고 다음 구절들은 죄악에 물들기 쉽고 공의롭지 못하고 감사할 줄 모르며, 다툼을 좋아하는 인간을 묘사하고 있다.

> … 실로 (인간의) 영혼은 악에 기울어져 있노라 주께서 자비를 베풀지 않으면 …(12:53).
>
> 실로 인간은 불의하고 감사하지 않는다 …(14:34).
>
> 우리는 이 코란에서 사람들을 위해 모든 비유를 들어 설명하였노라. 인간은 다투기를 좋아하노라(18:54).

---

18 Al-Sabuni, *Safwat al-Tafasir*, vol. 3, 575.
19 Said Qutb, *Muqauwimat Tasauwur al-Islamiy*, 367.

코란은 인간이 이런 죄된 본성을 갖고 있다 할지라도, 인간의 상태가 전혀 가망이 없는 것으로 보지 않는다. 여전히 인간은 자유 의지를 발휘하여 선을 행할 수 있고, 알라 앞에 자신의 죄를 회개함으로써 죄 용서를 받을 수 있는 존재로 본다. 그리고 회개하고 선을 행할 때, 그 선으로 자신의 잘못된 행동을 상쇄할 수 있다고 본다. 이것은 인간이 스스로를 구원할 만큼 충분한 도덕적 영적 역량을 지닌 것으로 보는 것이다. 이처럼 인간에 대한 코란의 관점은 매우 낙관적이다.[20]

따라서 싸이드 꼬틉은 인간의 죄를 본성의 약함에 돌리면서 여전히 인간은 알라 앞에 고귀한 존재이고 바르게 인도받을 수 있는 존재라고 다음과 같이 언급한다.

> 인간은 알라 앞에 고귀한 존재이다. … 비록 그의 본성에 약함과 죄와 한계에 노출된 부분이 있다 하더라도 인간은 높은 지식을 알 수 있고, 바르게 인도받을 수 있다. 인간은 알라가 존귀히 여기고 이 땅에 칼리프(대리자)의 지위에 두며 인간의 회개를 받으실 만하다. 그리고 인간은 사도와 메시지를 보냄 받

---

[20] 기독교가 아담의 범죄 이후 인간의 전적 타락을 말하는 것은, 다른 종교에 비해 인간에 대해 매우 부정적인 견해를 갖고 있음을 보여준다. 그러나 이런 부정적 견해의 이면에, 기독교는 인간에 대해 매우 낙관적인 견해를 갖고 있는 것이 사실이다. 왜냐하면 그리스도 안에서 인간의 타락한 본성이 본래의 위대함으로 회복되는 것을 추구하고 있기 때문이다. 벧후 1:4 "…신성한 성품에 참여하는 자가 되게 하려 하셨느니라." 롬 8:17 "자녀이면 또한 상속자 곧 하나님의 상속자요 그리스도와 함께 한 상속자니." 어떠한 종교도 인간에게 이런 희망을 제시하지 않는다. John Gilchrist, *The Christian Witness to the Muslim*, 341-342.

음으로 신적인 보호와 관심을 받기에 합당하다.[21]

　이런 코란의 인간관은 바로 첫 인류인 아담에게도 적용되는 것이다. 앞서 살펴본 바대로, 코란의 관점에서 아담의 범죄는 알라의 율법을 망각한 인간의 연약함이 빚어낸 첫 범죄이다. 따라서 아담의 범죄는 인간 본성의 연약함이 빚어낸 자연스러운 결과이다. 결코 인간 본연의 완전한 본성에 타락과 부패를 가져올 만큼 심각한 것이 아니다.

　코란의 아담은 연약한 존재로서 죄를 지었고, 그가 회개할 때 용서를 받았고, 비록 낙원에서 추방을 당하였을지언정 지상에서 알라의 지침을 붙들고 새 삶을 살 기회를 부여 받는다. 코란의 아담은 범죄 이후에도 여전히 가능성 가운데 있는 존재이다.

> 사단이 그 둘을 유혹하여, 그들이 있던 곳으로부터 그들을 추방시켰노라. 우리(알라)가 말하였노라. "내려가라. 너희(사단과 인류)는 서로에게 적이 되리라. 당분간 너희의 주거지와 생필품이 지상에 있으리라." 그때 아담이 주로부터 말씀을 받으니 그(알라)는 그(아담)를 용서하였노라. 실로 그(알라)는 자비로운 용서자시라. 우리가 말하였노라. "여기서 모두 내려가라. 나로부터 너희에게 지침이 있으리라. 나의 지침을 따르는 자, 그들에게는 두려움이 없고, 슬픔도 없으리라"(2:36-38).

21　Said Qutb, *Muqauwimat Tasauwur al-Islamiy*, 368.

38절에서 알라는 알라의 지침을 따르는 자에게 두려움이 없고 슬픔이 없으리라고 약속한다. 이것은 구원에 대한 약속이다. 코란의 아담은 낙원에서 추방당하면서도 여전히 구원의 가능성을 안고 있다. 그리고 아담의 후손 역시, 아담과 동일한 인간성을 지닌다. 그들도 알라가 보내준 지침을 붙들고 알라의 명령을 잊지 않고 준수하며 살도록 독려 받는다. 그리고 혹 알라의 명령을 어기게 되었을 때는 회개하고 선을 행함으로써 그 이전의 잘못을 상쇄 받을 수 있다.

사실 코란에도 기록된, 아담이 범죄의 결과로 인해 낙원으로부터 추방당하고 이로써 아담의 후손이 낙원을 잃게 된 것은 아담의 타락이 결코 가벼운 문제가 아니었음을 보여준다. 그럼에도 코란은 아담의 범죄가 아담의 후손, 전 인류에게 미친 영향력을 이처럼 가볍게 여기고 있다.[22]

요컨대, 코란의 인간관은 인간이 연약함과 죄에도 불구하고 알라 앞에 고귀한 존재임을 말하고 있다. 인간은 알라의 지침으로 바른 인도를 받을 수 있는 존재이다. 곧 첫 인류 아담에서부터 확인하는 바대로 비록 죄를 범할 수 있어도 스스로를 구원[23]할 수 있는 존재이다. 알라의 지침 이외에는 그 자신을 구원하기 위해 누군가를

---

[22] John Gilchrist, *The Christian Witness to the Muslim*, 232-233.

[23] 이스마일 알 파루끼(Isma'il al-Faruqi)는, 기독교는 인간을 원죄에 빠져 하나님과 단절된 자로 구원을 필요로 한 존재로 보지만, 이슬람은 인간이 어떤 구원을 필요한 자가 아니라, 알라의 대리자로서 완벽한 형태를 갖고 있으며, 알라의 의지를 성취할 모든 능력과 계시의 은혜까지도 부여 받았음을 전파한다고 하며, 'salvation'이라는 단어는 이슬람의 용어에는 존재하지 않는다고 말한다. 그러면서, 알라의 의지를 시공간에서 적극적으로 실현시키는 성공을 의미하는 '팔라흐'(*falāh*)라는 단어가 기독교의 '구원'(deliverance, redemption)이라는 단어에 상응하는 이슬람의 단어라고 말한다. Gorden Nickel, "Islam and Salvation: Some On-Site Observations," 9.

필요로 하지 않는 존재이다. 따라서 코란의 구원관은 알라의 지침만 있다면 스스로를 구원할 수 있는 인간의 자력 구원이다. 그래서 싸이드 꾸뜹은 알라의 지침을 무기 삼은 인간은 현세에서 직면하는 사단과의 전투에서 승리하게 될 것을 다음과 같이 말하고 있다.

> 사단과 인간과의 전투가 있다 모든 영역에서 … 인간은 전쟁을 위한 무기가 주어져 있다. 인간은 이 무기를 무시하지 않는 이상 결코 그 전투에서 질 수 없다. 혹 잊어버렸다 할지라도 다시 기억한다면, … 그래서 그 무기를 기억한다면 그는 전쟁에서 승리를 보장받을 수 있다.[24]

코란의 이싸는 죄의 영향력에서 돌이킬 수 없는 죄인, 타락한 인간을 구속하는 존재가 아니다. 인간은 각자 알라의 지침을 통해 자신의 죄된 본성을 억제하고 선을 취하는 자율적 노력을 기울일 것이기에 이싸는 그저 이스라엘 민족에게 알라의 명령을 상기시켜 주는 존재이다. 그러므로 이싸는 '인질'이라는 알라의 지침을 이스라엘 민족에게 가지고 와서, 무엇보다도 그들이 가장 큰 죄 쉬르크를 범하지 않도록 경고하는 임무를 수행하는 자다.

---

24 Said Qutb, *Muqauwimat Tasauwur al-Islamiy*, 373.

제3장

복음의 핵심 부재

코란의 이싸는 이렇게 위경적 정보, 기독교 이단의 비 정통 교리, 아랍 다신주의의 영향하에서, 코란의 세계관을 입고 있다. 그러므로 복음의 핵심이 부재한 이싸의 모습은 당연한 귀결이다. 코란의 이싸에게서는 성육신, 구속, 십자가 죽음과 부활이 나타나지 않는다. 이것은 복음 진리와의 관련성의 측면에서 파악되는 코란의 이싸 진술의 세 번째 특징이다.

1. 성육신 부재

코란에는 인간 이싸의 기적적인 동정녀 탄생은 있지만, 성자의 오심을 믿는 성육신 신앙이 없다. 성경이 예수에 대해 분명하게 증거하고 있는, 육신을 입고 이 땅에 오신 하나님에 대한 언급이 전혀 없다(사 9:6; 마 1:23; 요 1:14; 빌 2:6-8).

성경은 성육신이 하나님이 자신을 인간에게 나타내신 최고의 계시이고, 성자가 육신을 입고 이 땅에 오신 목적은 하나님이 우리를 사랑하사 우리 죄를 구원하시기 위한 것임을 분명하게 명시한다. 그러므로 성경은 구원은 성육신하신 구원자 하나님에 대한 신앙에 달려 있는 것임을 가르친다. 예수 역시 자신이 '위에서 나신 분'임을 말씀하시고(요 8:23), "너희가 만일 내가 그인 줄 믿지 아니하면 너희 죄 가운데서 죽으리라"고 말씀하시며, 사람이 구원을 얻는 문제는 바로 성육신에 대한 믿음에 달려 있음을 강조하셨다(요 8:24).[1]

그러나 코란은 이싸의 동정녀 탄생에 대해서 이싸를 알라의 창조 능력을 보여주는 한 예증 이상으로는 제시하지 않는다. 그 이유는 이싸가 성육신한 알라로 보여 지는 것은 코란이 나타내는 알라의 속성과 전적으로 위배되기 때문이다.

그 속성의 첫 번째는, 삼위일체 유일신성의 여지를 배격하는, 이슬람에서 '타우히드'(*Tawhid*)로 명명되는 알라의 절대적 불가분의 배타적 단일신성이다. 코란은 이싸가 신성을 가질 수 있는 어떤 가능성도 배제시키고, 그는 알라의 단일신성 하에 있는 종이라는 위치를 분명히 하기 위해, 이싸의 입술에 이런 타우히드 신앙을 위배하는 자들에 대한 저주를 담아두었다(코란 5:72).[2] 그러므로 프레드 파로끄(Fred Farrokh)가 발견대로, 타우히드는 성육신에 대한 '이슬람적 방부

---

[1] Fred Farrokh, "Is the Scandal for Muslims the How or the Who?," *St Francis Magazine*, vol. 8, no. 2 (April 2012): 217, 222.

[2] 코란 5:72 "알라가 마리아의 아들 알마씨흐라고 말하는 이들은 분명 불신자라. 알마씨흐가 말했노라. '이스라엘 자손이여 나의 주님이고 너희의 주님인 알라만을 경배하라.' 알라에게 동등한 자를 두는 자는 알라가 천국에 들어가는 것을 금하였으니 불지옥이 그들의 거주지가 되리라. 죄인들에게는 도울 자가 없으리라."

제'(Islamic antiseptic)로 작용하고 있다.³

성육신의 가능성을 배제시키는 알라의 두 번째 속성은, 자신의 의지(will)외에는 자신을 드러내지 않는 숨겨져 있는 속성이다. 알라는 가리워져 있다. 루터(M. Luther)는 하나님은 가리워져 있고 근접할 수 없었으나, 그러나 '구유와 십자가'에서 계시되었다고 말하였다.⁴ 그러나 코란은 알라의 계시에 대해, 알라가 선지자와 하늘의 책을 보냄으로써 자신의 의지를 나타내는 정도만을 말하고 있다. 선지자와 '하늘의 책'이 코란이 말하는 최고의 계시⁵이다. 그러므로 이슬람은 하나님이 성육신을 통해 자신을 계시할 수 있다는 가능성을 배제시킨다.⁶

알라의 세 번째 속성은, 알라와 인간 사이의 어떤 유사성도 배제시키는 배타적 초월성이다. 이는 성경의 하나님이 인간에게 하나님의 형상을 부여하는 것과 대조된다. 사실, '인간이 하나님의 형상을 소유하는 것'은 성육신하셔서 인성을 덧입으신 예수님이 온전한 신성을 드러내실 수 있는 분이라는 전거가 된다. 성육신하사 인간이

---

3   Fred Farrokh, "Is the Scandal for Muslims the How or the Who?," 219.
4   Michael Nazir Ali, *Frontiers in Muslim-Christian Encounter*, 20.
5   롤프 쿠이츠(Roelf S. Kuitse)는 코란의 초월적인 알라가 나라들을 다스린 역사는, 성육신의 방법이 아닌 선지자들의 역사라고 한다. 그는 다음과 같이 말한다. "알라와 알라의 피조물 사이에 벌어진 틈은 메워질 수 없다. 그러나 그것이 거기에 관계성이 없다는 것이 아니다. 그의 계시 안에 알라에 의해 세워진 관계가 있다. 그 계시는 알라가 이 땅에 오는 것이 아니다. 그것은 불가능하다. 그 계시는 '펜에 의한 계시'이다." 그러면서 부맨(Bouman)의 글(Bouman, J. Gott und Mensch im Koran. Darmstadt, Germany: Wissenschaftliche Bouchgesellschaft, 1977. 13)을 인용한다. "… 그 메워질 수 없는 심연은 존재한다. 그러나 천사들이 이 심연에서 움직이다. 선지자들이 신성한 메시지를 전하도록 지도하면서 …." Roelf Kuitse, "Christology in the Qur'an," 366.
6   Colin Chapman, *Cross & Crescent*, 243.

되신 예수님은 하나님의 속성을 완전하게 드러내셨다. 예수님은 인간적 필요 속에 계셨지만, 그의 신성은 결코 흐려지지 않았다.[7] 그러나 코란은 알라와 인간 사이의 전적 타자성을 말하며, 인성을 덧입고 인간적 필요를 느꼈던 예수가 성육신하신 하나님이라는 신앙의 가능성을 배제시킨다. 곧 알라가 그의 초월성을 떠나 그리스도 안에서 피조물 인간이 되고 인간 삶의 조건에 복종했다는 것을 결코 말하지 않는다.[8]

그래서 이슬람은 예수 그리스도의 성육신을 단순히 인간을 하나님과 같은 지위로 올리는 것이고, 하나님의 초월성을 침해하는 것으로 본다. 그리고 성육신을 부정함으로써 이슬람은 인간과 단절된 알라의 절대적 초월성을 확고히 하고, 코란이 상정한 인간의 올바른 지위, 곧 지상에서의 알라의 대리자요 종으로서의 지위를 확고히 하고자 한다.[9] 이렇게 코란의 알라의 배타적 단일신성과 자신의 의지 외에 자신을 드러내지 않는 속성과, 인간과 어떤 유사성도 공유하지 않는 배타적 초월성은, 이싸의 동정녀 탄생에 대해 어떤 성육신적 해석을 배제시킨다. 그러므로 코란에는 예수 그리스도의 성육신이 부재하다.

7　John Gilchrist, *The Christian Witness to the Muslim*, 337.
8　크리스티네 쉬르마허, 『이슬람과 기독교 교의』, 186.
9　Badru D. Kateregga & David W. Shenk, *A Muslim and a Christian in Dialogue*, 166.

2. 구속 부재

코란에는 인간의 구원을 위한 구속의 개념이 부재하다.

첫 번째 이유는 코란이 인간을 구속이 필요한 존재로 보지 않기 때문이다. 코란은 앞서 살펴본 대로 인간을 알라의 지침 이외에는 그 자신을 구원하기 위해 누군가를 필요로 하지 않는 존재로 본다. 그리고 코란은 인간은 다른 사람의 죄를 대신 짊어질 수 없음을 가르친다(2:286; 6:164; 35:18; 39:7). 곧 코란은 각 개인이 알라의 지침의 준수에 따른 영적 성공과 실패의 가능성을 안고, 스스로의 구원에 대한 책임을 진다고 본다.[10]

두 번째로 코란에 구속이 부재한 이유는, 코란이 알라의 절대적 자유를 강조하고 있기 때문이다. 곧 알라는 그가 원하는 대로 행하는 존재로서, 그는 무언가를 행할 때, 단지 '있으라'고 말하기만 하면 된다(2:117; 19:35). 곧 알라는 누군가를 용서하기를 원한다면, 어떤 구속도 필요로 하지 않고 단순히 용서하는 자라는 것이다.[11]

이렇게 코란은 알라를 마지막 심판 때에 엄격한 계산을 통해 심판하는 자로 나타내는 한편, 또한 알라의 의지(Will)의 최고성을 말하고 있어, 앞으로 되어 질 일들이 엄격한 계산을 초월해서 이루어질 수도 있다는 불확실성을 남긴다. 이러한 불확실성은 무슬림들에게 알라가 자신의 의지로 자비를 발휘하여, 그의 죄를 용서해 줄 수

---

10 Gorden Nickel, "Islam and Salvation: Some On-Site Observations," 8-9.

11 Africa Christian Press, ed., *Christian Witness Among Muslims* (Ghana: Africa Christian Press, 1971), 44.

도 있다는 희망을 갖게 하는 여지가 된다.[12] 알라의 의지가 모든 것을 단순히 이루어 낼 수 있다는 코란의 관점은 죄의 용서와 구원을 위한 대속을 불필요한 것으로 만든다.

이처럼 코란에는 자율적 책임을 가진 인간과 절대적 자유의지로 무엇이든지 원하는 대로 행하는 알라에 대한 관점 하에 '구속'의 개념이 부재하다. 그렇기 때문에 코란의 이싸는 인류 구속과 전혀 무관한 인물이다. 그러므로 코란에서는 이싸와 관련해 성경에서 예수의 구속적 사명에 대해 언급한 그 어떤 진술도 발견할 수 없다. 이싸의 이름은 '자기 백성을 죄에서 구원할 자'와 무관하며, 코란의 야흐야(세례 요한)는 '보라 세상 죄를 지고 가는 하나님의 어린 양'이라는 증언을 남기지 않고, 이싸는 제자들에게 인류 구속자로서의 사명을 단 한 번도 언급하지 않는다.

3. 대속적 십자가 죽음과 부활 부재

인간의 몸을 입고 세상에 오신 성자 예수의 인류 대속의 사명은 십자가에서 달려 죽으시고 부활하심으로 완성되었다. 예수는 바로 십자가에서 죽기 위해 이 땅에 오셨다. 십자가가 예수가 오신 목적이다. 그런데, 코란에는 성육신과 구속이 존재할 여지를 남기지 않는다. 코란에서 성육신은 알라의 배타적 단일성과 극 초월성으로 있을 수 없는 것이고, 구속은 자율적 인간의 속성과 절대 자유 의지가

---

12 Gorden Nickel, "Islam and Salvation: Some On-Site Observations," 7.

운데 있는데 알라의 속성상 필요하지 않은 것이다. 그러므로 이싸의 십자가 사건이 인류 대속을 위한 구속자의 사건으로 존재할 수 없다. 따라서 코란에는 이싸의 대속적 십자가 죽음과 부활이 없다.

코란은 십자가 사건을 4:157[13] 한 구절에서 사소한 사건으로 다룬다. 십자가 사건은 구속과 아무런 연관이 없으며, 반-유대 논쟁의 일환 속에서 이싸 개인이 알라의 보호를 받는 사건으로 축소되어 나타난다. 그리고 십자가 사건에 대한 무슬림 주류의 해석은 '이싸는 십자가에서 알라로부터 건짐을 받고 바로 승천하였다' 혹은 '십자가를 피해 다른 곳으로 가서 자연사하였다'는 것이다. 이싸의 십자가 죽음을 말하는 비주류의 해석이 있긴 하지만, 이런 해석의 의도는 유대인들의 의지가 아닌 알라의 뜻과 의지로 이싸가 십자가에 달려 죽었음을 강조하는 것이다. 인류 대속자로서의 죽음을 말하려는 것이 아니다.[14] 그리고 이싸의 부활이 언급된 코란 구절들(3:55; 19:33)은 모두가 이싸의 십자가 죽음과 무관한 독립된 사건으로, 마지막 심판의 때에 있을 부활로 해석한다.

코란에 이싸의 인류 대속을 위한 십자가 죽음과 부활은 없다. 코란에서 이싸의 십자가 죽음은 케네쓰 크랙(Kenneth Cragg)의 표현대로, "역사적으로 일어나지 않았으며, 구속적으로 필요하지 않은 것

---

[13] 코란 4:157 "그리고 그들은 '우리가 알라의 사도 마리아의 아들 이싸 알마씨흐를 죽였노라'라고 말하노라. 그들은 그를 죽이지 않았고 십자가에 못 박지 않았노라. 그러나 그들에게 그렇게 보였을 뿐이라. 이에 의견을 달리한 자들은 의심 속에 있는 것이며 어떤 지식도 없이 오직 추측을 따르는 것이라. 그들은 분명 그를 죽이지 않았노라."

[14] Michael Nazir Ali, *Frontiers in Muslim-Christian Encounter*, 34.

이며, 도덕적으로도 이싸에게 일어나서는 안되는 사건"[15]으로 존재하는 것이다. '도덕적으로는,' 알라는 자신의 선지자를 충분히 지키고 보호할 수 있는 자라는 것이다. 이싸의 십자가 사건은 알라의 보호의 능력을 나타내는 한 사건일 뿐이다.

따라서 본 장에서 살펴본 코란의 이싸 진술의 특징은, 코란의 이싸는 복음에 대한 성경적 증언이 아닌, 위경과 기독교 이단의 여러 이설로 형성된 인물로서, 코란적 세계관의 옷을 입은, 복음과는 전혀 무관한 인물임을 보여준다.

---

15 Gorden Nickel, "Islam and Salvation: Some On-Site Observations," 8.

제3부

'이싸'에 대한 기독교적 해석 사례와 문제점

제1장 / 이싸에 대한 기독교적 해석 사례
제2장 / 이싸에 대한 기독교적 해석의 문제점

앞 장에서 고찰한 결론은 코란이 이싸에 대해 동정녀 탄생, 기적, '알마씨흐'(메시아) 혹은 '말씀'과 같은 칭호 등에서 일부 성경적 사실들을 언급하고 있을지라도, 코란의 맥락 속에서 성경과 전혀 다른 의미를 부여하고 있고, 또한 복음의 핵심인 십자가 사건에 대해 성경의 증언과 다른 사실을 말하고 있다는 것이다. 그리고 코란의 이싸 진술은 그 형성의 기초부터 복음에 대한 성경적 증언과 거리가 멀게 형성되어 결론적으로 코란의 이싸는 성경의 예수와 다른 인물이라는 것이다.

 코란의 이싸는 코란의 맥락 속에서 이해해야 한다. 그럼에도 불구하고 일부 기독교인들은 무슬림 전도를 목적으로 코란의 이싸에 대해 기독교적 해석을 시도해 왔다. 그러므로 제3부에서는 그 사례들을 살펴보고 이런 기독교적 해석 안에 내재된 문제점들을 파악하고자 한다.

제1장

이싸에 대한 기독교적 해석 사례

이싸에 대한 기독교적 해석은 크게 두 가지 방식으로 이루어졌다. 첫째, '증거 본문'(proof-text)방식[1]으로 알려진 것으로, 이싸의 동정녀 탄생, 그리고 '알라의 말씀'과 '알라의 영'이라는 칭호가 부여된 것, 혹은 코란 3:45에서 '이싸가 현세와 내세에 뛰어난 자'라고 언급한 부분 등을 선별적으로 취하여 코란이 이싸의 신성을 말하고 있다는 증거 본문으로 제시하는 것이다.

둘째, 코란의 고립된 증거 본문들에 기독교적 해석을 부여하는 것이 아니라 코란 전체에 기독교적 의미를 부여하는 것이다.

---

[1] 마크 스완슨(Mark N. Swanson)은 이 증거본문(proof text) 방식의 시초는 초기 아랍 변증가들의 논쟁적 작품들에서 찾을 수 있는데, 이들 초기 아랍 변증가들은 이런 증거 본문 방식 외에도 성경의 이야기와 코란의 이야기를 겹쳐 사용하는 방법 곧, 코란의 서술방식, 코란의 어휘 등을 사용하는 등의 다양한 코란 사용의 방식을 통해 기독교 변증을 해나갔다고 말한다. Swanson, Mark N. "Beyond Prooftexting: Approaches to the Qur'an in some early Arabic Christian Apologies," *The Muslim World vol. 58* (July-October 1998): 303, 310.

코란 전체에 기독교적 의미를 부여하는 극단적 예로는 카톨릭 프란시회 수사인 바세티 사니(G. Basetti-Sani)를 들 수 있다. 그는 그의 저서 『그리스도의 빛으로 본 코란』(*The Koran in the Light of Christ*)에서 다음과 같은 주장을 했다.

> 무함마드는 하나님에 의해 영감을 받았다. 코란은 완전히 하나님의 말씀이다. 그러나 그것은 무슬림들이 생각하는 것처럼 기계적으로 받아써진 것이 아니라, 성경의 저자들처럼 무함마드가 영감을 받은 것이다. 오직 코란에 대한 기독교적 해석만이 진정한 해석이다. 왜냐하면 코란은 아라비아 반도의 유대인들을 예수께로 이끌도록 계시되었기 때문이다. 종교로서의 이슬람은 코란에 대한 후대의 잘못된 해석이다.[2]

이러한 극단적 사례가 아니더라도, 개신교내에서 제프리 패린더(Geoffrey Parrinder)와 케네쓰 크랙(Kenneth Cragg) 같은 이들이 보여주는 '새로운 해석학'으로 명명된 방식이 있다. 이 방법은 코란을 계시적 사건으로 본다. 코란을 당시 사회 종교적 맥락과 삶의 정황에서 파악하려 하며, 이렇게 할 때 코란의 참 의미, 처음 코란을 듣던 자들에게 전달하고자 의도했던 메시지에 도달하게 된다고 본다. 그리고 코란이 무슬림과 기독교인이 이전에 생각해왔던 것보다 훨씬 더 기독교적 입장과 밀접함이 드러난다고 본다.[3]

---

2 Jean-Marie Gaudeul, *Encounters & Clashes: Islam and Christianity in History*, 294.
3 샘 쉴로르프, 『무슬림 사역의 선교학적 모델』, 156-157, 241.

여기서는 이러한 기독교적 해석 방식을 보이고 있는 오늘날의 사례를 제시하고자 한다. 그 예를 푸아드 아카드(Fuad Elias Accad)의 코란 해석 사례와 케빈 그리슨(Kevin Greeson)의 낙타 전도법에서 제시한다. 푸아드 아카드의 사례는 코란 전체에 기독교적 의미를 부여하는 방식을, 그리고 낙타 전도법은 고립된 본문에 기독교적 의미를 부여하는 방식을 취하고 있다.

1. 코란에서 삼위일체 신관 해석: 푸아드 엘리아스 아카드의 사례

코란에서 삼위일체 신관을 해석한 사례로 레바논 성서공회의 이전 총무였던 푸아드 아카드의 해석 사례를 들고자 한다. 그가 코란에서 삼위일체 신관을 해석할 수 있는 근거는 코란은 '친 기독교(pro-Christianity)적이다'라는 그의 코란관에서 비롯된다.[4] 다음의 진술이 그의 코란에 대한 관점을 보여준다.

> 코란의 성공적인 사용은 우리가 접근하면서 점점 더 많이 볼 것이지만 그것의 참 의도가 성경을 찬성(pro-Bible)하고, 그리

---

[4] 그는 그의 책 『기독교와 이슬람 사이에 다리 놓기: 예수를 우리 사람이 되게 하라』에서 전도용 4영리와 유사한 지극히 기독교적인 7원리를 유대교와 기독교 이슬람에 공통적인 것이라 주장하며 성경과 코란 구절을 인용해 제시한다. 그가 그의 7원리를 코란에서 자유롭게 인용하는 근거는 '코란 자체는 친 기독교적이다'라는 그의 관점에서 비롯된 것이다. 그가 제시하는 7원리는 다음과 같다. 1) 하나님은 우리 삶에 목적을 갖고 계신다. 2) 죄는 우리를 하나님과 분리한다. 3) 우리는 스스로를 구원할 수 없다. 4) 십자가는 생명으로 인도하는 교량이다. 5) 하나님은 사람을 준비하신다. 6) 그를 우리 사람이 되게 하라. 7) 우리가 선물을 받을 때 기대할 바는 무엇인가?

스도를 찬성(pro-Christ)하고, 그리스도인을 찬성(pro-Christian)하는 것이라는 것을 보여줄 수 있는지에 달려 있다.[5]

푸아드 아카드는 코란이 친 성경적, 친 그리스도적, 친 크리스챤적이라고 보며, 코란에서 이것을 효과적으로 보여주는 것이 무슬림 전도의 관건이라고 본다. 그러면서 그는 무슬림들이 삼위일체 교리를 불경한 것으로 비난하는 것은 삼위일체에 대한 잘못된 가설들에 기초한 것이고, 이런 잘못된 가설은 많은 무슬림들이 기독교 교리와 코란 자체에 대해 잘못 이해했기 때문이라고 말한다.[6]

그는 무함마드가 유대교와 기독교와 동일한 하나님을 믿는다고 주장하는 29:46, 2:136, 2:285의 코란 구절들을 제시하면서 "코란은 기독교의 하나님이 참된 하나님임을 긍정한다"[7]고 말한다. 29:46는 다음과 같다.

> 가장 좋은 것을 제외하고는 성경의 백성들(유대인들과 그리스도인들)과 함께 논쟁하지 말며 저들 중 부정한 자들과는 전혀 논쟁하지 말라. 그리고 이르라. "우리는 우리에게 계시된 것과 당신들에게 계시된 것을 믿노라. 우리의 하나님과 당신들의 하나님은 한 분이시라"(29:46).

---

5 푸아드 엘리아스 아카드, 『기독교와 이슬람 사이에 다리놓기』, 88~89.
6 푸아드 엘리아스 아카드, 『기독교와 이슬람 사이에 다리놓기』, 82-83.
7 푸아드 엘리아스 아카드, 『기독교와 이슬람 사이에 다리놓기』, 84

> 우리는 하나님을 믿고, 또 우리에게 계시된 것, 그리고 아브라함, 이스마엘, 이삭, 야곱 그리고 그의 자손들에게 계시된 것 그리고 모세와 예수께 주신 것 그리고 모든 다른 선지자들에게 그들의 주님으로부터 주신 것을 믿나이다 …(2:136).
>
> 나의 사도는 그의 주님이 그에게 계시한 것을 믿노라 …(2:285).

그는 이 구절들은 "무함마드가 동정녀 탄생, 삼위일체, 그리고 예수 그리스도의 아들됨의 기독교 교리에 아주 열려 있었던 것을 가리키는 것처럼 보인다"[8]고 하며 코란 안에서 주요 기독교 교리를 지지받을 수 있는 가능성을 본다. 그는 이 구절들에 근거해서, 코란은 기독교 하나님을 참된 하나님으로 긍정하고 있고, 기독교 삼위의 신을 반대한 듯한 코란의 내용은 결코 정통 삼위일체 기독교 하나님의 개념을 겨냥한 것이 아니라고 주장한다.

코란의 기독교 삼위일체 하나님에 대한 신앙을 반박하는 듯한 내용은 사실 정통 삼위일체 신앙과 무관한 개념이다. 그러나 그가 위 코란 구절들에 근거해 코란은 기독교 하나님을 참 하나님으로 긍정하고 있고 코란은 삼위일체 기독교 하나님 신앙을 결코 겨냥하고 있지 않다고 하는 주장하는 것은 타당하지 않다.

왜냐하면, 위의 코란 구절이 보여주는, '무함마드가 유대교와 기독교의 하나님을 똑같이 믿는다'는 것은 무함마드가 기독교의 삼위일체 하나님을 바로 알고 동일하게 믿었다는 것이 아니라, 무함마드

---

8 푸아드 엘리아스 아카드, 『기독교와 이슬람 사이에 다리놓기』, 83.

가 믿고 있는 단일신의 개념이 본래 유대교와 기독교의 하나님의 개념이라고 생각했기 때문이다. 무함마드는 기독교인이 그 단일신 하나님의 신앙에서 벗어난 신앙의 길을 가고 있다고 생각했고, 그는 기독교의 삼위일체 신앙을 공격하고 비방하려고 한 것이다.

그러나 그는 기독교의 삼위일체 신앙을 잘못 이해하고 있었다. 그렇기 때문에 삼위일체 신앙을 공격하는 코란의 구절은 삼위일체 신앙에 대한 몰이해를 반영하고 있다. 곧 예수를 하나님이 아내를 취해 낳았다고 하는 개념과 마리아에 신성을 부여하는 개념, 그리고 다신주의적 삼신주의 개념들을 드러내고 있다.

푸아드가 코란이 이싸를 한 인간 선지자로 철저히 묘사하고 있는 것을 외면한 채, 코란의 알라는 유대교와 기독교의 하나님과 동일한 하나님이라는 무함마드의 오해를 반영하고 있는 코란 몇 구절을 근거로, '코란은 기독교의 삼위일체 하나님을 참 하나님으로 긍정한다.' '코란은 친 기독교적이다. 그런데 무슬림들이 코란 자체에 대한 불완전한 이해로, 삼위일체 하나님을 부정하고 있다.'고 주장하는 것은 분명히 코란을 자의적으로 해석하고 있는 것이다.

2. 이싸의 대속적 죽음 해석

이싸에 대한 기독교적 해석은, 이싸의 십자가 사건을 다룬 구절에 대한 비주류의 해석을 통해 이싸의 십자가 죽음을 확인하며 여기에 코란의 인간관과 구원관에 배치되는, 알라가 이싸의 죽음을 통해 인류 구속을 계획했다고 해석하는 것으로 나타난다. 그러한 사례는 푸아드 아카드의 사례에서도 발견된다.

1) 푸아드 아카드 사례

푸아드 아카드는 십자가를 언급한 코란 4:157[9]에서 이싸가 십자가에서 죽지 않았다는 무슬림 주류의 해석과 달리, 이싸가 십자가에 달려 죽었다는 비주류의 해석을 한다. 그는 무함마드가 4:157의 "그들은 그를 죽이지 않았고 십자가에 못 박지 않았노라. 그렇게 보였을 뿐이다"는 문구로, 예수를 죽일 권세가 없는 유대인들을 하대(下待)하고 있는 것이라고 해석한다. 그는 유대인들은 어느 누구도 죽일 권세를 가지지 못하였기에 예수를 죽인 자들은 로마 사람들이었다고 한다.

그리고 알라는 이싸를 보호할 수 있었지만 그렇게 하지 않은 이유가, 알라가 자신의 목적을 이루기 위한 것이었다고 한다. 푸아드 아카드는 여기서, 알라는 코란 37:107 "알라는 위대한 희생물로 그를 대속하였느니라"에 있는 것과 같은 '위대한 희생물'로 우리를 속량하기 위하여 로마인들을 사용하여 알마씨흐(메시아)를 죽게 하였다[10]고 해석한다. 37:107은 아브라함이 알라의 명령에 순종해 자신의 아들을 제물로 드리려고 했을 때, 알라가 위대한 희생물로 아

---

9 코란 4:157 "그리고 그들은 '우리가 알라의 사도 마리아의 아들 이싸 알마씨흐를 죽였노라'라고 말하노라. 그들은 그를 죽이지 않았고 십자가에 못 박지 않았노라. 그러나 그들에게 그렇게 보였을 뿐이라. 이에 의견을 달리한 자들은 의심 속에 있는 것이며 어떤 지식도 없이 오직 추측을 따르는 것이라. 그들은 분명 그를 죽이지 않았노라."
10 푸아드 엘리아스 아카드, 『기독교와 이슬람 사이에 다리놓기』, 170.

들의 죽음을 대속하였다는 내용이다.

이렇게 그는 코란에서 이싸의 십자가 사건과 관련해, 비주류의 해석을 따라 이싸의 십자가 죽음을 해석하고, 코란 37:107에 근거해 코란의 알라가 이싸를 통한 인류 구속의 계획 하에 이싸를 십자가에 죽게 하였다는 기독교적 해석을 한다.

제2부에서 살펴본 코란의 인간은, 아담에서부터 보여주는 대로 비록 죄를 범할 수 있어도 스스로를 구원할 수 있는 존재이고, 알라의 지침 이외에는 그 자신을 구원하기 위해 누군가를 필요로 하지 않는 존재이다. 그런데 푸아드 아카드는 코란 37:107 단 한 구절을 근거로, 코란 전체의 인간관과 구원관을 무시한 채, 알라에게 이싸를 십자가에서 대속제물로 죽게 하는 계획이 있었다고 해석하고 있다.

2) 케빈 그리슨의 '낙타 전도법'

코란 안에서 이싸의 구속적 십자가 죽음을 확증하는 기독교적 해석을 하는 사례는 케빈 그리슨의 '낙타 전도법'에서도 확인된다.

'낙타 전도법'은 케빈 그리슨(Kevin Greeson)이 남아시아의 무슬림 회심 운동의 원동력이 된 MBB(Muslim Background Believer)들의 전도법을 배우고 익혀 개발한 선교 전략이다. 이 전도법은 무슬림들에게 복음을 듣게 하기 위해, 예수에 관해 호의적이거나 성경의 신뢰성을 말하는 코란 본문을 다리로 삼아 무슬림과의 대화를 시도하는 것이다.

낙타 전도법에 사용하는 중심 본문은 이싸에 대한 수태고지와 이싸의 이적이 언급된 알 이므란 3:42-55이다. 케빈 그리슨은 이 본문의 내용을 낙타를 의미하는 영어의 'CAMEL'의 첫 알파벳을 따서 소개함으로 내용을 쉽게 기억할 수 있도록 하였다.

    C - 선택된(Chosen): 알라께서 특별한 목적으로 마리아를 선택하셨다.
    A - 천사가 선포한(Announced by Angels): 천사가 메시아의 탄생을 마리아에게 선포하셨다.
    M - 기적(Miracles): 예수님은 기적을 행함으로 그의 능력을 나타내 보이셨다.
    EL - 영원한 생명(Eternal Life): 예수님은 하늘나라 가는 길을 알고 계시며 바로 그 길이 되신다.[11]

케빈 그리슨은 『낙타 전도법』의 첫머리에, 알라는 100개의 이름을 갖고 있고 이미 99개의 이름은 계시하였는데, 마지막 100번째의 이름은 오직 낙타에게만 알려주었다는 무슬림의 격언을 싣고 있다.[12] 이는 CAMEL의 내용을 담고 있는 알 이므란 3:42-55을 통해, 알라의 마지막 이름의 비밀이 밝혀질 것이라고 암시하는 것이다. 낙타 전도법은 복음의 다리로 삼기 위해 사용하는 코란 본문 중 3:54-55에 대한 해석에서 코란에 언급된 이싸의 십자가 사건을 기독교적으로 해석한다. 먼저 코란 3:54-55을 옮기면 다음과 같다.

---

11 케빈 그리슨,『모슬렘을 위한 낙타 전도법』, 149-150.
12 케빈 그리슨,『모슬렘을 위한 낙타 전도법』, 7.

⁵⁴그들이 모사를 꾸미나, 알라도 모사를 꾀하니, 알라는 최고의 모사자라. ⁵⁵알라가 말하기를, 이싸야 나는 **너를 죽게 하는 자요**(무타왑피-카, *mutawaffika*),¹³ 너를 내게로 올리우는 자요(라-피우카, *rāfi'uka*), 불신자로부터 너를 정결케 하는 자요, 부활의 날까지 너를 따르는 자를 불신자들보다 위에 두는 자라. 그리고 나서 너희들은 내게로 돌아오리니, 내가 너희가 이견을 가졌던 것에 대해 너희들 사이에서 판결하여 주리라(3:54-55).

이 구절에 대해 케빈 그리슨은 "알라께서는 최선의 계획을 이루시는 자로서 그분 스스로 이사¹⁴를 희생하기로 결정하셨음을 우리에게 말씀하고 있다"¹⁵라고 해석한다. 곧 코란은 이싸의 십자가 죽음을 말하고 있고, 이는 알라의 주권에 의한 것이라고 해석하고 있는 것이다. 그의 이런 해석은, 십자가 사건을 다루고 있는 4:157에 대해 '이싸는 십자가에 죽었는데, 그것은 유대인에 의해 죽은 것이 아니고 알라의 주권가운데 죽은 것이다'라는 비주류적 해석에 의존한 것이다.

그리고 그는 이싸의 십자가 죽음과 부합시켜, 3:55에 쓰인 단어 '무타왑피-카'가 지니고 있는 본래적 의미, '죽음'의 의미를 강조하

---

13 여기의 '무타왑피-카'는 낙타 전도법이 코란에서 이싸의 십자가 죽음을 해석하고 있기 때문에, 이 단어의 본래적 의미 '너의 영혼을 취하는 자,' '너를 임종케 하는 자'라는 의미로 번역하였다. 그러나 알라가 이싸를 십자가 죽음으로부터 건져 내었다는 해석을 하는 주류파의 경우, 이 단어를 ① '너를 부르는 자'로 해석하거나 ② 혹은 '무타왑피-카'를 '너를 임종케 하는 자'로 해석하되, 이 죽음을 재림 이후의 사건으로 보든지 아니면 '자연적 죽음'으로 본다.

14 『모슬렘을 위한 낙타 전도법』에는 '이싸'가 아닌 '이사'로 번역되어 있다. 본서에서는 이 책의 내용을 직접 인용한 경우를 제외하고는 '이싸'로 표기한다.

15 케빈 그리슨, 『모슬렘을 위한 낙타 전도법』, 170.

며, 다음과 같이 해석한다.

> 그 단어(무타왑피-카)는 '죽다,' '죽이려 하다,' 또는 '죽이다'를 의미합니다. 그래서 계속 이어지는 알라의 말씀을 연결해보면, '너를 내게로 끌어올리기 위해 나는 너를 죽이노라'는 의미가 됩니다.[16]

그러나 무슬림 비주류의 해석이 코란에서 알라의 주권에 의한 이싸의 죽음을 말한다 할지라도, 그 죽음을 알라가 인류 구속을 위해 계획한 것이라고는 해석하지 않는다. 그럼에도 케빈 그리슨은 이싸의 십자가 죽음을 인류 구속을 위한 알라의 계획 하에 이루어진 것으로 해석한다.

그리고 그 해석을 이슬람권의 '코르바니(Korbani) 제사의식'과 연관시킨다. 이 의식은 아브라함이 아들을 바치라는 알라의 명령에 순종하여 자신의 아들을 희생하려 했던 것을 기념하는 것으로 이슬람력으로 12월 10일에 흠 없는 숫염소, 양, 소, 낙타 등을 잡는 의식이다.[17] 케빈 그린슨은 코르바니 제사의식에 의거해 이싸의 십자가 죽음에 구속적 의미까지 부여하며 다음과 같이 말한다.

> 알라께서는 온전히 거룩하시기 때문에 부정한 사람은 누구도 그의 존전에 나아올 수 없다. 그렇기 때문에 우리의 모든 죄가

---

16 케빈 그리슨, 『모슬렘을 위한 낙타 전도법』, 199.
17 이 의식을 행하는 절기를 아랍어로 '이둘 아드하'('*Id al-'Adḥā*)라고 부른다.

완전히 제거되지 않는 한 알라와 인류는 함께 할 수 없다. 코르바니 제사의식은 우리의 죄와 형벌을 가르쳐 주기 위해 알라께서 보여주신 그림언어이자, 그 모든 죄들을 순결한 한 분에게 전가하는 제도이다.

… 알 이므란 3:54-55은 알라께서는 최선의 계획을 이루시는 자로서 그분 스스로 이사를 희생하기로 결정하셨음을 우리에게 말씀하고 있다. 그리고 인질은 알라의 희생제물인 이사가 인류의 모든 죄를 대속하였다고 말하고 있다. 이 구속 사역을 완수하기 위한 희생제물은 가장 거룩하고, 순결하며, 의로워야만 한다. 그래서 이러한 조건에 적합한 자는 알 이므란 3:45-49에 나타난 바와 같이 하늘로부터 내려와 처녀에게서 났으며 다시 그곳으로 돌아간 이사가 이 땅에서 유일한 자이다.

알라는 코르바니 제사의 희생제물로 이사를 선택하셨다. 이것은 태초부터 시작된 알라의 계획이었다. 선지자 야흐야(세례 요한)는 처음 이사를 보았을 때 이렇게 말했다. '보라 세상 죄를 지고 가는 하나님의 어린 양이로다'(요 1:29). 알라는 우리의 모든 죄 값을 이사에게 전가하여 그를 희생 제물로 삼으셨다.[18]

케빈 그리슨은 위의 진술에서 코란의 알라가 인류 구속 계획을 위해 예수를 희생제물 삼으시는 성경의 하나님과 동일한 뜻과 계획을 가진 것으로 다음과 같이 해석한다.

---

18 케빈 그리슨, 『모슬렘을 위한 낙타 전도법』, 169-170.

"알 이므란 3:54-55은 알라께서는 최선의 계획을 이루시는 자로서 그분 스스로 이사를 희생하기로 결정하셨음을 우리에게 말씀하고 있다."

"알라는 코르바니 희생제물로 이사를 선택하셨다."

"이것은 태초부터 시작된 알라의 계획이었다."

그의 이러한 진술은 어디까지 코란의 알라를 이야기하고 있고, 어디서부터 성경의 하나님을 말하고 있는지 그 경계가 분명치 않다. 그는 코란과 성경의 신관의 엄연한 차별성을 무시하고, 성경과 코란을 자유로이 넘나들며, 코란의 알라에게 이싸의 십자가 죽음을 통한 인류 구속의 계획이 있었음을 확증시키려 하고 있다.

그러나 코란은 알라를 구속이 필요로 한 자로 말하지 않는다. 앞서 살펴본 대로, 코란의 알라는 절대적 자유를 가지고 행하며 그가 누군가를 용서하기를 원한다면, 어떤 구속도 필요로 하지 않고 단순히 용서하는 자로 제시된다. 또한 코란은 인간 역시 구속이 필요한 존재로 말하지 않는다. 인간에게 필요한 것은 알라의 지침이라고만 말한다. 그런데 코란에 부재한 구속의 개념을 끌어내어 코란의 알라가 구속을 위한 희생 제물을 준비하였다는 해석은 코란 전체의 세계관을 외면한 지극히 자의적 기독교적 해석이라 할 수 있다.

결론적으로, 푸아드 아카드와 낙타 전도법의 두 사례 모두 코란에서 이싸의 십자가 죽음을 확증하는 해석을 하고, 그리고 그 죽음을 푸아드는 코란 37:107 한 절에, 그리고 낙타 전도법은 '코르바니 제사의식'과 단순히 연계시켜 알라가 이싸의 구속적 죽음을 계획하였다는 자의적 기독교적 해석을 하고 있다.

3. 하늘로 가는 길을 아는 이싸 해석: 낙타 전도법 사례

이 해석은 낙타 전도법에서 행하는 해석이다. 낙타 전도법은 3:42-55에서 다음의 세 가지에 대한 증명을 시도한다.

① 3:42-47에서 '이싸는 거룩하다.'
② 3:48-49에서 '이싸는 죽음을 이길 능력이 있다.'
③ 3:50-55에서 '이싸는 하늘나라로 가는 길을 알고 있다.'

3:50-55에서는 '이싸는 하늘나라로 가는 길을 알고 있다'를 증명하면서 앞서 언급한 이싸의 대속적 십자가 죽음이라는 기독교적 해석을 한다. 그리고 이 외에도 '하늘로 가는 길을 아는 이싸의 존재'를 코란에서 확증하기 위해 코란 구절을 코란 번역본에 기초해 자의적인 기독교적 해석을 하고 있는 것을 확인할 수 있다.

1) 코란 3:51 해석

코란 3:51 "진실로 알라께서는 나와 너희들의 주가 되시나니, 그를 경배하라. 이것이 옳은 길이니라"[19]에 대해, 케빈 그리슨은 다른 영어 코란 번역본이 '옳은 길'(a right way)대신에 '곧은 길'(the straight way)이라는 단어를 사용하였음을 지적하며, "알라께 이르는 유일한

---

19 본 코란 구절은, 『모슬렘을 위한 낙타 전도법』의 번역문을 그대로 인용한다. 케빈 그리슨, 『모슬렘을 위한 낙타 전도법』, 195.

'곧은 길'이 있습니다. 이사는 그 여정을 친히 경험하셨으므로 그 '곧은 길'을 알고 있습니다"라고 말한다. 그리고 "이사는 하늘의 알라에게서 직접(straight) 오셨으며, 알라께로 곧바로(straight) 돌아가셨습니다"라고 덧붙인다. 그러면서 이 구문을 통해 '이사는 하늘나라로 가는 길을 알고 있다'는 사실을 말하고자 한다.[20]

그러나 51절은 코란의 이싸가 전한 메시지의 핵심을 말하고 있다. '옳은 길'(a right way)의 의미는 51절 자체가 명시해 주고 있다.

> 진실로 알라께서는 나와 너희들의 주가 되시나니, 그를 경배하라. 이것이 옳은 길이니라(3:51).

곧 '알라에게만 경배하는 것이 옳은 길이라'고 말하고 있는 것이다. 그러므로 51절에서 발견되는, '옳은 길'이라는 단어가 'straight way'로 번역되고 있다는 것에 근거해, 이싸는 하늘의 알라에게서 직접(straight) 오셨으며, 알라께로 곧바로(straight) 돌아가셨다고 해석하고, '이싸는 하늘나라로 가는 길을 알고 있다'라고 무슬림을 설득하려는 것은, 코란 맥락과 세계관에 반하는 기독교적 해석이다.

2) 코란 3:53 해석

케빈 그리슨은 53절에 의거하여 '이싸는 하늘나라 가는 길을 알고 있다'고 주장한다.

---

[20] 케빈 그리슨, 『모슬렘을 위한 낙타 전도법』, 197.

오 주님 우리는 당신의 계시를 믿사오며 그 사도를 따르오니
우리의 이름을 증인들의 명단에 기록 하소서(3:53).[21]

    그는 이 구절을 "제자들은 알라의 말씀과 알라께서 내려 보낸 사자(Messenger)를 믿는다고 말했다"고 해석한다. 그러면서, 이 구절에 대해 "모두 동일하지는 않지만 대부분의 번역본들에 '알라께서 내려 보낸'이라고 기록되어 있다"[22]는 설명을 덧붙인다. 그리고 '알라께서 내려 보낸'이라는 문구에 의거해서 다음과 같이 주장한다.
    "그분이 어디서 내려왔겠는가?
    분명 이사는 하늘에서 보내심을 받아 내려온 것이다."[23]
    그러나 코란은 이싸에 대해서는 '그 사도'로 언급하고 있을 뿐이다. 그런데 원문에 없는 번역상에 추가된 '당신이 내려 보낸'이라는 문구를 가지고, 문맥이 전혀 의도하지 않은 '이싸가 하늘에서 내려왔다'는 해석을 하고 있는 것이다.
    성경에서 '보내어진 자'(the One Sent)로 예수를 묘사하고 있는 본문(요 3:17; 4:34; 5:24; 요일 4:9 등)은 예수의 성자로서의 선재성(先在性, pre-existence)을 증거해 주는 본문이다. 그런데 낙타 전도법이 성경에서 예수에게 묘사된 '보내어진 자'가 내포하는 선재성의 개념을 염두해 두고, 코란 3:53에서 이싸를 '알라가 하늘에서 내려 보낸 자'라고 해석하는 것은, 이싸의 선재성과 성육신 개념이 부재한 코란의

---

21 본 코란 구절 또한 『모슬렘을 위한 낙타 전도법』의 번역문을 그대로 인용한다. 케빈 그리슨, 『모슬렘을 위한 낙타 전도법』, 196.
22 케빈 그리슨, 『모슬렘을 위한 낙타 전도법』, 198.
23 케빈 그리슨, 『모슬렘을 위한 낙타 전도법』, 198.

맥락과 세계관을 벗어난 해석이다.

사실, 케빈 그리슨은 낙타 전도법이 다른 코란 구절이 아닌 알 이므란 3:42-55에만 집중하는 이유를 『낙타 전도법 훈련 교본』(*Camel Training Manual*)에서 다음과 같이 밝혔다.

> 그것은 코란을 남용 또는 오용한다는 비난에서 우리를 구해 준다. … 우리는 단지 평화의 사람을 찾고 있으며, 코란에서 그의 주의를 끌만큼의 영적 내용이 필요할 뿐이다. 코란에 너무 오래 머물러 있지 말라, 코란에는 반기독교적 구절들이 있다.[24]

위의 내용은 코란과, 전도를 목적으로 한 코란 사용에 대한 그의 생각을 보여준다. 케빈 그리슨은 평화의 사람을 찾는 목적으로만 코란 사용을 원하고, 코란을 남용하고 오용한다는 비난을 받게 될 것을 우려하고 있다. 그러나 그의 코란 본문의 해석은, 자의적 해석의 모습을 보여주고 있다.

---

[24] Kevin Gresson, *Camel Training Manual* (Bangalore: Wigtake Resources, 2004), 49.

제2장

이싸에 대한 기독교적 해석의 문제점

위와 같은 이싸에 대한 기독교적 해석은 몇 가지 문제점들을 야기 시킨다. 이싸에 대한 기독교적 해석은, 코란에 대한 기독교적 사용의 큰 맥락에서 이해할 필요가 있다.

1. 신학적 문제

먼저는 신학적 문제가 야기된다. 가장 큰 문제는 경전 권위의 충돌 문제이다.

1) 경전 권위의 충돌

복음주의 그리스도인이 코란을 무슬림 복음화에 사용할 때 그들의 입장은, 그들이 코란을 계시된 경전으로 믿기 때문이 아니고, 코란이 무슬림들에게 권위 있는 책이기 때문이라고 주장한다. 코란에 대한 기독교적 해석의 문제를 제기하고 있는 샘 쉴로르프(Samuel P. Schlorff)는 윌리엄 성 클레이어 티스달(William St. Clair Tisdall)이 자신의 코란 사용의 입장을 밝힌 내용을 다음과 같이 인용하고 있다.

> 우리가 코란을 사용하는 것은 마치 그것이 어떤 실제의 권위를 가진 것처럼 호소하는 것이 아니라, 단지 기독교에 반대하는 그의 많은 논증들이 지지할 수 없는 것임을 그 자신의 견지에서 그에게 보이려고 호소하는 것임을 지적해야 한다.[1]

곧, 티스달은 자신이 코란을 사용하는 이유는, 기독교에 반(反)하는 무슬림들의 주장이 그들 자신의 경전의 관점에서도 지지될 수 없음을 보여주려는 것이지 코란에 어떤 권위를 부여하려는 것은 아니라고 한다.

낙타 전도법을 소개한 캐빈 그리슨(Kevin Greeson) 역시 낙타 전도법이 결코 코란의 계시성을 인정하는 것이 아니라고 다음과 같이 말한다.

> 우리는 알라의 교훈을 담은 코란의 가르침이 성경에 처음 계시된 말씀과 유사한 부분이 있다고 해서 하나님 말씀과 코란을 혼동해서는 안 된다. 성경을 떠나서는 우리를 향한 아버지 하나님의 조건 없는 사랑과 우리를 위한 예수 그리스도의 죽

---

[1] 샘 쉴로르프, 『무슬림 사역의 선교학적 모델』, 146.

음과 부활, 그리고 우리 안에 역동적으로 일하시는 성령님의 능력에 관하여 어떤 계시도 있을 수 없기 때문이다.[2]

그의 말은 낙타 전도법을 사용하는 이들이 성경에 유일한 계시적 권위를 두고 있음을 분명하게 밝혀주고 있다.

그러나 이들이 이처럼 강력한 어조로 코란의 신적 권위를 부인한다 할지라도, 코란을 인용하여 복음의 확증을 시도하는 것은, 무슬림 탐구자들과 개종자들 내면 속에는 '경전 권위의 충돌'이라는 문제를 야기 시킬 수 있다. 왜냐하면 전도자가 궁극적으로는 코란과의 단절을 의도하였을지라도 일시적으로는 코란의 권위를 사용하였기 때문이다. 전도자의 코란에 대한 이런 태도는 코란이 마치 한 번에 그리고 동시에 신적 권위를 소유하기도 하고 소유하지 않기도 하는 것처럼[3] 취급하는 것과 같다. 코란의 권위에 의존한 전도법은 개종자가 코란과의 완전한 단절을 통해 성경의 진리성으로 이동하는데 어려움을 초래할 수 있다.

그럼에도, 기독교적 코란 해석가들이 이것을 문제 삼지 않고 있는 상황을, 샘 쉴로르프는 그의 글 "무슬림 복음화 내의 해석학적 위기"(The hermeneutical crisis in Muslim evangelization)에서 이렇게 옮기고 있다.

---

2 케빈 그리슨, 『모슬렘을 위한 낙타 전도법』, 30.
3 샘 쉴로르프, 『무슬림 사역의 선교학적 모델』, 153

나는 NACOM('무슬림 복음화에 관한 북미회의,' North American Consultation on Muslim Evangelization)[4]에서 '7가지 무슬림-크리스천 원리들'의 작가[5]와 대화를 가졌고, 그에게 이 문제를 제기했다. 그는 무슬림 개종자들이 코란에 대한 충성심에서 성경에 대한 충성심으로 이전하도록 무슬림들을 이끄는 것이 필요하다고 동의했다. 그러나 그는 무슬림이 그리스도에게 온 '이후로' 이것을 다룬다고 말했다.[6]

위의 답변자, 푸아드 아카드(Fuad Elias Accad)가 보여주는 바대로, 전도자가 크게 문제삼지 않은 이런 방법론이 무슬림 탐구자에게는 궁극적으로 코란과의 단절을 의도한 전도자로부터 부정직한 경험을 하게하고, 개종자들 내면에 풀기 어려운 경전 권위의 충돌을 야기시킬 우려가 있는 것이다.

이렇게 야기된 경전에 대한 권위 충돌의 문제는, 더 나아가 이렇게 전도를 받고 개종한 신자들로 형성된 교회 안에 코란과 성경의 신학이 혼재한 혼합주의 내지는 포괄주의의 풍토를 조성할 수도

---

4 NACOME(North American Consultation on Muslim Evangelization)은 1978년 콜로라도 스프링에서 개최된 '무슬림 복음화를 위한 북미 회의'를 말한다. 여기에서 케네쓰 크랙이 쓴 보고서는 무슬림 복음화에서 코란이 가지고 있는 '기독교적 잠재력'을 사용할 것을 옹호하였다.

5 NACOME에서 회람된 소책자에는 사영리와 비슷한 '7가지 원리'의 증거로서 신구약과 코란의 본문이 인용되고 있다. 이 '7가지 원리'를 소개한, 푸아드 엘리아스 아카드(Fouad Elias Accad)는 이 원리들이 유대교, 기독교, 이슬람 모두에 일반적인 것으로 주장한다. 그러나 이 원리들은 사실 본문에 대한 기독교적 해석을 나타내는 것으로, 유대교와 이슬람 어디에서도 지지되지 않는다.

6 Samuel P. Schlorff, "The hermeneutical crisis in Muslim evangelization," 149.

있다. 이런 우려가 결코 과장되지 않은 것이, 푸아드 아카드의 방법론은 무슬림 공동체 안에 머물며 그리스도를 따르는 C5 신자[7]들이 성경의 진리에 부합하는 것으로 해석되는 곳에서는 코란을 인정하고 받아들일 수 있게 만드는 거점을 제공하고 있기 때문이다.

존 트라비스(John Travis)는 푸아드 아카드의 방법론이 C5 신자들의 임무인 '코란과 무함마드에 대한 재해석'을 위한 출발점을 제공함을 다음과 같이 언급한다.

> C5 신자들의 목표는 그들의 신앙에 대해 침묵하지 않고 그리스도를 증거하는 것이다. 그들이 복음을 나눌 때, 결국 무함마드의 선지성과 코란의 무오류성에 관한 문제가 대두된다. 예

---

7 존 트라비스(John Travis)는 무슬림 사회에서 볼 수 있는 '그리스도 중심의 공동체' 유형을 상황화의 정도에 따라 C1에서 C6 스펙트럼으로 분류 제시하였다. ① C1 교회는 문화적으로나 언어적으로나 무슬림 공동체에 이질적인 비 상황화된 교회다. ② C2 교회는 무슬림들이 사용하는 언어를 사용하지만 종교적 용어들은 비무슬림적인 언어를 사용한다. C2 교회의 상황화 시도는 비종교적 언어에 제한된다. ③ C3교회는 종교적으로 중립적인 비 이슬람적인 문화적 요소-민속 음악, 민족 고유 의상, 공예품-들을 사용한다. 이를 통해 복음과 교회가 이국적으로 보일 수 있는 요소를 줄인다. 이들의 자아 정체성은 그리스도인이며, 무슬림들도 그들을 그리스도인으로 인식한다. ④ C4교회는 성경적으로 받아들일 수 있는 이슬람적 관행도 포함한다. 존 트라비스는 성경적으로 허용될 수 있는 이슬람적 형식과 관행을 손을 올리고 기도하거나 금식을 하거나, 돼지고기와 술을 삼가고 개를 애완동물로 키우지 않으며, 이슬람적 용어와 의상 등을 사용하는 것 등이라고 말한다. 이들의 자아 정체성은 이싸를 따르는 자들이다. 무슬림들의 그들에 대한 인식은 '일종의 그리스도인'이다. ⑤ C5 공동체는 무슬림 공동체 내에서 그리스도를 중심으로 모이는 무슬림들의 모임이다. 이들은 메시아적 유대인 운동과 비슷하게 이슬람 신학 중에서 성경과 양립할 수 없는 측면들은 거부하거나 재해석한다. 무슬림들은 C5신자들이 신학적으로 표준에서 벗어난 무슬림으로 보며, C5 신자들은 자신들을 '메시아 이싸를 따르는 무슬림'이라고 칭한다. ③ C6 공동체는 개종에 따른 핍박과 위협에 대한 두려움 때문에 비밀스럽게 보이는 신자들의 모임이다. 이들은 C5신자와 달리 자신들의 믿음에 대해 침묵한다. John Travis, "The C1 to C6 Spectrum," *Evangelical Missions Quarterly* (July 1996): 304-310.

수를 따르는 이들은 코란과 무함마드에 관해 가르쳐지는 모든 것에 동의할 수 없다. 무함마드와 코란의 어떤 측면은 재해석되어야 한다. … 재해석은 그리스도에 대한 신앙을 갖게 된 무슬림 지도자의 지식이 요구된다. 재해석을 위한 한 거대한 출발점이 푸아드 아카드의 훌륭한 저서『기독교와 이슬람 사이에 다리 놓기』(Building Bridges[서울: 대장간, 2012])에서 발견된다. 그는 무함마드와 코란, 그리고 십자가를 부인한 코란 구절이 재해석될 수 있는 방법을 제시한다.[8]

C5 신자들에게는 코란과 무함마드와 전통적 무슬림 신학을 성경적 관점에서 판단하고 재해석하여, 성경적으로 받아들일 수 있는 이슬람의 신념과 관습은 유지하고, 그렇지 않은 것은 조정하거나 거절하는 작업이 요구되는데[9], 존 트라비스는 이들이 코란의 일부를 재해석하여 성경적으로 받아들일 수 있는 가능성을 푸아드 아카드의 방법론에서 발견한 것이다.

그러나 이것은 C5신자들의 코란 재해석을 그의 자의적 기독교적 해석 기반 위에 놓는 것이다. 결국 이러한 존 트라비스의 푸아드 아카드의 코란 해석 방법론에 대한 기대는, 푸아드 아카드의 방법론이 C5 신자들에게 코란과의 완전한 단절보다는 코란의 일부는 받아들일 수 있다는 정당화를 위한 단서를 제공하고, C5 혼합주의[10]와 연

---

8 John Travis, "Two Responses," *Evangelical Missions Quarterly* (October 1998): 414.
9 John Travis, "Two Responses," 414.
10 필 파샬(Phil Pharshall)은 C5에 대해 다음과 같이 설명한다. ① 신자들은 장래에 철수할 계획 없이 모스크에 남는다. ② 샤하다(이슬람의 신앙고백)를 지지한다. "알라 외

루되게 됨을 보여준다.

이렇게 경전의 권위 충돌의 문제를 야기시킬 수 있는 사례를 또한 낙타 전도법에서 발견할 수 있다. 낙타 전도법의 실제 무슬림 전도지인, '낙타의 길'(Camel Tracks)에서 케빈 그리슨은 코란이 성경을 긍정적으로 보는 구절들에 의존하며, 무슬림이 성경에 대한 관심을 갖도록 유도한다. 그리고 알 이므란 3:48[11]에 의거하여 다음과 같은 진술을 한다.

> 알라는 이사에게 성경들을 가르쳤다. 곽카(Pakka)[12] 무슬림들은 네 권의 성경 모두를 읽고 이해한다. 알라는 무함마드에게(그에게 평강이 있을지니) 그가 만일 하늘에서 내려온 메시지에 의문점이 생길 때, 이전의 성경들을 읽는 사람들에게서 답을 찾으라고 지시하였다. … 나의 한 친구는 '이전의 성경'을 읽는 것이 그로 하여금 완전한(complete) 무슬림으로 만드는 것 같다고 말하였다. 소는 다리 하나로는 바로 설 수 없다. 그러나 소가 네 다리

에는 신이 없고, 무함마드는 그의 선지자이다." ③ 신자들은 하지(순례)를 할 수 있다. 곧, C5가 이슬람의 샤하다를 유지한다는 사실은 C5가 혼합주의임을 보여준다. 필 파샬, 『무슬림 전도의 새로운 방향』, 채슬기 역 (서울: 도서출판 예루살렘, 2003), 76. 본인은 C5신자가 예수를 따르는 자신의 정체성과 이슬람의 정체성을 조화시키기 위해 다음의 요소들을 전제해야 한다는 사실에 근거해, C5는 혼합주의임을 다음과 같이 비판한다. ① 이슬람의 알라와 기독교의 하나님은 동일한 신이다. ② 무함마드는 하나님의 선지자이다. ③ 무함마드에게 계시된 코란은 기독교와 그리스도, 성경에 대해 호의적이다.

11　코란 3:48 "그분은 성경과 지혜와 토라와 인질을 가르치시어 …."
12　곽카(Pakka)는 힌디(Hindi)/우르드(Urdu) 단어로서, '완전한'(complete), '확실한'(sure), '진정한'(true)의 의미를 갖는다.

로 설 때, 강해진다. 팍카(Pakka) 무슬림은 모든 성경을 읽는다.[13]

그는 토라, 자부르, 인질, 코란 모두를 읽어야 할 필요를, 소를 지탱해 주는 네 다리에 비유한다. 그러면서 진정한 무슬림은 이 네 권을 다 읽는다고 한다. 사실, 그의 이런 진술은 무슬림에게 진정한 무슬림이 되기 위해 코란뿐만 아니라 성경을 읽도록 강력하게 도전하는 것처럼 보인다.

그러나 이 소를 지탱해 주는 네 다리 속에 코란도 들어 있다는 사실을 감안한다면, 그 무슬림이 이싸를 따르기로 결심하고도 코란과의 온전한 단절을 하는데 이러한 진술이 걸림돌이 될 가능성이 충분히 있다. 이 전도자는 이미 진정한 무슬림이 되는 조건으로 성경과 코란을 알라의 계시된 경전으로서 함께 읽어야 함을 가르쳤기 때문이다.

이처럼 코란을 기독교적으로 해석한 전도법, 이것은 전도자가 의도하지 않은 부주의한 결과를 낳을 수 있다. 그것은 바로 개종자의 내면에 코란과 성경의 권위 충돌을 초래하고, 더 나아가 개종자의 교회 안에 혼합주의 내지는 포괄주의 풍토를 야기시키는 것이다.

2) 기독교적 코란 해석을 위한 근거 성경 본문 해석의 오류

기독교 진리를 전할 목적으로 코란을 기독교적으로 해석하는 이들은 성경의 몇몇 구절을 자신들의 입장에 대한 근거 본문으로 제시

---

[13] Kevin Greeson, Camel Tracks, (http://www.harvest-now.org/fileadmin/resources/en/The_Camel_Tracks.pdf), 9-10. 2016년 7월 7일

한다. 곧, 이 성경본문들이 '타종교의 문화 종교적 내용을 복음을 확증하는 신학적 출발점으로 삼는 것'을 정당화해준다고 해석한다. 그러나 그들이 제시하는 성경본문들은 코란을 성경 진리의 확증을 위한 신학적 출발점으로 삼는 것, 곧 코란에 기독교적 해석을 하는 것을 허용하는 것으로 해석될 수 없다.

첫째, 그들은 고린도전서 9:22을 근거 본문으로 제시한다.

> 약한 자들에게 내가 약한 자와 같이 된 것은 약한 자들을 얻고자 함이요 내가 여러 사람에게 여러 모습이 된 것은 아무쪼록 몇 사람이라도 구원하고자 함이니(고전 9:22).

여기서 바울은 '그 자신이 여러 사람에게 여러 모습이 된 것은 그 영혼을 구원하기 위함'이라고 이야기하고 있다. 이 바울의 진술은 이슬람권 선교사들에게 '무슬림들을 그리스도께로 인도하기 위해 무슬림처럼 되어야 한다'로 해석되었는데, 이것은 이슬람의 형식을 무분별하게 빌어 복음을 전달하는 위험한 상황화의 근거로 오용되었다. 물론 이 본문은 코란 안에서 복음을 확증하는 방법론의 근거 본문이 되었다.[14]

그러나 이 구절의 의도에 대해 쉴로르프는 적절한 해석을 해 준다.

> 이 구절은 우상에게 바쳐진 고기를 먹는 문제에 관한 고린도 교회의 논쟁을 다루고 있는 긴 구절의 일부이다(고전 8-10장).

---

14 샘 쉴로르프, 『무슬림 사역의 선교학적 모델』, 226.

> 그 구절은 더 많은 사람을 그리스도께 인도하기 위해 자신의 자유를 자발적으로 제한하는 사도 바울의 예를(19절) 고린도 교회 성도들이 따를 만한 모델로 언급하고 있다. … 그러나 그것은 문화의 종교적인 내용을 신학의 출발점으로 활용하는 문제는 다루지 않는다.[15]

곧, 그의 주장대로, 이 구절은 한 영혼을 그리스도께 인도하기 위해 자신의 자유를 자발적으로 제한하는 문제를 말하고 있을 뿐이며, 타종교의 내용을 기독교 신학을 지지하는 수단으로 사용하는 문제를 다루고 있지 않다.

정홍호도 이 구절이 이슬람권 선교에서 '무슬림을 전도하기 위해 무슬림이 된다는 것'으로 해석되어지는 것을 비판적으로 논의한다. 그는 '이방인을 전도하기 위해 이방인이 되라'고 말한 바울의 의도는, 음식이나 다른 문제들에 관해 어떤 유대적 율법을 피하라는 의미였지, 말 그대로 이방인이 되는 것, 즉 종교적 정체성을 바꾸라는 것은 아니었다고 말한다.

그리고 그는 이런 바울의 의도를 적용해, '무슬림을 전도하기 위해 무슬림이 된다'는 것 역시 기독교인들이 무슬림의 민감성에 거슬리는 어떤 문화적인 행위를 잠시 접어두는 것을 의미하는 것이지, 선교사가 무슬림으로 정체성을 바꾸는 것이 아니라고 설명한다.[16]

---

15 샘 쉴로르프, 『무슬림 사역의 선교학적 모델』, 233.
16 정홍호, 『복음과 상황화』(서울: 기독교문서선교회, 2004), 234.

이 구절이 '무슬림에게 무슬림처럼 되라'는 모호한 문구를 이슬람권 선교사들에게 남긴다 할지라도, 이 구절이 본문의 맥락에서 의도하는 바는 분명하다. 그것은 '한 이방 영혼을 얻기 위해 자신의 자유를 자발적으로 제한하라'는 것이다. 그리고 이 구절은 이방 종교의 형식과 내용이 기독교 진리를 지지해 줄 신학적 출발점이 될 수 있다는 어떤 암시도 제공 하지 않는다.

그러므로 '무슬림 영혼을 얻기 위해 무슬림처럼 된다'는 것은, 무슬림을 얻기 위해 스스로 삼가할 것이 무엇인지에 대한 고려를 요구하는 것이다. 스스로 삼가야 할 일 중에는, 코란이 입증할 수 없는 삼위일체 신관, 예수의 신성, 예수 십자가 구속의 복음을 코란 안에서 입증하려는 시도도 포함된다 하겠다. 그것은 코란에 대한 기독교인의 독단적 해석으로 비쳐짐으로써 무슬림을 얻기보다 오히려 무슬림으로부터 반발과 관계 단절을 초래할 수 있기 때문이다.

둘째, 사도행전 17:23, 28이다.

> 내가 두루 다니며 너희가 위하는 것들을 보다가 알지 못하는 신에게라고 새긴 단도 보았으니 그런즉 너희가 알지 못하고 위하는 그것을 내가 너희에게 알게 하리라(행 17:23).

> 우리가 그를 힘입어 살며 기동하며 존재하느니라 너희 시인 중 어떤 사람들의 말과 같이 우리가 그의 소생이라 하니(행 17:28).

바울이 아덴에서 행한 아레오바고의 연설에서 '알지 못하는 신'을 언급하고 헬라 시인을 인용한 이 본문들 역시, 기독교의 가

르침을 지지하기 위해 코란을 사용하는 것을 정당화하는 본문으로 여겨진다.[17]

푸아드 아카드 또한 사도행전 17:22-34의 아레오바고 연설에 근거해 자신의 코란 사용의 입장을 펼치면서 다음과 같이 이야기한다.

> 우리는 아덴 사람들에게 한 바울의 복음 제시에 대해 무엇을 생각해야 할까?
> 그는 성경에서 인용하지 않고, 그 사람들에게 익숙한 문헌에서 인용했는데, 그것은 '이교도'(pagan) 전통에서 나온 문헌이었다. 바울이 시에 관한 말들을 인용했을 때, 그는 문화적인 연결뿐만 아니라 영적인 연결도 해나가고 있었다. 바울은 아덴 사람들과 이 공동기반을 세우면서 다리를 놓았고, 그 다리 위에서 수용적이 된 생각과 마음에 복음의 메시지를 전했다.[18]

푸아드는 복음을 전하기 위해 코란을 인용하는 것을 무슬림들이 편안하게 여기는 '안전지대'(comfort zone)에서 대화하는 것으로 이야기 한다.

> 우리는 먼저 성경에서 보다 완전한 진리를 그들에게 드러내려고 하기 전에 꾸란의 진리에 나타난 그들이 편안하게 여기는 지점 comfort zone을 강화해야 한다.[19]

---

17 정흥호, 『복음과 상황화』, 226.
18 푸아드 엘리아스 아카드, 『기독교와 이슬람 사이에 다리놓기』, 36.
19 푸아드 엘리아스 아카드, 『기독교와 이슬람 사이에 다리놓기』, 26.

위 본문의 23절의 '알지 못하는 신'이라는 이름의 아덴의 제단, 그리고 28절의 헬라 시인들의 시는 바울이 복음을 전하기 위한 접촉점이었음이 분명하나, 이 접촉점은 바울이 이 본문의 정황에서 전하고자 했던 예수와 그의 부활(18절), 그리고 예수에 의해 이루어질 종말론적 심판(31절)이라는 기독교 진리를 확증하는 근거점은 아니었다.

'알지 못하는 신'이라는 이름의 제단은, 아덴 사람들의 다신주의를 반영하는 것이며, 이 다신주의적 표현 이면에는 유일신, 참 하나님에 대한 갈망이 숨겨진 것이기에, 바울은 참 하나님을 향한 이 숨겨진 갈망을 접촉점으로 삼은 것이다. 헬라 시인들의 시 인용문, '우리가 그를 힘입어 살며,' '우리가 그의 소생이라'는 접촉점은, 바울이 24절부터 전개한 만유를 지으시고 세계의 질서를 정하신 하나님과 그 하나님께 대한 인간의 마땅하고도 적절한 반응에 대한 증거에서, 일반계시의 차원에서 사용한 접촉점이다. 이 헬라시인들은 그들의 이교적 종교성 안에서도, 하나님이 모든 인간의 삶의 근원된다는 인간의 피조성에 대한 자각을 보여주었기 때문이다.[20]

이렇게 바울은 아덴 사람들의 신 의식을 접촉점(23, 28절)으로 하였지만, 이 접촉점을 사용했던 시작점과 결론은 예수 그리고 그의 부활, 그의 심판(18, 31절)이었다. 곧 이 접촉점은 복음을 증거하기 위한 시발점이었지, 복음을 확증하는 근거점은 아니었다. 그리고 이 접촉점이 복음 진리를 확증해 주는 근거점이 아니었음은 바울이 아덴

---

20 Johannes Nissen, *New Testament and Mission: Historical and Hermeneutical Perspectives* (Frankfurt am Main: Peter Lang, 2007), 62-65.

사람들이 섬긴 것은 우상이라고 선언(29, 30절)한 것[21]에서 더욱 분명해진다. 그러므로 이 본문은 코란에서 특별 계시를 확증하는 해석을 하는 근거 본문이 될 수 없다.

3) 코란의 기독교 진리 억제와 대체 효과 간과

이처럼 성경 본문에 대한 잘못된 해석에 의거하여 코란 안에서 기독교의 진리성을 설득 받고자 하는 것은, 코란이 기독교 진리를 억제하고 대체하는 효과를 간과하는 것이기도 하다. 하나님의 형상을 지닌 인간은 일반계시의 은혜로 직관적인 신(神)지식을 갖고 있다. 그러나 타락한 인간의 죄성은 사탄의 영향 하에 하나님에 대한 참 지식을 억압하고 억제한다. 그리고 거짓과 바꾼다. 이것은 타락한 인간이 만든 종교에 반영되어 있다.

앞서 언급한, 코란을 기독교적으로 사용하는 이들의 근거 본문인, 사도행전 17장의 바울의 아레오바고 연설은 무지한 인간 종교의 주제를 다루고 있다. 이 '알지 못하는 신'이라는 이름을 가진 아테네 신은 복음을 통해서만 알 수 있는 참 신지식에 대한 인간의 무지를 대변한다. 그리고 인간의 종교적 반응 곧 '하나님을 찾는다는 것'을 '혹 더듬어 찾는 것'으로 말하는 것은, 모든 인간이 하나님을 추구하는 데 있어서 눈먼 자들처럼 되게 한, 인간의 참 지식을 방해하는 죄

---

[21] David J. Hesselgrave, *Paradigms in Conflict: 10 Key Questions in Christian Missions Today* (Grand Rapid: Kregel, 2005), 106.

의 개입을 지적하는 것이다.22

'알지 못하는 아테네 신'이 보여준 바대로, 인간의 종교는 인간의 참 신 지식을 억압과 억제, 대체하는 죄의 영향력과 이로 말미암는 인간의 무지를 반영한다. 이슬람 역시 다른 인간 종교가 보여주는 진리를 억압하고 억제 대체하는 죄의 영향력을 완전하게 보여준다. 진리에 대한 억제와 대체를 나타내는 이슬람의 모습은 앞서 살펴본 바, 코란 안의 세계관과 성경과 관련한 진술에서 확인된다.

첫째, 코란에 나타난 알라의 신관이 하나님에 관한 진리를 억압하고 그것을 거짓과 대체한다. 알라는 배타적 단일신관을 가지고 삼위일체 신관의 가능성을 전적으로 배격한다. 알라의 전적 초월성은 알라를 인간에게 감추어진 존재로 제시함으로써, 성육신을 통해 자신을 계시하는 하나님을 부정한다. 알라는 전적 자유 의지로 자신이 원하는 자를 말 한마디로 용서할 수 있다고 함으로써, 인간의 구원을 위한 방법으로서의 구속을 불필요한 것으로 만든다. 곧 코란은 하나님에 관한 그리고 하나님이 인간에게 제시한 구원에 이르는 지식에 관한 진리를 억압하고 거짓으로 대체하고 있다.

둘째, 코란의 죄관과 인간관은 하나님 앞에 범죄함으로 하나님과 분리된 인간의 실존에 대한 진리를 억압하고 거짓으로 대체한다. 코란은 인간의 죄를 본성의 약함과 신의 율법에 대한 무지와 망각에서 비롯된다고 보고, 인간은 알라의 지침만 있으면 얼마든지 자율적으로 알라 앞에서 선을 행할 수 있는 존재, 알라 앞에 고결한 존재

---

22 에드워드 롬멘, 해롤드 네틀랜드 편,『세계종교에 대한 성경적 신학: 기독교와 타종교』, 정홍호 역 (서울: 도서출판 서로사랑, 1998), 110-111.

로 본다. 이것은 하나님이 일반 계시를 통해 우리의 도덕적 양심 속에 계시하는 하나님 앞에서 죄인된 자신으로서의 발견을 억압하며, 인간의 현재적 모습을 지극히 정상적인 것으로 받아들이게 한다. 곧 하나님 앞에서의 인간 실존에 대한 진리를 억압, 거짓으로 대체한다.

셋째, 코란은 성경과 관련된 진술에 있어서, 성경의 진리를 오해 내지는 전면 부정하거나, 성경적 의미를 상실한 왜곡된 진술의 형태를 갖고 있다. 이것은 무슬림들이 특별 계시인 성경의 복음 진리에 도달하는 것을 방해한다. 코란은 성경과 관련한 왜곡된 진술로써, 성경의 진리를 억제 대체한다.

코란은 성경의 진리에 대한 억압, 억제, 대체의 체계를 코란이 지향하는 세계관과 그 왜곡된 성경적 진술 속에 갖추고 있다. 그런데 코란에서 몇몇 구절과 용어를 전체의 문맥을 무시한 채 선별 발췌하여 성경 진리를 지지하는 수단으로 사용하는 것은, 코란의 성경 진리의 억제 효과를 간과한 것이다. 그러므로 코란을 통해 무슬림을 그리스도께로 인도하고자 하는 것은, 쉴로르프의 적절한 비유대로, 무슬림을 모호한 길로 빠지게 하는 것이고, 그리스도의 진실에다 모호함이라는 주사를 놓는 것과[23] 같다.

---

[23] Samuel P. Schlorff, "The hermeneutical crisis in Muslim evangelization," 149. 그런데, 딘 길리랜드 (Dean S Gilliland)는 쉴로르프의 이런 입장을 비상황화하는 것이라고 비판하고, 오직 성경만 진리로 보는 계시관에 대해서 그는 배타적 견해를 가진 것으로 비판한다. 그러면서 길리랜드는 "그러나 코란은 많은 무슬림들에게 예수께로 가는 길이 된다. 그런데 어떻게 진리의 근원(a truth source)으로서 거절될 수 있는가? 성령은 구원의 방식으로 그것을 사용하신다"고 주장한다. Dean S. Gilliland, Modeling the Incarnation for Muslim People: A Response to Sam Schlorff, *Missiology* vol. 28 (July, 2000): 330, 335. 그러나 본인은 코란이 진리를 대체하고 억제하는 체계를 가지고 있음이 자명하므로 진리의 근원이 될 수 없고, 성경만을 진리의 근원으로 받아

2. 해석학적 문제

코란에서 핵심적인 기독교 교리를 증명하려는 해석 방식은 무함마드가 코란에서 본래 의도했던 고유 의미를 벗어난 해석을 하는 것이다. 곧 무함마드가 결코 의도하지 않았던 것을 그가 실제로 말하고 의도했다고 해석하는 것이다. 코란을 기독교적으로 해석하는 이들은 성경과 유사한 코란의 단어와 문구를 무슬림 주석가나 신학자들이 해석하는 방식과 전혀 다르게 해석한다. 이런 코란 본문의 고유 의미와 차단된 분파적 해석은, 텍스트에 대한 기본 해석의 원리를 따르지 않고 해석자가 자신의 전제를 가지고 텍스트를 다루었기 때문에 발생하는 것이다.

코란 해석에 있어, 기독교인의 전제를 내려놓고 코란 본문의 고유 의미를 파악하려는 자세가 요구되는데, 쉴로로프는 이런 해석의 원리를 다음의 세 가지로 제시한다.

첫째, 코란 본문의 의미를 코란의 원어인 아랍어의 체계와, 코란을 지배하는 세계관, 코란이 등장할 당시 문화와의 관계 속에서 파

들이는 쉴로로프의 입장은 비상황화로 비판될 수 없다고 본다. 성경적 비판적 상황화의 가장 큰 기저가 되는 것이 유일한 진리의 근원으로서 성경의 권위를 분명히 하는 것이다. 그러므로 길리랜드의 경우처럼 코란에서 복음의 지지를 얻을 것을 기대하는 선교적 태도는 에릭 하야트(Erik Hyatt)의 제언대로, 전도 효과라는 실용적 차원이 아닌 성경적 차원에서 그 타당성이 우선적으로 고려 되어져야한다고 본다. 에릭 하야트는 다음과 같은 유용한 제안을 하고 있다. "성경은 선교학적 실천을 통치하고 연료를 공급하는 수단이 되게 해야 한다. 그러므로 우리의 선교적 전략은 실천적 고려보다 성경적 신학적 이해로부터 출발해야 한다." Erik Hyatt, "Christian Witness in Muslim Settings," *Envisioning Effective Ministry: Evangelism in a Muslim Context*. eds. Laurie Fortunak Nichols & Gary Corwin (Wheaton, IL: Evangelism and Missions Information Service, 2010), location 2702 of 5282 eBook.

악하는 것이다. 이를 통해 코란을 생성시킨 무함마드 자신이 그 용어들을 어떤 의미로 사용하였고, 원래의 청중들은 어떻게 이해했는가를 찾아내는 것이다.

둘째, 무슬림 공동체의 코란 해석의 전제를 가지고 코란 해석을 시작하는 것이다.

셋째, 무슬림 공동체의 해석학적 전승을 고려하는 것이다. 성경 해석에서처럼, 코란 해석의 중심에는 그 책을 신앙하고 그 해석학적 전승을 따라 살아가는 신앙 공동체가 있다. 이들의 해석학적 전승이 외부자들에 의해 간과되어서는 안 된다는 것이다.[24]

이런 해석의 원리가 지켜지지 않을 때, 텍스트 고유 의미와 전혀 다른 분파적 해석이 나올 수 밖에 없다. 코란에 대한 기독교적 해석은, 성경에 대한 다양한 이단의 해석과 같다. 우리는 '성경이 자신의 해석자요 해석의 모든 체계의 유효성을 최종 판단하는 자'라는 해석의 기본 원리를 인정하는 만큼, 코란이 그 자신의 해석자요 코란의 해석에 대한 모든 방식의 유효성에 대한 최종 판단자가 되는 것을 허용해야 한다.[25] 그리할 때, 우리는 비로소 코란에서 발견하는 성경과 유사한 단어와 문구 등에 대한 코란 본래의 의도에 도달할 수 있다.

---

24 샘 쉴로르프, 『무슬림 사역의 선교학적 모델』, 252-257.
25 Samuel P. Schlorff, "The hermeneutical crisis in Muslim evangelization," 147.

3. 관계적 문제

코란을 기독교적으로 해석하는 것은 무슬림과의 관계에 부정적인 영향을 끼칠 수 있다. 일차적으로는 이런 기독교적 코란 해석을 통한 전도법은 선교사가 코란을 악용하여 무슬림을 이슬람으로부터 멀어지게 하려 한다는 비난을 야기 시킬 수 있다.

또한 이런 전도법은 궁극적으로는 무슬림이 코란과 단절하고 성경의 그리스도께 나올 것을 의도하면서, 일시적으로 코란을 읽도록 독려하는 것이기 때문에 정직한 전도 방식이라 할 수 없다. 그러므로 이것은 무슬림들에게 선교사가 코란을 악용했다는 반감을 사게 하고 선교사가 정직하지 않았다는 경험을 하게 한다.

2010년 3월 23-24일에 있었던 선교단체 '콜오브호프'(call of Hope)에서 주관한 상황화 세미나의 초대 강사들은 이런 전도법을 통해 무슬림의 비난을 초래한 사례를 다음과 같이 언급했다.

> 얼마 전 모로코에서 선교사들이 추방되었다. 그 후 기독교에 대해 연구한 모로코 학자를 인터뷰했는데 그는 다음과 같이 말했다.
> "(선교사들이) 신성한 코란을 인용하면서 나쁜 짓을 했다. 그들은 기독교가 이슬람과 다른 것이 없다는 것으로 위장하여 (선교를) 했다."
> 북인도에서 이맘으로 일했던 이가 개종하고 사역자가 되었다. 그는 전도를 위해 코란을 사용했다. 처음에는 성공적이었다. 무슬림들이 그의 말에 귀 기울이고 회심했다. 얼마 후 그는 성

경이야기를 하겠다고 하자, 그들은 화를 내며 이렇게 말했다.
"우리를 회심시키기 위해 코란을 이용했고, 이제는 성경을 우리에게 가르치려는 것이냐?"
무슬림들이 속았다고 생각하는 것이 옳다. 우리가 무슬림들을 사랑한다면 그들을 속여서는 안 된다. 그러므로 오직 하나님의 말씀만 사용하자. 하나님께서 무슬림들에게 말씀하실 것이다.26

또한 이러한 접근법은, 무슬림들의 성경에 대한 자의적 해석과 악용에 대한 그리스도인의 비판의 근거를 약화시킨다. 곧 전도자가 무슬림들에게 성경에 대한 자의적 해석을 그치고, 성경의 가르침을 배워가도록 독려하는 것을 어렵게 할 수 있다. 따라서 코란에 대한 기독교적 해석은 무슬림과 성경의 진리를 나누는 관계로의 진전에 걸림돌이 될 수 있다.

무슬림들의 성경에 대한 자의적 해석 사례로 가장 고전적인 것은, 신명기 18:18의 하나님이 보내주시기로 약속하신 선지자에 대한 예언27과 요한복음 14:16에서 예수님이 그의 도래를 약속하신 보혜

---

26 2010년 23-24일 Call of Hope 주관 상황화 세미나 강의 자료 및 녹취자료.
27 신 18:18 "내가 그들의 형제 중에서 너와 같은 선지자 하나를 그들을 위하여 일으키고 내 말을 그 입에 두리니 내가 그에게 명령하는 것을 그가 무리에게 다 말하리라." 무슬림들은 이 구절에 의거해 모세가 예언한 선지자가 무함마드라고 다음과 같이 주장한다. ① '그들의 형제 중에서'-무함마드는 이삭의 형제인 이스마엘의 후손이다. ② '너와 같은 선지자'- 무함마드는 모세와 유사성을 지닌다. 곧, 무함마드는 모세처럼 율법을 가져온 자요, 군사 지도자요, 영적 지도자였다. 그리고 모세처럼 처음에는 동족으로부터 거절 받고 도망을 가야 했지만, 몇 년 후에 돌아와 자기 민족의 종교 지도자요 세속적인 지도자가 되었다. 모세의 사후 그의 계승자 여호수아가 성공적인 팔레스타인 정복을 이루었던 것처럼, 무함마드의 계승자 오마르 역시 성공적인 정복 활

사 성령을[28] 무함마드의 도래에 대한 예언으로 해석하는 것이다.

동을 하였다. ③ '내 말을 그 입에 두리니'-무함마드는 그에게 전해진 알라의 말씀을 낭송하였다. 그러나 신 18:18의 '그들의 형제'에서 형제가 누구를 가리키는 지는 신 18:1-2에서 알 수 있다. 이 구절에서 레위지파는 그들의 형제 중에서 기업을 갖지 못함이 언급된다. 여기서 그들의 형제란 이삭의 형제가 아닌 야곱의 가계의 형제들 곧 이스라엘의 열두 지파를 의미한다. 또한 신 17:14-15에도 이스라엘 하나님이 약속하신 땅에 들어가서 왕을 세우고자 할 때, "네 형제 중에서 왕을 세울 것이고 타국인을 세우지 말라"는 내용이 나온다. 여기에 언급된 형제 역시 '이스라엘 지파'를 지칭한다. '그들의 형제'란 이처럼 이 예언이 언급된 문맥 속에서 파악해야 한다. '너(모세)와 같은 선지자'의 다른 선지자들과 구별되는 독특한 특징은, 무슬림들이 주장하는 그런 특징이 아니다. 그 특징은 이 예언이 선포된 신 18:15-16의 문맥 속에서 바로 파악될 수 있다. 16절은 다음과 같이 말한다. "네가 말하기를 내가 다시는 내 하나님 여호와의 음성을 듣지 않게 하시고 다시는 이 큰 불을 보지 않게 하소서 두렵건대 내가 죽을까 하나이다." 곧, 모세와 같은 선지자는 하나님을 대면하여 알고, 모세처럼 큰 이적과 기사를 행할 수 있어야 한다. 이러한 특징은 신 34:10-12에서도 다시 확인된다. 그러나 무함마드는 하나님과 대면하였고 직접 계시를 받은 자가 아니다. 그리고 무함마드는 아무런 기적을 행하지 않았다(코란 6:37, 57).이처럼 무함마드는 신 18:18에 예언한 모세와 같은 선지자가 아니다. 이 예언은 육신으로 이스라엘의 유다 가계에서 태어나시고, 아버지 하나님께 직접 들은 바를 말씀하시고(요 12:49, 50; 14:10), 이적과 기사를 행하신 예수의 오심을 말하고 있다(요 5:45; 행 3:22; 7:37). Josh McDowell & John Gilchrist, *The Islam Debate* (San Bernardino: Campus Crusade for Christ, 1983), 76-82.

28 요 14:16 "내가 아버지께 구하겠으니 그가 또 다른 보혜사를 너희에게 주사 영원토록 너희와 함께 있게 하리니" 무슬림들은 이 구절에 언급된 헬라어, '파라클레토스'(*paracletos*, 보혜사)가 성경 본래의 단어가 아니라고 하며 예수는 본래 '파라클레토스'가 아닌, 무함마드를 칭하는 '페리클루토스'(*periklutos*, 칭송받는 자)의 도래를 예언했다고 주장한다. 그러나 원래의 단어가 '페리클루토스'였다는 무슬림들의 주장은 근거가 없는 것이다. 이슬람 이전에 이미 수천 개의 신약 사본이 있었는데, 그 어느 것도 페리클루토스라는 단어를 포함하고 있지 않다. 또한 요 14:16-17에 대한 주해는 보혜사가 무함마드일 수 없는 이유를 확고히 해준다. 그 중의 몇 가지를 옮기면 다음과 같다. ① '다른 보혜사를 **너희에게** 주겠다'-예수는 성부 하나님이 보혜사를 **제자들에게** 보내주시리라고 약속하셨다. 그는 진리의 영을 베드로와 요한과 다른 제자들에게 주시리라 약속하셨다. ② '**영원토록** 너희와 함께 있게 하리니'-무함마드는 그의 사람들과 영원토록 함께 머물지 않았고 A.D. 632년에 죽음을 맞이했다. ③ '너희는 그를 **아나니**'-제자들은 그 진리의 영을 알았다. 무함마드는 당시로부터 500년 후에 태어났다. ④ '너희 **속에** 계시겠음이라'-여기에서 무함마드가 보혜사, 진리의 영일 수 없음이 자명해 진다. 성령이 예수 안에 계신 것처럼, 성령은 제자들 안에도 계실 것이다.

그런데 오늘날은 무슬림들이 성경과 성경적 주제에 대해 이슬람
적 관점으로 글을 쓰는 것이 점차적으로 더욱 늘고 있다.[29] 쉴로르프
는 이런 한 현상을 다음과 같이 증언한다.

> '무슬림 학생 연맹'(Muslim Students' Association)에서 발행한,
> 『코란에서의 예수』(Jesus in the Qur'an)라 명명된 책자에는 신
> 약 성경에 이슬람적 해석을 가하고 있다. 그 작가는 니케아 신
> 조는 신약에서 발견되지 않는다는 주제를 발전시켜 다음과 같
> 이 결론 맺는다. 기독교인들과 무슬림들 사이에는 친근한 관

과연 예수에게 임한 성령(눅 3:22)은 예수의 승천 직후 제자들에게 임했다(행 2:3-4).
곧 예수의 제자들, 베드로 요한 등이 보혜사 성령의 오심을 알고 경험하였다. 그리고
이후로도 보혜사 성령은 영원토록 예수의 제자들과 함께 그들 속에 거하신다. 그러므
로 예수시대로부터 500년 후의 인물로서 예수 제자들이 알고 경험하지 못한 인물이
며, 죽음을 맞이하는 유한한 인간인 무함마드가 보혜사일 수 없음은 너무도 자명하다.
Josh McDowell, John Gilchrist, *The Islam Debate*, 84-86.

29 라쉬드 리다(Rasid Rida, 1865-1935)는, 1908년에 '바나바 복음서'(The Gospel of Barnabas)를 아랍어로 번역하였다. 그는 서문에서 이 복음서를 진정한 복음서로 제시하였다. '알마나르'(al-Manar)는 정기간행물의 명칭이고 출판사명이기도 한데, '알마나르'의 편집장이었던 그는 '기독교의 예수는 진정한 예수가 아니다'는 반-예수 논쟁의 글을 썼고, 그와 같은 노선의 책들이 이 '알마나르'를 통해 출판 되어졌다. 이것은 이후 현대 반-기독교 무슬림 작가들의 '예수 논쟁'을 이끌었는데, 이 현대 작가들이 취한 방법은 예수를 무슬림의 모습으로 독단적이고 정교하게 재구성하여 제시하는 것이었다. 이것은 성경본문에 대한 자의적 해석과 부정확하고 입증되지 않은 역사적 주장들과 역사 문서들에 대한 왜곡에 의거한 것이었다. 그 일례로, 무함마드 아타우르 라힘(Muhammad Ataur Rahim, d. 1978)은 그의 저서 『예수, 이슬람의 선지자』(*Jesus, a Prophet of Islam*)에서 '기독교가 형이상학의 허구에 기초한 역사적 실체'라는 주제를 발전시켰다. 그리고 아흐마드 사파트(Ahmad Shafat)도 그의 저서, 『이슬람의 관점에서 본 복음』(*The Gospel according to the Islam*)에서 4세기에 삼위일체 교리가 고안되었다는 이야기를 자명한 것으로 받아들이고, 성경본문과 코란과 쿰란 사본의 정보들을 짜깁기 한다. 그리고 그 결과물로 예수를 세 명의 메시아-제사장(세례 요한), 선지자(무함마드) 그리고 왕(예수)-중의 한 명으로 제시한다. Jean Marie Gaudeul, *Encounters & Clashes*, 264-272.

계성의 기반이 있다. 본질적으로 무슬림들은 초기 기독교인들이 믿었던 바와 동일하게 그리스도에 대해서 믿는다. 이 둘을 갈라놓은 것은 고대 이교도적 신화의 불행한 껍질이다.[30]

또한 아흐마드 샬라비(Ahmad Shalabi)와 같은 무슬림 비교 종교학자는 신약의 복음서와 사도행전의 본문을 발췌 제시하며, 이 본문들은 세 가지 중요한 사실을 확증한다고 주장한다. 그것은 성경의 하나님은 동등한 자가 없는 단일한 분이고, 예수는 하나님의 사도 그 이상이 아니며, 예수는 오직 이스라엘 자손에게만 보내어진 선지자라는 것이다.[31]

이처럼 무슬림들이 성경 구절을 독단적으로 발췌하고 자의적인 해석을 하여, 성경은 이슬람과 동일한 신앙을 말하고 있다고 주장하는 것은 그리스도인의 반감을 불러일으키는 일이다. 그런데 코란에 대해 그리스도인 역시 이런 기독교적 해석을 한다면, 무슬림들의 반감을 불러 일으키는 것이 될 뿐만 아니라, 그들에게 성경에 대한 이슬람적 해석을 그치고 성경의 가르침을 성경의 맥락에서 상고하도록 요청하는 것을 어렵게 할 수 있다.

---

30   Samuel P. Schlorff, "The hermeneutical crisis in Muslim evangelization," 146-147.
31   Ahmad Shalabi, *Muqaranat al-Adyan 2: al-Masihiya*, 289-292.

제4부

코란의 이싸를 접촉점으로 한 성경적 전도법

제1장 / 이싸와 예수의 차별성에 기초한 증거

제2장 / 이싸의 관점에 반(反)한 구체적 말씀 증거법

제4부에서는 제1부와 제2부에서 살펴본 이싸와 예수의 차별성, 제3부의 이싸에 대한 기독교적 해석의 문제점에 대한 인식을 토대로, 코란의 '이싸'를 접촉점으로 한 전도법의 바른 방향성을 제시하고자 한다. 따라서 본 장에서는 '이싸'를 접촉점으로 한 '성경적 전도법'을 다음과 같이 제안한다. 그것은 이싸와 예수의 차별성에 기초해서, 접촉점 이싸의 관점에 반(反)해 예수에 관한 성경의 바른 증언을 들려주는 방법이다.

　먼저 이 전도법의 첫 번째 제안은 이싸와 예수의 차별성에 기초한 증거법 제안이다. 이를 위해 이런 차별성에 기초한 증거를 가능케 하는 요소들을 파악하고, 이런 증거법이 사용된 사례를 살펴볼 것이다. 그리고 두 번째 제안은 이싸와 예수의 차별성의 토대 위에서 이싸의 관점에 반(反)하여 성경의 증언을 들려주는 구체적인 방법에 대한 제안이다.

제1장

이싸와 예수의 차별성에 기초한 증거

이싸와 예수의 차별성에 기초한 증거는, 무슬림들이 예수 복음을 영접하기에 장애가 되는 코란의 이싸에 대한 이해를 바탕으로 한다. 곧 무슬림 영혼이 처해 있는 영혼의 상황(context)에 대한 이해를 토대로 예수 복음(text)을 어떻게 효과적으로 전달할 지를 모색하는 것이다. 그리고 효과적 복음 전달을 목적으로 기독교적 코란 해석처럼 코란이라는 건축물의 지지 위에 복음을 세워가는 방식을 취하는 것이 아니라, 오직 성경의 권위 위에서만 복음을 전하는 증거법이다.[1]

---

1 윌리암 살(William J. Saal)은 그리스도인이 복음을 전할 때 맞닥뜨리게 되는 이슬람의 가르침이라는 거대한 건물에 대해 그리스도인의 선택을 다음 세 가지로 이야기 한다. ① 이슬람이라는 건물을 쓰러뜨리는 방법이다. 이는 이슬람의 약함을 복음의 우월함을 증거하기 위해 논쟁하는 것이다. 무슬림들도 그리스도인의 신앙에 대해 이런 접근을 취했다. 그러나 이런 논쟁적 접근은 종종 관계성을 단절시킨다. 종교적 신념은 신앙과 문화의 문제이다. 이것들은 논쟁으로 변화되지 않는다. ② 이슬람의 건물 위에 건축하는 방법이다. 이 전략은 성경을 지지하는 코란의 구절을 사용하는 것과 같은 이슬람에서 좋은 것을 사용하는 것을 목표로 한다. 무슬림에게 그리스도의 진리를 확신시키기 위해 이러한 접근에 대한 매우 창조적인 적용이 최근에 개발되었다. 이러한 전략의 위험은 이슬람의 어떤 면을 넌지시 지지하는 것이다. ③ 이슬람의 주변을 걷는 방법

그러므로 상황화의 관점에서 이러한 전도법을 논한다면, 무슬림 상황에 대한 이해와 성경의 권위에 대한 확고한 입장 위에서 이루어지는 비판적 상황화의 방법이라 할 수 있다.

1. '차별성'에 기초한 증거의 3요소

앞서 살펴본 이싸에 대한 기독교적 해석의 문제점은, 우리의 전도법은 코란의 이싸는 코란의 배경 속에 두고, 성경의 '예수'를 증거하는 방식이 되어야 함을 보여준다. 코란의 이싸를 코란의 배경 속에 둘 때, 우리는 코란에 대한 기독교적 해석이 야기시키는, 경전의 충돌과 같은 신학적 문제, 그리고 해석학적, 관계적 문제점들에서 자유로울 수 있으며, 또한 코란의 이싸 이해를 토대로, 성경의 예수를 어떻게 증거할 지에 대한 올바른 방향성을 바로 찾을 수 있다. 따라서 코란의 '이싸'를 접촉점으로 한 성경적 전도법은 '이싸와 예수의 차별성에 기초한 증거'여야 함을 제안하며, 이러한 증거를 위한 몇 가지 전제적 요소를 다음과 같이 제안한다.

이다. 이는 이슬람의 가르침과 무거운 상호작용으로부터 발생하는 가능한 복잡성을 피하고 복음을 직접적으로 그리고 긍정적으로 제시하는 것이다. 이슬람의 주변을 걷는다는 것은 이슬람을 무시하고 있는 것과 다르다. 이슬람을 알게 되면 복음을 무슬림에게 이야기하고자 할 때, 어떻게 무엇을 말해야 할지를 알게 된다. William J. Saal, *Reaching Muslims for Christ*, 132-133.

1) 텍스트 해석의 원칙에 의거한 코란 해석

우선적으로, 텍스트 해석의 원칙에 의거해 코란 해석을 하는 것이다. 해석자의 가정과 전제가 텍스트 고유의 의미를 저해하지 않도록, 텍스트 고유의 의미를 찾아 해석하는 것이다. 앞서 살펴본 코란 해석 원칙은, 첫 번째가 코란 본문의 의미를 코란의 원어와 문맥, 세계관, 코란이 등장할 당시 문화적 배경 속에서 이해하는 것이다. 그리고 둘째는 무슬림 공동체가 코란을 해석하기 위해 사용하는 동일한 전제를 가지고 코란 해석을 시작하는 것이다. 셋째는 코란을 신앙하는 무슬림 공동체의 해석학적 전승을 간과하지 않는 것이다.[2]

앞서 제1부에서 살펴본 '이싸의 생애와 칭호' 이해는, 코란 텍스트 해석 원칙에 준한 것인데, 그 원칙은 다음과 같다.

① 코란 언어의 언어체계 속에서 전후 문맥을 살피고,
② 무함마드가 살았던 당시 아랍 사회의 문화적 배경에 대한 이해와
③ 무함마드가 반영한 코란의 세계관의 맥락에서
④ 또한 무슬림 주석가들의 주석을 참조함으로써 코란의 이싸에 대한 무슬림 공동체의 해석학적 전제와 전승에 의거해 해석한다.

이런 해석의 원칙에 준해 살펴본 코란의 이싸는 성경의 동정녀 마리아에서 태어난 인물을 지시하고 있고 성경적 정보를 어렴풋하게 소유한 인물이라 할지라도, 코란의 세계관에 지배된 인물이요, 무함

---

2 샘 쉴로르프, 『무슬림 사역의 선교학적 모델』, 252-257.

마드가 예수 복음에 대한 성경의 바른 증거, 그리고 정통 기독교 교리에 접하지 못한 결과를 반영해주는 인물임을 결론지을 수 있었다.

2) '이싸'와 '예수'의 차별성 인정

이런 텍스트의 해석 원칙을 따른 해석은 당연히 이싸와 예수 간의 불일치를 보여준다. 그러므로 '이싸와 예수의 차별성에 기초한 증거법'의 두 번째 전제는 전도자가 그 차별성을 인정하고 직시하는 것이다.

바빙크(J. H. Bavinck)는 기독교와 타종교 사이의 불일치를 이렇게 표현한다.

> 이교 신앙의 어둠으로부터 복음의 빛으로 이어지는 어떤 직접적이고 연속적인 길은 없다. 그 길을 따라가다 보면 어느 경점에서, 우리는 우리가 가진 놀라운 차이들을 지적하기 위해 멈춰 서야만 한다. 그것 없이 우리의 논증은 그치지 않을 것이며, 그것은 위험하고도 오해를 부르게 될 것이다. 이교 신앙에서 기독교로의 전환은 연속적이고 매끈하지 않다.[3]

곧 복음과 타종교 사이를 연속적으로 연결시켜 줄 수 있는 길은 결코 존재하지 않으며, 그 둘 사이를 가르는 분명한 차이의 경계점

---

3 J. H. Bavinck, *Introduction to the Science of Missions*, 136-137. 샘 쉴로르프, 『무슬림 사역의 선교학적 모델』, 235에서 재인용.

은 반드시 존재한다. 그리고 이 차이의 경계점은, 정직한 텍스트의 해석에서 당연한 귀결로 나타날 수밖에 없다.

그러므로 데이비드 헤셀그레이브(David J. Hesselgrave)가 복음의 효과적 전달을 위해 추구해온 '공동기반의 모색'에 대해 비판적 관점을 제시하는 것은 타당하다. 그는 기독교와 비기독교 신앙 간에 유사성이 있다는 견해를 갖고 이를 공동기반으로 삼는 것의 문제점을 지적한다. 그는 그 유사성이 '성도에게 단번에 주신 믿음의 도'(유 3)가 비기독교 안에 있는 것으로 주장한다면 이러한 접근은 문제가 있다고 단호하게 말한다.[4]

타종교 안에 우리의 복음을 확증해 줄 수 있는 기반은 없다. 따라서 우리의 증거는 바로 기독교 복음과 타종교 안에 있는 차별성에 대한 인식과 인정으로부터 시작해야 한다. 차이가 보이지 않으면 증거할 수 없다.

그러므로 데이비드 쉥크(David W. Shenk)는 복음의 접촉점으로 활용되는 코란의 어떤 사건, 단어, 구절에 대해 성경과 코란의 이해 사이에 명확한 구분을 하기 위한 절차로서, 전도자가 무슬림들에게 어떤 주제에 대한 코란의 견해를 질문하고, 또 그들에게 성경의 견해를 들어볼 것을 초청하는 방식을 제안한다.[5] 그리고 그는 이런 차이에 의거한 증거방식을 그의 책 『무슬림과 기독교인의 대화』(*A Muslim and a Christian in Dialogue*)[6]에서 바드루 카테렉가(Badru D. Kateregga)라

---

[4] David J. Hesselgrave, *Paradigms in Conflict: 10 Key Questions in Christian Missions Today*, 100, 103.

[5] 샘 쉴로르프, 『무슬림 사역의 선교학적 모델』, 287.

[6] Badru D. Kateregga & David W. Shenk, *A Muslim and a Christian in Dialogue*

는 무슬림 학자와의 대화에서 보여주고 있다.

하나님의 특별 계시가 만드는 당연한 차별성의 인정은 기독교적 코란 해석으로 자의적으로 만들어낸 이싸와 예수의 유사성보다 더욱 복음 전달에 효과적일 수 있다. 데이비드 헤셀그레이브의 말은 이것을 지지해 준다.

> 비유사성이 그리스도와 복음을 전하는데 있어서 유사성보다는 더 유용한 것으로 입증될 수 있다. 이것은 종종 새로운 지식과 이해가 얻어지는 길이다. … 기독교 신앙(그것의 모든 관행에서는 아닐지라도 계시의 면에서는)은 절대적으로 독특하다. 그와 같은 신앙은 없다. 다른 신도 없다; 다른 그리스도도 없다; 갈보리도, 빈 무덤도, 다른 구속도, 다른 구원도, 다른 하늘도 없다. 그 목표가 누군가를 개종시키고 제자 삼는 것이라면, 의사소통은 종종 우리의 차이를 지적함으로써 향상 될 수 있다. 사람들은 성경의 죄(sin)와 신토(Shinto)의 쓰미(tsumi)가 같지 않다는 것을 알아야 할 필요가 있다. 복음에서의 은혜(grace)는 마하야나(Mahayana)에서의 카루나(karuna, mercy)와 같지 않다. … 그러한 한 쌍의 주제들은 가정된 유사성 보다는 대조의 수단으로 보다 분명하게 전달 될 수 있다.[7]

(Scottdale: Herald Press, 1997).

7 David J. Hesselgrave, *Paradigms in Conflict: 10 Key Questions in Christian Missions Today*, 105.

그는 기독교와 타종교 간에 가정된 유사성이 아니라 차별성 속에서, 그리스도 복음과 그 혜택이 바로 전달될 수 있음을 말한다. 그러므로 래리 포스톤(Larry Poston)도 전도자는 이런 복음이 지닌 독특성, 타종교와의 차별성을 드러내는 데 능숙해야 함을 다음과 같이 강조한다.

> 세계 선교를 감당하기 위해, 기독교인들은 가정된 '접촉점'[8]을 강조하기보다, 기독교와 타종교의 차이점을 드러내는데 능숙해져야 한다. 기독교 성경에 있는 신학적, 기독론적, 구원론적 진리들은 선포되어야 한다. 그리함으로 타종교의 신념들과의 대조가 강조 되어야 한다. … 복음의 혜택(시 103:2-5)은 인간의 타락, 심판, 그리스도 안에서 하나님이 주신 유일한 구원의 수단에 관한 복음 메시지를 약화시킴이 없이 분명하게 설명되어야 한다.[9]

이는 이슬람권 선교에 있어서도 전도자가 무슬림에게 코란의 이싸와 성경의 예수의 차별성을 능숙하게 드러내 줄 때, 비로소 성경의 예수 복음과 그 혜택을 바로 전달해 줄 수 있음을 의미한다.

결론적으로 전도자는 코란의 맥락에서 파악된 이싸와 성경의 예수의 차별성을 직시하고 인정해야 한다. 그리고 그 차별성을 드러내 줌으로써, 코란이 제시할 수도 밝힐 수도 없는, 예수 복음을 정확하

---

8 여기서 '접촉점'이란, 앞서 데이비드 헤셀그레이브(David J. Hesselgrave)가 언급한, 타종교에 존재한다고 가정하는 기독교와의 유사성, '공동기반'과 같은 의미다. 곧 타종교 안에서 '복음을 설명하고 지지해 줄 수 있는 기반'으로 보는 것을 의미한다.

9 Larry Poston, "Evaluating 'A Common word': The Problem of Points of Contact," 68.

고 정직하게 제시해 주어야 한다.

3) 이싸: 예수 증거를 위한 소통의 출발점

그렇다면 여기서 성경의 예수와 분명한 차별을 지닌 코란의 이싸는 복음 증거에서 어떤 역할을 하게 될 지가 자명해진다. 코란의 이싸가 성경의 예수 복음을 신학적으로 지지해 줄 수 없음이 자명하다. 그러므로 이싸와 예수의 차별성에 기초한 증거의 세 번째 전제로, '이싸'는 복음 진리를 코란 안에서 확증하기 위한 '신학적 출발점'이 아닌 성경의 복음으로 나아가기 위한 '소통의 출발점'(Communicational starting point)[10] 곧, 성경적 진리를 전달하는 '문화적 출발점'(Cultural starting point)[11]이 되게 해야 한다는 결론에 이른다.[12]

---

10   샘 쉴로르프, 『무슬림 사역의 선교학적 모델』, 236.

11   샘 쉴로르프는 '소통의 출발점'으로 그리고 William J. Saal은 '문화적 출발점'으로 명명했다. 샘 쉴로르프, 『무슬림 사역의 선교학적 모델』, 236.; William J. Saal, *Reaching Muslims for Christ*, 152.

12   코란의 이싸를 신학적 출발점으로 삼는 것, 그리고 소통의 출발점 혹은 문화적 출발점으로 삼는 것은 성경을 타문화적으로 해석하기 위해 사용된 해석학적 방법에서 비롯된다. 이 해석학적 방법은 크게 두 가지로 나눌 수 있는데, 그것은 통합적 방법과 분석적 방법이다. 이싸를 신학적 출발점으로 삼는 것은 통합적 방법 위에, 그리고 이싸를 소통의 출발점으로 삼는 것은 분석적 방법 위에 놓여 있다. 이 두 가지 방법에 대해 윌리암 살(William J. Saal)은 다음과 같이 설명한다. ① 통합적 접근법: 이 방법은 이슬람 안에서 출발하여 상황화하는 것이다. 이는 이슬람과 기독교의 관점을 좁히는 시도를 하면서, 일종의 변증법적 연합으로 코란을 신학적 출발점 혹은 진리의 근원으로서 다양한 방법으로 사용한다. 이 방법은 신학적 모호성으로 특징 지워진다. 그리고 성경의 권위를 삭감시킬 수 있다. 그의 메시지를 왜곡시키면서. 심지어 바른 의도를 가지고 있다 할지라도, 그것은 통합의 덫에 빠질 수 있다. 이슬람 문화의 외부자로서, 우리는 우리가 어떤 형식을 사용하였을 때 전달되어지는 의미를 잘 모를 수 있다. 경계와 주의가 필요하다. ② 분석적 접근법: 이와 대조적으로 각 책을 각각의 관점에서

이싸에 대한 기독교적 해석의 방법은 이싸를 코란 안에서 복음을 확증하는 '신학적 출발점'으로 삼은 것이다. 이런 해석 방법은 코란에서 예수를 희미하게 지시하는 이싸의 독특성을 나타내는 구절과 이싸의 일부 칭호에 의존하여 코란이 이싸의 신성을 지지하는 것처럼 해석한다.

또한 십자가 사건에 대해서도 이싸의 죽음을 해석하는 분파적 해석을 선택하며, 여기에 코란의 인간관과 구원관은 무시한 채, 이싸의 죽음을 코란 37:107이나 이슬람의 희생절과 연관시켜, 알라가 이싸의 구속적 죽음을 계획한 것으로 해석한다. 이를 통해 코란의 알라는 이싸를 통해 인류 구속을 계획하는 신으로서 성경의 하나님과 다르지 않은 것처럼 제시한다.

이렇게 코란의 알라와 성경의 하나님을 이싸를 통한 인류 구속 계획을 가진 동일한 신으로 만들고, 코란 안에서 예수의 신성, 예수의 십자가 대속의 죽음을 확증하는 시도는 바로 코란의 이싸를 복음 증거의 신학적 출발점으로 삼은 것이다. 이것은 바로, 앞서 언급한 코란 텍스트 해석의 원칙을 위배한 것이며, 코란의 이싸와 성경의 예수의 차별성을 외면한 것이다.

그러나 이싸를 복음 증거를 위한 '소통의 출발점'으로 삼는 것은, 코란에서 성경적 의미를 오해하는 부분, 곧 예수의 신자성과 삼위일

이해하는 것이다. 그들은 코란을 신학적 진리의 근원으로 사용하는 것이 아니라, 성경적 진리를 전달하기 위한 문화적 출발점으로서 사용하는 것이다. 원리의 면에서, 이슬람과 기독교의 관점을 좁히려는 시도를 하지 않는다. 기본적 추진력은 분석이다. 각각의 책을 자신의 사고의 범주에서 이해하는 것이다. 그리고 코란으로부터 그리고 무슬림 문화로부터 성경적 메시지를 전달하기 위한 도구로서 적절한 언어적 그리고 문화적 형태를 사용하는 것이다. William J. Saal, *Reaching Muslims for Christ*, 152.

체 신관에 대한 반박으로 보이는 구절은, 성경을 통해 그 오해를 해소시켜주는 출발점이 되게 하는 것이다. 그리고 코란이 성경과 다른 의미를 함의하고 있거나 그 의미를 전혀 설명하고 있지 않음으로 인해 성경적 의미를 상실하고 있는 부분, 곧 이싸의 독특성, 이싸의 칭호 등은, 성경을 통해 그 의미를 밝혀주는 출발점이 되게 하는 것이다. 그리고 코란이 그 사실성을 반박하고 부정하고 있는 부분, 곧 예수의 신성, 대속적 죽음에 대해서는 성경적 사실(fact)을 들려주는 출발점이 되게 하는 것이다.

그러므로 예수 증거를 위한 '소통의 출발점'으로서의 이싸는, 코란의 이싸의 관점에 반해(against) 증거될 성경의 예수 복음을 향한 도약점(spring board)이 되는 것이다. 성경의 예수 복음을 향한 도약점, 소통의 출발점으로서의 이싸는, 그 관점에 반하여(against) 복음이 증거되어야 할 무슬림 영혼의 현주소이다.

존 길크리스트(John Gilchrist)는 우리의 복음이 그들의 영혼의 현주소에서부터 증거되어야 함을 아래와 같이 잘 묘사하고 있다.

> 우리는 침투해 들어갈 필요가 있다. 우리는 무슬림들을 그들이 있는 곳에서 도전해야 한다. 그리고 그들 자신의 배경에 반(反)하여, 무슬림들의 예수에 대한 관점에 반하여…복음을 제시함으로써 상고(reflection)의 과정을 자극할 필요가 있다.[13]

---

13 William J. Saal, *Reaching Muslims for Christ*, 85.

2. 차별성에 기초한 증거 사례

이러한 차별성에 기초한 증거 사례로 존 길크리스트의 복음 증거 방법을 들 수 있다. 길크리스트의 복음 제시 방법을 살펴보면, 그는 우선적으로 이싸에 대한 코란 진술을 코란의 언어적 세계관적 그리고 무슬림 공동체의 해석학적 견지에서 바로 파악하고 있음을 보여 준다. 그는 이런 코란 해석의 자세를 기반으로 하여 이싸와 예수의 차별성을 파악하고 인정한다.

그리고 이싸를 신학적 출발점이 아닌 복음 증거를 위한 소통의 출발점으로 삼는다. 그리고 최종적으로 코란의 관점에 반해(against) 예수 복음을 성경 말씀을 통해 증거 제시한다. 여기에 길크리스트의 복음 증거법의 사례 몇 가지를 옮긴다.

1) 이싸의 독특성

길크리스트는 『무슬림에게 복음 전하기』 11장[14]에서 코란에서 이싸의 독특성을 나타내는 부분을 복음 증거를 위한 공동기반으로 삼는다. 길크리스트는 여기서 '공동기반'이라는 용어를 사용하지만, 그가 말한 '공동기반'은 '기독교적 해석'이 가능한 기반이 아니라, 코란의 진술에 반(反)하여서 성경의 진리를 증거하는 거점의 의미로 이해하는 것이 옳다. 그것은 그가 이 공동기반이라는 것을 거점으로 복음을 제시하는 방법에서 확인할 수 있다. 그가 사용한 공동

---

14 존 길크리스트, 『무슬림에게 복음 전하기』, 171-185.

기반은 동정녀 탄생, 이싸의 무죄성, 그리고 승천과 재림이다. 그는 이 공동기반 위에서 '예수의 유일성'에 대해 논하고, 예수의 근원을 설명해 간다.

'동정녀 탄생'의 공동기반에서, 복음을 증거해 가는 그의 방법을 살펴보면 그가 '동정녀 탄생'에 대한 코란의 관점을 우선적으로 파악하고 있음을 알 수 있다. 그는 먼저 무슬림에게 '이싸의 예외적인 탄생에 대한 이유가 무엇이었겠는지' 질문할 것을 제안하는데, 그는 여기서 이싸의 동정녀 탄생에 대한 무슬림 공동체의 관점에 대해 잘 알고 있음을 다음과 같이 보여준다.

> 그의 유일한 탄생을 무슬림은 그것이 하나님의 능력과 말씀에 의한 것이었다고 말한 것 외에, 다른 어떤 대답을 줄 수 없다 (코란 3:59). 그들은 왜 특별히 예수님 홀로 그렇게 독특하게 태어나야 했는지 그 이유를 설명할 수 없다.[15]

그는 이 부분에서 코란 3:59을 참고 구절로 명시한다. 코란 3:59은 "알라에게 있어 이싸의 경우는 아담의 경우와 같다. (알라가) 그를 흙으로 빚어 그에 말하였다. '있으라' 그러자 그가 있게 되었노라"이다. 3:59은 이싸의 독특한 탄생을 아담의 경우와 견주며, 이싸의 동정녀 탄생은 알라의 말씀으로 단지 흙에서 태어난 아담의 탄생보다 더 특이할 바가 없다는 것을 함의하는 구절이다.

---

15 존 길크리스트, 『무슬림에게 복음 전하기』, 180.

그러므로 이는 그가 코란이 이싸의 동정녀 탄생을 보는 관점과 이 관점에 3:59이 연계되어 있다는 사실을 잘 알고 있음을 보여주는 것이다. 이것은 곧 그가 코란에서 공동기반으로 발견한 것을 해석하는 자세, 곧 우선적으로 코란의 관점을 파악하는 자세를 보여주는 것이다. 그는 코란의 관점을 기점으로 그 관점에 반하여(against) 예수를 증거하는 단계로 나아간다. 그는 이렇게 말한다.

> 그들은 왜 특별히 예수님이 홀로 그렇게 독특하게 태어나야 했는지 그 이유를 설명할 수 없다.[16]

그는 무슬림들이 코란의 관점 안에서는 예수가 동정녀에게서 나신 진정한 이유를 설명할 수 없음을 지적한다. 그리고 예수가 동정녀에게서 나신 이유는 바로 신성한 본질을 가지신 예수 자신에게 있음을 설명한다. 그리고 그 해답을 예수의 신성한 기원, 선재성을 나타내는 성경에서 찾아서 제시한다.

> 그 이유는 예수님 자신에게서 나온다. 그는 보통의 출산 과정으로 태어난 평범한 남자가 아니었다. 그는 우주가 기초하기 이전에 하늘에 존재하였고 사단의 타락을 목격하였다고 가르쳤다(눅 10:18). 그는 하늘에서 내려왔고(요 6:38), 그가 이전에 있었던 곳으로 올라갈 것이며(요 6:62), 그리고 그가 아버지로부터 세상에 왔다가 세상을 떠나 아버지께 돌아갈 것이

---

16 존 길크리스트, 『무슬림에게 복음 전하기』, 180.

라고 가르쳤다(요 16:28). 이것이 그가 동정녀에게서 태어난 이유였다….예수께서는 그가 유대인에게 '너희는 아래서 났고 나는 위에서 났으며 너희는 이 세상에 속하였고 나는 이 세상에 속하지 아니하였느니라'(요 8:23)고 말하면서, 그 자신과 모든 다른 사람 간에 예리한 대조를 보여주었다. 당신은 여기에서 예수님이 그 이전에 있었던 모든 선지자와 다르며 참으로 우월하다는 것을 무슬림에게 보여줄 수 있다.[17]

이렇게 그는 예수가 동정녀에게서 태어난 이유가 예수님 자신에게 있음을 말하며, 영원한 하나님의 아들로서의 예수의 신적 기원을 설명하는 기회로, 그리고 예수가 다른 선지자와 결코 같을 수 없는 우월하신 분임을 증거할 기회로 삼고 있다.

2) 이싸의 칭호: 메시아, 영, 말씀

그는 코란의 이싸에게 부여된 세 칭호-메시아, 말씀, 영-를 사용하여 복음 증거를 시도한다. 사실 이싸의 칭호를 통해 복음을 증거하는 방식은 오래된 방식이다.[18] 보통은 이 세 칭호가 모두 언급되어

---

17 존 길크리스트, 『무슬림에게 복음 전하기』, 179-180.
18 "다마스커스의 요한(John of Damascus)과 바그다드의 디모데(Timothy of Baghdad)와 같은 고대 기독교 변증가들은 코란에서 예수가 '하나님의 말씀'으로 불려지는 것은, 그가 코란에서 영원한 하나님의 말씀과 동일하게 여겨진 것을 의미한다고 이해했다. 그리고 그들은 이 칭호를 예수의 신성을 보여주기 위한 논거로서 다음과 같이 사용하였다. 무슬림들은 하나님에게 동등한 자가 없다고 믿는다. 아무것도 하나님 외에는 영원한 것일 수 없다. 그러나 무슬림들은 또한 하나님의 말씀은 영원하다고 믿는다. 그러므로 하나님의 말씀은 하나님임이 분명하다. 예수는 코란에서 하나님의 말

있는 코란 4:171에 의존하여 복음을 제시하는데, 일반적인 증거방식은 이 구절의 문맥은 무시한 채, 이 칭호 자체만을 가리키며, 코란이 이싸의 신성을 나타내고 있다고 제안하는 방식이다.

그러나 길크리스트는 여기에서도 4:171이 함의하는 의미를 문맥상에서 먼저 파악하는 자세를 취한다. 먼저 코란 4:171을 옮기면 다음과 같다.

> 성경의 백성들이여 너희 종교의 한계를 넘지 말라. 알라에 대해 진실 외에는 말하지 말라. 마리아의 아들 이싸 알마씨흐는 알라의 사도이며, 마리아에게 수여된 그의 말씀이며, 그(알라)로부터의 한 영이다. 그러므로 알라와 그의 사도들을 믿어라. 그리고 셋이라 말하지 말라. 그만두어라. (그렇게 하는 것이) 너희에게 선이 되리라. 실로 알라는 유일한 신이다. 그를 찬송할지니, 그에게는 아들이 있을 수 없노라. 하늘과 땅의 것이 그의 것이라. 보호자는 알라만으로 충분하니라(4:171).

길크리스트는 이 구절이 우선적으로 예수의 신성에 대한 삼중적 부정을 하고 있다는 사실을 다음과 같이 이야기한다.

씀으로 불린다. 그러므로 예수는 하나님이심이 분명하다." 그리고 다마스커스의 요한은 무슬림이 하나님과 그의 말씀을 분리시킨다면, 그들은 하나님의 본질을 훼손시키는 것으로 비난 받아 마땅하다고 말했다. Michael Nazir Ali, *Frontiers In Muslim Christian Encounter*, 32.

첫째, 그리스도인은 세 신(삼위일체를 빗댐) 중 하나로서 예수를 믿지 말라고 명한다.
둘째, 알라는 유일한 한 분 하나님이므로 예수는 또 다른 하나님일 수 없다고 한다.
셋째, 알라의 영광은 너무 커서 그가 아들을 가질 리가 없다는 것이다.[19]

이처럼 길크리스트는 이 세 칭호가 들어있는 이 구절에 대한 문맥적 파악을 우선으로 한다. 그리고 그 다음으로 이 공동기반, 예수의 세 칭호에 주목한다. 그리고 이 세 칭호를 거점으로 예수 증거를 시작하면서, 그는 "그 동일 구절에 있는 예수님의 칭호를 고려하면, 당신은 예수님이 참으로 영원한 아들이라는 삼중적인 확증을 발견할 것이다"[20]라고 말한다.

그런데 이런 표현은 길크리스트도 코란에서 예수의 신성을 확증하는 기독교적 해석을 한다고 오해할 수 있게 한다. 그러나 그의 코란 해석 방식을 고려해 볼 때, 그의 말이 의도한 바는 '코란은 그 의미의 실제를 알지 못하거나 의미를 변경시킨 성경적 사실을 포함하고 있다'고 말한 것이라 할 수 있다.

그는 이 구절의 세 칭호를 기반으로 하여, 예수가 참으로 누구신지를 다음과 같이 증거한다. 그는 먼저, 코란이 이싸에게 '마씨흐' 곧 '메시아'란 칭호를 부여하고 있는 것에 근거해, '메시아' 고유의 의

---

19 존 길크리스트, 『무슬림에게 복음 전하기』, 187.
20 존 길크리스트, 『무슬림에게 복음 전하기』, 187.

미와 지위를 성경적 배경에서 밝혀주며, 메시아 칭호를 가진 예수의 위엄과 선지자와 구별된 탁월한 지위를 증거한다.

그리고 코란이 예수가 하나님의 아들이라는 것을 부인하면서도, 코란은 예수가 하나님의 아들임을 증명하는 칭호를 예수께 부여하고 있음을 무슬림에게 보여주라고 제안한다. 이를 위해 그는 성경시대에 메시아가 하나님의 아들이라는 표현과 동의어였음을 증명해줄 성경본문(마 16:16; 요 11:27; 마 26:63; 막 1:1; 요 20:31; 눅 4:41)을 제시한다.[21]

'그의 말씀'이라는 칭호의 의미에 대해서도, 그는 "코란이 아무런 설명도 없이 그 칭호(하나님의 말씀)를 예수님께 돌린다는 사실의 관점에서, 우리는 그 칭호의 궁극적인 의미를 찾고자 우리의 시선을 성경을 향하여야 한다"[22]고 말하며 이 칭호에 대한 의미를 성경을 통해 설명한다.

그러나 길크리스트는 '그로부터의 영'이라는 칭호와 관련해서는, 코란은 이 칭호를 사용함으로써 삼위일체를 무의식적으로 지지한다고 한다. 이에 대한 근거로, 그는 유수프 알리(Yusuf Ali)[23]가 이 영(그로부터의 영)을 '알라에게서 오는 신성한 영'(divine spirit)으로 해석하고 이 영을 알라와 같은 용어로 정의하는 것을 인정한다고 하며, 코란에 두 번 나타나는 이 칭호는 한 번은 예수에게(4:171) 적용되고 있고, 또 다른 한번은 신자들을 강하게 해주는(58:22) 영으로 사용되고

---

21 존 길크리스트, 『무슬림에게 복음 전하기』, 189.
22 존 길크리스트, 『무슬림에게 복음 전하기』, 194.
23 인도 무슬림학자이며, 코란을 영어로 번역하였다.

있음을 지적한다. 그러면서 이 영을 성경의 예수와 믿는 자에게 내주하는 성령을 증거할 기반으로 삼는다.[24]

그러나 무슬림들의 이 칭호에 대한 해석은, 이 칭호가 이싸에게 높은 지위를 부여하되 결코 신성을 부여하지는 않는다는 것이다. 아마도 길크리스트는 무슬림들의 이러한 관점을 잘 알고 있기에 코란이 삼위일체를 '무의식적'으로 지지한다고 말하고 있을 것이다. 그럼에도 그가 코란 안에서 삼위일체를 설명하려고 한 이런 시도는, 그가 두 칭호와 관련해 앞서 취했던 방식, 곧, 일차적으로 코란의 관점, 무슬림 공동체의 관점을 파악하고, 성경의 예수에 대한 지지는 오직 성경에서만 찾는 방식과 분명한 차이를 보이고 있다.

3) 십자가 사건

길크리스트는 십자가 사건에 대한 코란의 진술과 그 다양한 해석에 대한 이해를 토대로, 예수 십자가 복음을 구체적으로 증거하는 방법을 제시한다. 이는 그의 책 『무슬림을 향한 기독교인의 증거』(*The Christian Witness to the Muslim*)[25]에서 확인된다. 앞서 살펴본 푸아드 아카드와 낙타 전도법은 무슬림 주류의 해석을 피하고, 코란은 이싸의 십자가 죽음을 말하고 있다고 해석할 뿐 아니라, 그 죽음은 알라가 이싸에게 인류 구속을 위해 계획한 것이라고 해석하였다.

---

24 존 길크리스트, 『무슬림에게 복음 전하기』, 200-201.

25 John Gilchrist, *The Christian Witness to the Muslim* (Benoni: Roodepoort Mission Press, 1988).

길크리스트 역시, 코란의 십자가 사건을 다룬 4:157[26]에 대해 일부 그리스도인이 기독교에 유리한 해석을 하고 있음을 지적한다.

> 일부 기독교인은 이 구절은 유대인들이 예수를 십자가에 못 박았다는 것을 부정하는 것이며, 예수를 십자가에 못 박은 주체는 '알라' 혹은 '로마 군병'이라는 숨은 의미를 지닌 것이라고 해석한다. 그리함으로써 무슬림들이 십자가를 역사적 사실로 받아들이는데 쉽게 하도록 코란 안에서 주도권을 잡고자 하며 예수 십자가 안에 있는 구속적 강조점을 무슬림들이 받아들이는 디딤돌로 삼고자 한다.[27]

그러나 그는 무슬림 주류의 해석을 주목한다. 무슬림 주류의 해석은, 코란은 이싸의 십자가 사건 자체는 받아들이면서 이싸의 십자가 죽음은 부인하는 것이다. 그리고 그는 이렇게 코란이 이싸의 십자가 죽음에 대한 역사성을 부인함으로써, 십자가 사건 이후의 이싸의 마지막 생애를 매우 모호하고 모순되게 묘사하고 있고, 이것이 무슬림 주석가들을 많은 혼란에 빠뜨렸음을 지적한다.[28] 곧, 이슬람 세계는 이싸의 십자가 사건에 대해, 이싸는 알라의 도움으로 십자가를 면하고 죽음을 맛보지 않고 바로 승천했다, 혹은 다른 곳으로 피해 보

---

[26] 코란 4:157 "그리고 그들은 '우리가 알라의 사도 마리아의 아들 이싸 알마씨흐를 죽였노라'라고 말하노라. 그들은 그를 죽이지 않았고 십자가에 못 박지 않았노라. 그러나 그들에게 그렇게 보였을 뿐이라 …."

[27] John Gilchrist, *The Christian Witness to the Muslim*, 247.

[28] John Gilchrist, *The Christian Witness to the Muslim*, 247.

통 사람과 같은 일생을 살다 자연사 하였다, 혹은 아흐마디야파와 같은 경우, 이싸가 십자가에 달렸으나 죽지 않고 기절했으며 결국 인도로 가서 자연사했다는 여러 이설들만을 갖게 되었다는 것이다.

그는 코란의 십자가 진술의 모호성을 직시하며, 코란의 십자가 사건에 대한 진술에 반하여(against) 십자가 진리를 제시할 방법을 제안한다. 그것은 첫째, 예수가 십자가에 달리시고 죽으신 것은 역사적 사실이라는 것을 증거하는 것이며, 둘째, 예수 십자가에 담긴 의미와 목적을 밝혀주는 것이다.[29]

이렇게 길크리스트는 코란에 나타난 이싸의 독특성, 이싸의 칭호, 십자가 사건 등을 성경의 복음 증거를 위한 공동기반으로 보고, 이를 무슬림에게 복음을 증거하기 위한 대화 및 소통의 출발점으로 삼는다. 곧 이것을 코란의 전후 문맥과 세계관을 무시한 채, 복음을 지지하는 신학적 근거로 삼지 않는다. 그는 이 공동기반을 출발점으로 복음을 증거함에 있어, 일차적으로 코란의 관점을 파악한다. 그리고 이 코란의 관점에 반하여(against) 성경의 관점을 무슬림에게 제시하여 준다.

---

29 John Gilchrist, *The Christian Witness to the Muslim*, 265.

제2장

이싸의 관점에 반(反)한 구체적 말씀 증거법

　여기서는 이싸의 관점에 반하여 성경의 진리를 구체적으로 증거하는 방법을 제시하고자 한다. 이싸에 대한 코란의 관점은 성경의 증언과 독립적으로 형성된 것이다. 그러므로 전도자는 무슬림들과의 대화 속에서 코란의 관점에 반(反)한 성경의 증언을 들려주어야 한다. 무슬림들이 성경을 하나님의 말씀으로 받아들이지 않을지라도 예수를 증거하기 원한다면 성경의 진리를 나누어야 한다. 전도자가 확신을 가지고 성경의 말씀을 사용할 때 무슬림들은 진리와 직접적으로 대면할 수 있다.

　웨이드 아킨스(Wade Akins)는 어떤 이도 누군가가 신앙에 이르도록 논리적으로 이끌 수 없고, 누군가가 진리를 확신하게 되는 것은 오직 성령의 역사이며 오직 하나님 한 분만이 예수가 진정 누구이신지에 관한 참 진리로 이끌 수 있다고 말한다. 그러므로 우리가 할 바는 성령님이 그의 말씀을 사용하셔서 그 사람을 진리로 이끄시도록 하나님의 말씀을 나누는 것이라고 조언한다.[1] 이는 무슬림의 경우도 전도자가 성경 말씀을 통해 진리와 대면하게 할 때, 성령님께서 그 말씀을 통해 무슬림에게 진리를 확신시키고 죄에 대해 그리스도에 대해 확신시킴을 의미한다.

전도자는 접촉점 이싸를 출발점으로 예수에 대한 성경의 온전한 계시를 들려주어야 한다. 따라서 본인은 이싸의 관점에 반(反)한 말씀 증거 방안을 이싸에 대한 코란 진술의 세 가지 차원에서 제시하고자 한다. 그 세 차원은 성경적 의미에 대한 오해의 부분과 성경적 의미가 상실된 부분, 그리고 성경의 사실과 배치되는 부분이다.[2]

---

[1] Wade Akins, *Sharing Your Faith with Muslims* (Garland: Hannibal Books, 2011), location 975 of 2228 Kindle eBook.
[2] 코란의 이싸 진술은 성경의 증언과 관련하여 이런 세 차원을 보여준다. 그러나 이 외에도 한 차원을 덧붙인다면, 그것은 코란이 이싸 진술에서 말하지 않는 것이다. 그것은 예수의 생애에 대한 풍성한 이야기다. 코란은 선지자 이싸의 이야기를 단편적으로 말하고 있는 정도이다. 그래서 무슬림들은 진정 예수가 이 땅에서 어떤 삶을 살았는지 알지 못한다. 그래서 뢸프 쿠이츠(Roelf S. Kuitse)는 다음과 같이 말한다. "코란은 예수의 생애에 대해 많이 이야기 하지 않는다. 복음을 나누는 것은 예수의 생애를 나누는 것이다. 그의 생애가 복음이고 좋은 소식이다. 그가 하고 말한 것이 중요하였을 뿐 아니라, 피조물을 향한 하나님의 확고하고도 무조건인 사랑을 구현하신 이로서, 그가 동시대의 사람들 가운데 사셨던 방식도 중요하였다." 그러므로 예수의 생애는 위의 세 차원의 주제들을 다룰 때 무슬림들에게 풍성하게 증거되어야 한다. Roelf Kuitse. Christology in the Qur'an, 367.

1. 성경적 의미를 오해하는 부분

코란의 이싸 진술 중에는 성경적 의미에 대해 오해하는 부분이 있는데, 이 오해는 말씀을 통해 오해를 해소시키고 교정시켜 주어야 한다. 그러한 진술에는 삼위일체 신관과 하나님의 아들 개념에 대해 오해하는 내용들이 있다. 이러한 오해가 해소되지 않는 한 무슬림들과의 대화는 불가하다. 오해를 해소하고 성경의 예수에 대한 온전한 증거로 나아갈 수 있다.

1) 삼위일체 신관에 대한 오해

(1) 오해를 나타내는 코란의 진술

코란 5:116; 4:171이 제시하는 삼위일체관은 '하나님, 마리아, 예수' 삼신주의이다.

> 알라께서, 마리아의 아들 이싸야 네가 사람들에게 '알라를 제외하고 나와 나의 어머니를 신으로서 경배하라' 말하였느냐고 하시니, (이싸가) 말하였다. "당신을 찬양합니다. 저는 제게 말할 권리가 없는 것을 말하지 않았나이다 …"(5:116).

> 성경의 백성들이여 너희 종교의 한계를 넘지 말라. … 마리아의 아들 이싸 알마씨흐는 알라의 사도이며 … 셋이라 말하지 말라 …(4:171).

(2) 오해의 해소 & 삼위 하나님의 완전한 사랑 증거

① 오해의 해소

위 코란 구절에 대한 오해의 해소를 위해 제안하는 다음의 네 가지는 삼위일체에 관한 진술에서 기본적인 전제가 된다.

첫째, 삼위일체는 한 분 유일신 하나님을 의미함을 강조한다(막 12:29-30).

둘째, 코란이 이 구절에서 말하는 것, '하나님, 마리아, 예수' 신앙은 기독교의 신관과 전혀 무관한 것으로, 그리스도인도 이를 믿지 않는다는 사실을 말해준다. 이로써 무슬림들이 성경의 관점 자체에 관심을 기울이도록 독려한다.

셋째, 삼위일체 신관은 교회의 고안물이 아니라 성경에 계시된 하나님임을 강조한다. 삼위일체 교리는 무슬림들이 생각하는 것처럼 니케아 공의회에서 교회가 고안한 것[3]이 아니고 교회가 성경에서

---

3 1942년에 발간된, 『기독교에 관한 강의』(Muhadara fi al-Nasraniya)의 저자인 무함마드 아부 자흐라(Muhammad abu zahra, 이집트 알아즈하르대학교 교수)는 그의 강의와 저서에서 콘스탄틴 대제가 교황들에게 로마를 주겠다고 약속하며 교회를 협박해 삼위일체 교리를 고안하게 하였다고 주장하였다. 그는 이런 주장의 근거로 9세기의 위조문서로 밝혀진, '콘스탄틴의 기부문서'(Donation of Constantine)를 사용하였다. 이 문서는 콘스탄틴이 기독교로 개종 후 감사의 뜻으로 교황에게 막대한 특권과 재산을 기부한 것처럼 쓰인 위조문서이다. 그리고 그는 니케아 회의 참석자 수가 2000명이었다고 주장하는 이븐 타이미야(Ibn Taymiya, 1263-1328)의 근거 없는 견해를 수용하여, 이 2000명의 숫자와 전통적으로 알려져 있는 니케아 회의 참석자 수 318명의 숫자를 결합시켜, 이 2000명의 주교들 중 오직 300명만 삼위일체를 믿었다고 결론지었다. 그리고 그는 삼위일체 교리는 이집트의 이교주의에서 나온 것으로, 아타나시우스에 의해 소개되었다고 주장하였다. Jean Marie Gaudeul, *Encounters & Clashes*, 271. 아흐마드 샬라비(Ahmad Shalabi, 카이로 대학 교수)는 삼위일체는 본래, 바울의 고안물이었으며, 콘스탄틴대제가 그리스도에 대한 진실을 규정하기 위해 325년에 니케아 회의를 개최하였고 그때 2014명의 기독교인 학자들이 참석하였으나, 바울의 신앙 유산을 따르던 유럽의 주교들과 로마 교황이 콘스탄틴을 자극하여, 콘스탄틴은 당시 참석

하나님의 계시에 대한 연구를 통해 발견한 것이다.[4]

넷째, 그들이 삼위일체 유일신관에 대한 선입관을 내려놓을 수 있도록, 우리 이성과 이해의 한계를 인정할 필요를 말해 준다. 삼위일체는 인간 이성에 반대되는 것이 아니고 인간 이성을 뛰어넘는 것이며, 삼위일체에 대한 이해의 문제는 인간 이해의 부족에 있는 것이지 그 개념의 불가성이나 부족에 있는 것이 아니다(욥 11:7-8). 또한 삼위일체는 유일성(unity)에 위배(violation)되는 것이 아니라, 유일성 표현의 한 형태로서 이해해야 한다. 유한한 숫자에만 국한 될 수 있는 수학적 논쟁은 신성을 표현하는데 부적절하다.[5]

② 삼위 하나님의 인간을 향한 완전한 사랑 증거

위의 코란 구절에서 비롯된 삼위일체에 대한 무슬림의 오해는, 오해의 해소를 위한 이러한 전제적 진술로써 이 구절이 성경의 삼위

자 대부분을 차지했던 단일신주의자들을 회의장에서 쫓아내고 '타우히드' 신앙을 가지고 있던 이집트인 학자 아리우스를 죽이고, 다시 회의를 개최하였다고 한다. 그때 바울 학파, 또는 두려움을 가진 자들, 그리고 결정을 주저한 자들이 회의에 참석하였는데 그들의 수가 318명이었고 이 회의에서 예수의 신성이 결정되었다고 주장한다. Ahmad Shalabi, *Muqaranat al-Adyan 2: al-Masihiya*, 289-296. 이처럼 삼위일체가 바울의 고안물이요 니케아 회의의 고안물이라는 이슬람의 주장은 부정확하고 입증되지 않은 역사적 주장으로 가득 차 있다. 그럼에도 이런 주장은 이와 같은 이슬람 학자들의 강의와 책을 통해 이슬람 사회에 널리 퍼져 있다.

4 곧 삼위일체 교리는 성경이 하나님과 예수, 성령에 대해 가르치고 있는 것을 말한다. 그리고 하나님의 유일신성을 보호하기 위한 교리이기도 하다. 예를 들어 성경은 예수가 어떤 피조물도 할 수 없는 것을 행한다고 말한다. 예수는 사람들에게 죄에 대한 용서를 선포하고, 하늘과 땅의 권세를 지녔고, 그는 마지막 때에 심판주가 될 것임 말한다. 이 부분을 읽은 어떤 이들은 예수를 하나님과 독립된 또 다른 신으로 잘못 간주할 수 있다. 삼위일체 교리는 바로 우리가 그러한 오해에 빠지지 않도록 경고한다. Africa Christian Press, ed., *Christian Witness Among Muslims*, 62.

5 John Gilchrist, *The Christian Witness to the Muslim*, 309-312.

하나님과 무관함이 설명될 수 있다. 이제는 성경의 삼위일체 참 하나님이 누구신지를 증거할 기회를 갖게 된다. 여기서 성경의 삼위일체 하나님을 증거하는 과정에서 존재론적 차원의 교리적 설명과 유비적 설명을 하고, 성경에서 삼위일체론의 근거가 되는 성경 본문을 증거하는 노력을 기울 수 있다. 이는 '타우히드' 단일신관을 가진 무슬림들이 삼위일체 유일신 하나님의 존재방식과 그 가능성에 대해 불신하고, 삼위일체에 대한 성경적 근거성에 의구심을 품기에 이러한 설명이 요구된다.

삼위일체 하나님을 기술할 때, 존재론적 차원의 삼위일체는 내재적(內在的) 삼위일체라고도 부르는 것으로, 삼위의 내적인 관계, 삼위가 존재하는 방식에 대해 말하는 것이다. 곧, 삼위일체 하나님은 "본질상 한 하나님이시나 이 본질 안에 세 인격 또는 세 실재가 이 한 본질을 서로 상호 상통하면서 존재하고 계시는 하나님이시다"는 진술이 그것이다.[6]

삼위일체에 대한 유비적 설명을 함에 있어서 주의를 기울여야 할 것이 있다.

첫째, 세 부분으로 분리될 수 있는 물체의 예를 드는 것이다. 예를 들어, 계란이 껍질, 흰자, 노른자로 구성된 계란의 예를 드는 것이다. 그러나 코란 5:73은 '알라가 셋 중의 세 번째라 말하는 자는 불신자라'고 비난한다. 그래서 이렇게 분리된 3개의 조합신을 보여주는 듯한 비유는 무슬림에게 삼위일체에 대한 오해를 가중시킨다.[7]

---

[6] 한상화, 『하나님 중심으로 신학하기』(서울: 기독교문서선교회, 2010), 88.
[7] Africa Christian Press, ed., *Christian Witness Among Muslims*, 62.

둘째, 한 하나님이 여러 양태로 나타난다는 양태론적 유비이다. 예를 들어 물이 세 가지 상태인 액체 고체 기체로 나타나고, 한 사람이 직장과 가정과 교회 등에서 다른 역할을 지닌다는 비유를 드는 것이다.[8]

그러므로 이러한 3개의 조합신의 오해를 불러일으킬, 혹은 양태론적 유비를 피한 예로, 도미솔의 으뜸화음의 예를 들 수 있다. 이것은 세 개의 소리가 한 소리로 들리는 것이며, 또 한 소리 안에서 세 개의 소리를 들을 수 있는 것이다.[9]

삼위일체론의 근거가 되는 성경 본문들은 이 교리가 성경에 근거한 필연적 교리임을 증명하는 것이다. 삼위일체의 증거본문은 다음과 같다.

〈구약〉

① 창세기 1:1-3; 시편 33:6; 잠언 8:12-31; 이사야 48:16; 63:9, 10
② 하나님의 명칭이 복수로 언급된 본문
③ 피조된 천사 개념과 본질적으로 다른 독특한 신적 지위를 보이는 '여호와의 사자'(전통적으로 삼위의 성자를 암시하고 있는 것으로 해석된다)에 대해 언급한 본문[10]

---

8 한상화, 『하나님 중심으로 신학하기』, 83.
9 정홍렬, 『사도신경 연구』(서울: 대한기독교서회, 2005), 57.
10 한상화, 『하나님 중심으로 신학하기』, 81.

〈신약〉

① 성부 성자 성령이 함께 언급된 본문(예수님의 수세 장면, 마 28:19; 고후 13:13)
② 삼위 간의 차이를 간과하지 않으면서도 그 일치를 말하고 있는 본문
    i) 바울을 불러 회심하고 선교하게 하신 이를 사도행전 9:17은 예수로, 사도행전 22:14은 조상들의 하나님으로 사도행전 13:2-4은 성령으로 언급한다
    ii) 사도행전 5:3은 아나니아가 '성령을 속였다'고 하고 사도행전 5:4은 '하나님께 거짓말을 한 것이다'라고 말한다.
③ 삼위 간의 구별을 말하고 있는 본문
    i) 사도행전 2:32-33, 하나님은 예수를 높이시는 분이시며 성령을 주시는 이시며, 예수는 성령을 받아서 우리에게 부어주시는 이시다. 곧 높이시는 자와 높임을 받는 자, 그리고 주시는 이와 받는 자, 부어주시는 이와 부어지시는 이 사이에는 구분이 존재한다.
    ii) 성령과 그리스도는 우리를 위한 중보자시다. 그리스도는 하나님 우편에서 우리를 위해 간구하시는 이시고(롬 8:34), 성령은 우리 안에서 우리를 위해 간구하시는 이시다(롬 8:26).[11]

---

11 현요한, 『성령, 그 다양한 얼굴』(서울: 장로회신학대학교출판부, 2005), 29-38.

그러나 성경은 삼위일체 하나님에 대해 설명하지 않고, 인류를 사랑하사 인류의 역사 속에 들어오셔서 구속의 활동을 펼치시는 삼위 하나님을 다만 진술하고 있다. 삼위 하나님을 인간이 알고 경험하는 것은 삼위 하나님이 역사 속에서 구체적으로 활동하여 보여주신 것을 통한 것이다. 이처럼 삼위 하나님이 역사 속에서 보여주신 인류에 대한 사랑과 구체적인 구속행위에 기초해 삼위일체 하나님을 이해하는 방식은 경륜적(經綸的) 삼위일체이다. 삼위 하나님의 활동은 삼위 하나님의 존재를 전제한 것으로 경륜적 삼위일체와 내재적 삼위일체가 분리될 수 없다.

우리의 무슬림을 향한 증거 역시, 성경을 통해 삼위 하나님의 사랑과 구원의 행위를 증거하는 것을 우선으로 하여야 한다. 예수 그리스도를 통해 자기를 계시하시고 구원을 완성하신 삼위 하나님을 증거함이 없는, 내재적 삼위일체에 대한 독립적 증거는, 하나의 사변으로 전락하기 쉽고, 무슬림을 설득하기 힘들다. 따라서 이싸를 접촉점으로 하여 성경의 삼위일체 참 하나님을 증거할 때, 우선적으로 성경에 계시된 삼위 하나님의 인류를 향한 사랑과 구속의 행위를 증거해야 한다.

길크리스트(Gilchrist)도 무슬림들과의 삼위일체에 관한 대화를, 삼위 하나님의 인류를 향한 사랑의 깊이를 증거하는 기회로 삼는다. 그는 삼위 하나님의 인류를 향한 사랑을 성경 말씀으로 다음과 같이 증거한다. 아버지 하나님의 사랑은 우리를 그분의 자녀로 불러주신다. 이는 인간을 영원한 종의 위치에 두는 알라와 대조된다. 성부 하나님은 우리의 아버지가 되어주시기를 기뻐하신다(요일 3:1). 그리고 아버지 하나님은 당신이 세상에 보내신 아들 예수님을 믿는 자에게 자녀의 권세를 주신다(엡 2:3; 요 1:12). 그 자녀가 누리는 특권은 하나님 아버지로부터 나라를 기업으로 받는 하나님의 상속자가 되는 것이다(눅 12:32; 롬 8:17).

그리고 성자 하나님은 우리를 향한 하나님의 사랑의 깊이를 보여주신다. 그 사랑은 자기 목숨을 내어주시는 사랑이다(요일 4:9; 롬 5:8; 요 15:13). 자기 목숨을 내어주는 사랑은 가장 위대하고 가장 영속적인 사랑의 형태다. 코란이 예수님이 하나님의 아들이심을 부인하는 것과 우리의 죄를 대신하여 죽은 사실을 부인하는 것은, 하나님이 인류에게 주실 수 있는 가장 위대한 사랑을 부인하는 것이다.

성령 하나님은 우리 안에 계시사 하나님의 사랑을 깨닫고 누리도록 도와주신다(롬 5:5). 내주하시는 성령의 현존이 우리로 하여금 하나님과 우리의 관계를 의식하도록 만든다(갈 4:6). 우리가 지금 하나님의 자녀들이고, 그분의 영원한 나라에서 하나님의 상속자가 된다는 명확한 지식을 우리에게 준다(롬 8:15-17).[12]

이렇게 코란의 삼위일체에 대해 오해하는 구절을 접촉점으로 우리는 성경의 삼위 하나님의 깊은 사랑의 계시를 증거할 수 있다. 바로 삼위 하나님의 사랑을 증거하며 복음을 증거하는 기회로 삼을 수 있다.

---

12 John Gilchrist, *The Christian Witness to the Muslim*, 219-231.

2) 하나님의 아들에 대한 오해

(1) 오해를 나타내는 코란의 진술

코란이 반박하는 '하나님의 아들' 개념은 '인간 예수가 하나님의 아들로 취해졌다'는 기독교 이단의 양자론적 개념과 관련한다. 뿐만 아니라, 다신주의적 배경에서 인간의 경험에 비추어 이해한, 신이 아내를 취하여 자녀를 출산한다는 '육체적 신의 아들' 개념과 관련한다.

> [34]그것이 마리아의 아들 이싸(에 대한 이야기)로 (이것은) 그들이 의심하고 있는 것에 대한 진리의 말이니라. [35]아들을 취한다는 것은 알라께는 있을 수 없는 일이라 …(19:34-35).

> 그(알라)는 낳지도 않고 태어나지도 않았노라(112:3).[13]

---

13 무슬림들은 기독교인의 신앙(예수님이 하나님의 아들이심을 믿는 신앙)을 반박하기 위해 이 구절을 반복적으로 사용한다. 그러나 이 구절은 신이 육체적인 아들을 두는 것을 반박하는 구절이다. 그러므로 윌리암 살(William J. Saal)은, "성경적 진리를 증거하기 전에 오해를 무장 해제시키도록 해야 한다. 이 시점에서 많은 기독교인들은 가장 많이 알려진 장이요 가장 자주 암송되는 장중의 하나인 코란 112장의 내용을 액면 그대로 받아들이는 것을 기뻐한다"고 말한다. 사실 기독교의 예수님이 하나님의 아들됨을 반박하기 위해 무슬림들이 인용하는 이 구절의 내용은 기독교인도 동의하는 것이다. 이 구절이 무슬림들에 의해 기독교인에게 들려지는 만큼, 예수에 대해 바로 증거할 기회가 주어지는 것이라 할 수 있다. William J. Saal, *Reaching Muslims for Christ*, 141.

(2) 오해의 해소 & 영원하신 하나님의 아들 증거

① 오해의 해소

이러한 하나님의 아들에 대한 오해 해소를 위해 다음과 같은 접근법을 제안한다. 우선적으로 이 구절들은 성경이 말하는 하나님의 아들 개념과 다른 것이며 바른 이해를 위해 성경적 의미를 알 필요가 있다고 말해준다. 이런 육체적 출산 개념의 신의 아들을 생각하는 무슬림을 접할 때, 니고데모와 대화하셨던 예수님을 떠올릴 수 있다. 니고데모는 '거듭남'의 의미를 어머니 뱃속에 들어갔다가 다시 태어나는 것으로 잘못 이해했다(요 3:4). 그러나 예수님은 그러한 생각이 얼마나 터무니없는 지를 지적하기 위해 많은 시간을 허비하지 않으셨다. 대신 보다 중요한 영적 주제로 바로 옮겨가셨다. 우리 역시, 그들의 개념이 성경의 개념과 다르다는 사실을 단호하게 짚어준 후, 성경적 의미를 밝혀 주는 것으로 바로 옮겨가야 한다. '아들'의 개념이 꼭 육체적 아들만을 의미하지 않는다는 것을 증명하려고, 비유적 설명을 하는데 많은 시간을 들이는 것은 바람직하지 않다.[14]

코란의 육체적 신의 아들 개념에 대한 오해 해소를 위해, 제시하는 성경의 말씀은 누가복음 1:35의 예수가 하나님의 능력에 의해 태어났음을 증거하는 말씀이다.

> 천사가 대답하여 이르되 성령이 네게 임하시고 지극히 높으신 이의 능력이 너를 덮으시리니 이러므로 나실 바 거룩한 이는 하나님의 아들이라 일컬어지리라(눅 1:35).

---

14 Fred Farrokh, "Is the Scandal for Muslims: the How or the Who?," 221.

코란도 이싸는 오직 동정녀 마리아에게서 알라의 능력으로 태어났음을 증거한다. 하나님의 능력으로 태어난 예수를 성경은 하나님의 아들로 명명하고 있고, 그리스도인은 이 예수를 하나님의 아들이라 부른다.

또한 양자론적 아들 개념에 대한 오해 해소를 위해, 예수님은 인간으로서 하나님의 아들로 취해진 신격화된 인물이 아니라, 본래 영원하신 하나님의 아들임을 증거하는 그의 선재성을 나타내주는 성경 말씀을 제시해 준다. 따라서 찰스 마쉬(Charles Marsh)는 그리스도인이 예수를 신격화한 것이 아님을 알려주기 위해, 거룩한 움직임이 위에서 아래로 내려왔으며, 아래에서 위로 올라간 것이 아님을 증거해야 한다고 말한다.15 요한복음 1:1-2, 14의 말씀과 빌립보서 2장은 아들 예수는, 영원한 하나님의 말씀이 육체가 되어 이 땅에 오신 분이심을 말한다.

② 하나님의 아들 되심의 성경적 의미 증거

하나님의 아들의 성경적 의미를 증거해주는 것이다. 성경에서 예수님에 대한 이 호칭은 어느 인간도 공유할 수 없는 예수님과 하나님 사이의 지극히 친밀하고도 특별한 관계를 보여주는 것이다.

첫째, 그 특별한 관계는 예수님이 하나님에 대해 유일하고 온전한 지식을 가진 유일하신 분이라는 것이다(마 11:27; 요 1:18; 14:9). 예수를 통해 우리는 하나님이 누구신지 바로 알 수 있다.

둘째, 예수님은 아버지의 뜻을 온전히 행하신 유일하신 분이다(요 5:19).

15　Charles R. Marsh, *Share Your Faith with a Muslim* (Chicago: Moody Press, 1975), 43.

셋째, 예수님은 하나님의 아들로서 하나님 아버지로부터 심판을 비롯한 모든 권세를 부여 받으신 분이다(요 5:22).

이렇게 아들 예수가 하나님 아버지와 갖는 특별한 관계는 어느 인간도 공유할 수 없는 것으로 그의 신성을 드러낸다. 우리는 성자 예수가 갖는 이 특별한 신성한 지위가 성부 하나님과의 관계에서 비롯되는 것임을 부자 관계의 유비를 들어 설명해 줄 수 있다. 아들은 아버지의 모습을 갖고 있어 우리는 아들을 통해 아버지를 알 수 있다(히 1:3; 요 14:9). 그리고 아들은 아버지에 대한 가장 가까운 지식을 갖고 있으며(마 11:27), 아들은 아버지께 순종한다(요 8:28-29). 그리고 아들은 아버지를 대표하는 자로 아버지의 위치에 설 수 있으며, 아버지로 인해 존경을 받는다(막 12:1-9).[16]

'하나님의 아들'에 대한 성경적 의미의 증거와 관련해 전도자가 염두에 두어야 할 것은, 무슬림들이 예수님 스스로 자신의 지식과 능력에 제한을 두신 내용이 들어 있는 성경구절들을 예수님의 신자성(神子性)을 반박하는 근거로 삼는다는 것이다. 그러나 길크리스트는 이 구절들을 '예수님이 진정 누구신지, 하나님의 아들의 의미가 무엇인지'를 설명해 줄 수 있는 오히려 좋은 기회로 본다.[17]

그러한 구절 중에, 마태복음 24:36이 있다.

> 그러나 그 날과 그 때는 아무도 모르나니 하늘의 천사들도, 아들도 모르고 오직 아버지만 아시느니라(마 24:36).

---

[16] Africa Christian Press, ed., *Christian Witness Among Muslims*, 61.

[17] John Gilchrist, *The Christian Witness to the Muslim*, 329.

여기서 예수님은 그 자신을 사람과 천사 위에 두신다. 그 자신을 영원하신 하나님의 아들로서 유일하게 하나님과 관계를 맺는 존재로, 피조물의 수준에 두지 않고, 신성한 차원에 두신다.

요한복음 5:19, 30에서도 하나님의 아들의 의미가 매우 조화롭게 나타난다.

> 그러므로 예수께서 그들에게 이르시되 내가 진실로 진실로 너희에게 이르노니 아들이 아버지께서 하시는 일을 보지 않고는 아무 것도 스스로 할 수 없나니 아버지께서 행하시는 그것을 아들도 그와 같이 행하느니라. … 내가 아무 것도 스스로 할 수 없노라 듣는 대로 심판하노니 나는 나의 뜻대로 하려 하지 않고 나를 보내신 이의 뜻대로 하려 하므로 내 심판은 의로우니라(요 5:19, 30).

아들로서 그는 아버지의 권위에 제한을 받는다. 그러나 하나님의 거룩한 아들로서 그는 아버지가 하시는 것을 정확히 행하신다. 이것은 아버지와 관련한 예수의 지위를 규정한다. 곧 성부와 본질에 있어 하나이나, 성부의 권위에 순종하는 성자 예수의 지위를 규정해준다.

요한복음 14:28 역시 예수님의 한계를 말하면서 또한 동시에 그의 위대함을 말하고 있다.

> 내가 갔다가 너희에게로 온다 하는 말을 너희가 들었나니 나를 사랑하였더라면 내가 아버지께로 감을 기뻐하였으리라 아버지는 나보다 크심이라(요 14:28).

그는 그 자신을 성부 하나님과 연관시켜 신성한 수준에서 자신을 이야기하고 있다.[18]

따라서 길크리스트는 예수의 신성을 증거할 때 하나님의 아들로서의 지위를 분명하게 증거하는 것이 필요함을 다음과 같이 설명한다.

> 어떤 이들은 우리는 예수를 (무슬림에게) 하나님의 아들로 말하는 것을 피해야 한다고 말한다. 그리고 어떤 이들은 우리는 그가 하나님이시고, 모든 것에 주가 되심을 담대하게 선언해야 한다고 말한다. 나는 이 양 극단에 동의하지 않는다. 우리는 그의 아들됨(Sonship)에 **집중해야 한다**. 그것은 우리가 그가 진정 누구신지를 적절하게 말하는 것을 보장해주고, 우리가 무슬림들이 예수께서 공표하신 (아들로서의) 제한성을 지적하며 (예수 신성에) 반대하는 것을 피할 수 있게 하여 주기 때문이다.[19]

예수의 신성을 증거할 때 하나님의 아들로서 예수를 증거하는 것이야말로, 예수님이 진정 누구신지를 가장 적절히 나타내 줄 수 있고, 하나님의 아들로서의 제한성을 지적하며 예수의 신성을 부인하려는 무슬림들에게 올바른 답변이 될 수 있다는 그의 주장은 전적으로 타당하다. 실제로 일부에서는 '하나님의 아들' 칭호가 야기 시킬 수 있는 오해의 소지를 없애기 위해서, '하나님의 아들'을 '하나님께

---

18 John Gilchrist, *The Christian Witness to the Muslim*, 329-332.
19 John Gilchrist, *The Christian Witness to the Muslim*, 330.

사랑 받는 자'(habib Allah) 혹은 '메시아' 혹은 '말씀'으로 대체하여 번역할 것을 주장하고 또 시도하였다.[20]

이 칭호가 야기할 오해의 소지를 없애기 위해, 예수를 무슬림에게 하나님의 아들로 말하는 것을 피하거나, 이 칭호를 '메시아,' '말씀,' '알라의 사랑받는 자' 등으로 번역하는 것은 적절치 않다. 왜냐하면 '아들'의 칭호에는 다른 칭호와 달리 인간적인 가족 관계의 유비가 포함되어 있어 신성한 관계 안에 있는 인격적인 친밀함과 사랑이라는 신성한 계시의 깊은 차원이 나타나 있기 때문이다. '하나님의 아들'의 칭호야 말로 예수의 최고의 자기 계시로서, 예수가 누구이신지를 가장 적절히 나타내 줄 수 있다.

우리의 증거는 선재하신 영원한 하나님의 아들 예수가 이 땅에 내려와 아버지의 뜻에 순종하여 인류 대속의 사명을 완수하신 것을 증거하는 것이다. 그러므로 예수가 '하나님의 아들'이심을 증거하는 것은 예수에 대한 정확하고 바른 증거인 것이다. 따라서 코란의 '하나님의 아들'에 대한 오해를 나타내는 구절은 전도자가 예수 증거에서 '하나님의 아들'의 칭호 사용을 피하도록 요구하는 구절이 아

---

[20] 릭 브라운(Rick Brown, SIL-Eurasia의 associate area director)은 2005년 IJFM(International Journal of Frontier Missions)의 가을 호에서, 이런 번역을 옹호하는 가운데, 마 16:16; 눅 1:32, 33; 눅 4:41을 근거 본문으로 제시하며 예수와 사도들이 '하나님의 아들'을 '그리스도'와 동의어로 사용하였다고 주장하였다. 그리고 동의어 사용을 통한 성경번역이 한 폐쇄적인 국가에서 성경테이프 판매가 가능하고 예수 영화가 상영되는 결실을 이루었다고 주장하였다. '하나님의 아들'이 '말씀'으로 대체된다면, 그래서 예수의 신자성(Sonship)이 사라진다면, 삼위일체에 대한 역사적 기독교 이해도 붕괴하게 될 것이다. 왜냐하면 삼위일체 안의 '아버지와 아들'의 영원한 관계는 '하나님-말씀'의 관계로 대체될 것이기 때문이다. 이는 성경이 증언하는 삼위 하나님을 온전히 나타내는 것이 아니다. Colin Hansen, "The Son and the Crescent," *Christianity Today* Feb 2011, 21-23.

니다. 이 구절은 오히려 전도자에게 성경적 의미를 바로 증거해 주도록 요청하는 구절이라 할 수 있다.

윌리암 살(William J. Saal)은 다음과 같이 말했다.

> 많은 기독교인들은 가장 많이 알려진 장이요 가장 자주 암송되는 장 중의 하나인 코란 112장의 내용을 액면 그대로 받아들이는 것을 기뻐한다.[21]

이는 하나님의 아들에 대한 오해를 반영하고 있는 이 112장을 듣는 모든 기회가 바로 하나님 아들 예수에 대한 성경의 증언을 들려줄 기회가 됨을 의미한 것이다.

2. 성경적 의미가 상실된 부분: 메시아 칭호

코란의 이싸 진술 중에 성경적 의미를 상실하고 있는 부분은 성경에서 그 의미를 풀어 설명해 주어야 한다. 그러한 진술에는 이싸의 독특성을 나타내주는 동정녀를 통한 탄생, 기적, 그리고 일부 칭호 등이 있다. 여기에서는 코란에서 설명되지 않는 메시아 칭호의 의미를 성경에서 풀어 복음을 증거하는 방법을 제시하고자 한다.

---

21 William J. Saal, *Reaching Muslims for Christ*, 141.

1) 코란에서의 '마씨흐' 칭호

> 천사들이 말하길, 마리아여 알라께서 너에게 그로부터의 한 말씀으로 기쁜 소식을 주시리니, **그의 이름은 마리아의 아들 이싸 알마씨흐이니라.** 그는 현세와 내세에 영예로운 자요, 알라와 가까이 있는 자 가운데 있으리라(3:45).

코란은 이싸에게 '마씨흐' 곧 '메시아'의 칭호를 부여한다. 그러나 코란은 이 칭호에 대해 어떠한 설명도 없다. 그래서 코란에서 '마씨흐'는 '이싸'를 지칭하는 또 다른 이름의 고유명사처럼 사용되고 있다. 그리고 무슬림 학자들은 제1부에서 살펴본 바대로, 이 단어의 성경적 어원을 알지 못한 채, 단지 이 단어의 아랍어 어원을 추측하며 성경적 의미와 무관한 다양한 해석을 내놓고 있다. 그러므로 전도자는 이 구절을 거점으로 하여 이 칭호의 기원을 담고 있는 성경을 통해, 이 칭호가 갖는 중요성과 그 의미를 증거할 기회를 갖게 된다.

2) 성경에서 메시아 칭호가 갖는 중요성과 그 의미 풀이

(1) 성경에서 '예수가 메시아 곧 그리스도'라는 사실이 지녔던 중요성 증거

이는 코란에서 '마씨흐'가 '이싸'를 지칭하는 또 다른 이름으로 단순히 사용되고 있는 것에 반(反)한 증거이다. 성경은 예수가 메시아라는 사실이 단순한 사건이 아니었음을, 곧 유대인의 메시아 대망과 관련된 것이요, 초대교회 신앙의 핵심을 이루는 것(행 2:36; 9:22)이었음을 증언한다. 정홍렬은 이에 대한 성경의 증언을 다음과 같이

말해주고 있다.

> 그러나 신약 성경 중 특히 그리스도교 교회의 시작의 역사가 담긴 사도행전에는 예수를 그리스도로 고백하는 것이 그리스도교 신앙에 얼마나 핵심적인 내용이 되는지가 잘 드러난다. 사도행전 2장의 베드로의 설교에서, 베드로는 초대교회의 신앙의 핵심내용을 이렇게 선포했다. "너희가 십자가에 못 박은 이 예수를 하나님이 주와 그리스도가 되게 하셨느니라(36절)." 바울도 회심 후 다메섹에서 유대인들을 향해 '예수는 그리스도'라고 증명하였다(행9:22). 그만큼 그리스도라는 칭호를 얻는 일은 아무에게나 해당될 수 있는 것이 아니고 유대인들의 신앙 전통에는 결정적으로 특별한 의미를 지니는 사건이었다. 즉 그들의 메시아 대망과 연결되는 사건이었다. … 예수도 '당신이 메시아인가?'라는 수없이 많은 질문을 받으셨다 (마 11:3).[22]

(2) 메시아 칭호에 대한 성경적 의미 설명

① 메시아 칭호는 선지자보다 위대한 예수의 지위를 나타낸다.

가장 먼저 이 칭호는 메시아 예수가 모든 선지자보다 위대한 분임을 나타낸다. 메시아는 히브리어로 '기름 부음 받은 자'라는 의미다. 기름 부음을 받는다는 것은 하나님의 사역을 위한 특별한 임무를 위하여 부름을 받는 것을 의미한다. 주님의 기름 부음을 받은

---

[22] 정홍렬, 『사도신경 연구』(서울: 대한기독교서회, 2005), 113.

자는 이스라엘 왕과 대제사장과 선지자였다. 그러나 이스라엘 선지자들은 하나님의 공의를 열방에 펴고 열방을 다스릴 하나님의 최고의 통치자가 될 한 인물을 예언하였고, 그는 다윗의 가문에서 나올 것을 예언하였다(사 9:6-7; 11:1-5, 10; 42:1). 이 다윗의 가문에서 나올 최고의 통치자가 기름부음 받은 자, '메시아'로 명명 되었다(단 9:25). 그리고 구약의 예언들은 이 한 위대한 인물, 오실 메시아의 존귀와 위엄과 영광에 대해 말하였다(슥 6:13; 미 5:2; 단 7:13-14).[23]

그렇기에 세례 요한(코란에서 야흐야)은 메시아 예수와 자신을 동일한 선지자의 위치에 두지 않았다. 그는 자신을 "… 나는 그리스도가 아니요 그의 앞에 보내심을 받은 자라"(요 3:28)고 하였다. 그는 메시아의 길을 예비하는 자로서 그의 신을 풀기도 감당치 못할 존재로 자신을 나타냈다(요 1:23, 27). 그래서 예수님은 아브라함도 그의 날을 보는 것을 기뻐했고(요 8:56), 모세는 그의 도래를 예견하였고(요 5:46) 다윗은 그를 주님이라 불렀다(마 22:45)고 말씀하셨다.[24] 메시아 예수는 단순히 많은 선지자 중의 하나일 수 없다.

그런데 코란이 이싸에게 '알마씨흐'(메시아)의 칭호를 부여하면서, "마리아의 아들 알마씨흐는 사도에 지나지 않는다"(코란 5:78)라고 말하는 것은 가하지 않은 것이다.[25] 그 칭호의 기원을 보여주는 성경의 말씀은 메시아 예수는 단지 사람들이 하나님께 돌아오도록 요청하는 여러 선지자들 중의 하나에 지나지 않는 것이 아니

---

23 John Gilchrist, *The Christian Witness to the Muslim*, 187-190.
24 존 길크리스트, 『무슬림에게 복음 전하기』, 206.
25 John Gilchrist, *The Christian Witness to the Muslim*, 183.

라, 모든 선지자들이 그의 도래를 예언한 모든 선지자들 위에 뛰어난 하나님의 최고의 통치자로서의 탁월성과 위엄을 가진 인물임을 나타내고 있다.

② **메시아 칭호는 그가 담당할 대속적 고난의 사명을 나타낸다.**

성경은 메시아가 위대한 영광을 지닌 인물임을 예언하면서도, 슬픔과 고난의 사람이 될 것을 또한 예언하였다. 구약에는 메시아의 고난과 영광에 대한 많은 예언이 있다. 시편 22편, 69편 그리고 가장 중요한 메시아 예언이라 할 수 있는 이사야의 예언 등이 있다. 이사야 53장은 메시아의 초림에 사람들이 그를 간과하고 거부할 것을 그리고 메시아가 우리의 죄를 대신해 대속적 고난을 겪을 것에 대해 그리고 예수 그리스도의 십자가 사건에서 일어날 구체적인 일들에 대해 예언하고 있다. 이러한 기록은 메시아 예수가 십자가에서 당한 고난과 죽음은 그에게 갑자기 비극적으로 일어난 일이 아니고, 인류 구속의 목적으로 하나님이 계획하신 것이며 선지자들에 의해 예언된 것임을 보여준다.[26]

③ **메시아 칭호는 그가 지닌 온전한 영광을 나타낸다.**

구약의 예언은 메시아가 담당할 대속적 고난은 물론이요 그가 가진 영광에 대해서도 예언하였다(시 2:1-12; 110:1-2; 단 7:13-14). 예수는 그 예언의 성취로 십자가 고난과 죽음의 길을 가셨고, 과연 죽음에서 영광 중에 부활 승천하셨고 하나님 보좌 우편에 앉으셨다. 하

---

26 John Gilchrist, *The Christian Witness to the Muslim*, 194-197.

나님은 그에게 모든 정사와 능력과 권세를 주셨고, 그의 이름을 모든 이름 위에 뛰어나게 하셨다(엡 1:20-23). 예수님은 모든 세상과 인간의 최후 운명을 다스리는 완전한 권세와 영광을 가지고 마지막 때에 전 인류를 심판하러 오실 것이다(계 1:7).

반면, 코란 43:61 "그(이싸)는 그(심판의)때에 대한 표적이다 …"에 따르면 이싸는 단지 마지막 심판 때의 전조로만 이 땅에 재림한다고 한다. 따라서 메시아 예수가 지닌 온 세상을 향한 권세, 최후 심판의 주로서의 권세는 바로 이 구절에 반(反)해 밝히 증거되어야 할 부분이다. 예수가 지닌 메시아 칭호의 의미를 밝혀주는 것, 그것은 무슬림이 보지 못하는 예수의 참 영광과 권세를 드러내는 것이다.

3. 성경적 사실과 배치되는 부분

코란의 이싸에 관한 진술 중 성경과 정면 배치되는 진술에 대해서는 성경의 사실을 말씀의 권위에 의존해 단순히 증거하는 것이 필요하다. 그러한 진술은 예수의 신성을 부정하는 것과, 십자가 죽음의 역사성과 대속적 죽음을 부인하는 것이다.

웨이드 아킨스(Wade Akins)는 성경말씀의 근본적 신앙과 맞부딪치는 장애물(Stumbling Block)을 어떻게 다룰 수 있는지를 이렇게 조언한다.

> 오직 한 가지 방법만 존재한다. 하나님의 말씀이 말하는 것을 보여주어라. 하나님 자신이 당신의 말씀을 성령의 수단으로 확

신시킬 수 있다. 누군가 성경을 믿지 않는다고 말할지라도 그리스도에 대한 신앙을 나누는 사람은 하나님의 말씀으로부터 그 진리를 나누어야 한다. 당신은 그 사람이 성경을 하나님의 말씀으로 받아들이지 않는다는 것을 인정하라. 그러나 당신은 그리스도인이 믿는 것을 그 사람에게 단지 증거해 주어라. … 성령께서 하나님의 말씀을 누군가가 진리를 확신하는데 사용할 것이다. 기억하라. 하나님의 말씀은 주님의 검이다.[27]

또한 찰스 마쉬도 믿을 수 있는 역사적 사실인 성경의 증언을 확신을 가지고 단순하게 증거할 것을 다음과 같이 조언한다.

> 이것들은 성경에 영원한 기록을 남긴 수많은 믿을만한 사람들에 의해 증거된 역사적 사실입니다. 우리는 주저함 없이 계속해서 이 사실들을 주장할 수 있습니다.[28]

결국, 위 두 사람의 조언은 진리의 말씀, 역사적 진실을 담고 있는 성경의 증언을 증거하는 것을 주저하지 말라는 것이다. 그런데, 피터 포드(F. Peter Ford)는 이런 역사적 사실을 접어둔 채, '하나님의 영예'라는 신학적 관점으로 대화를 시작할 것을 다음과 같이 주장한다.

> 예수의 마지막 생애에 관한 무슬림과 기독교인 사이의 공동기반을 찾는 것은, 예수가 실제로 십자가에 달렸는가 달리지 않

27　Wade Akins, *Sharing Your Faith with Muslims*, location 998, 1003 of 2228 Kindle eBook.
28　Charles R. Marsh, *Share Your Faith with a Muslim*, 54-55.

앉는가에 대한 역사적 관점에서만 바라볼 때 흔들릴 수 있다. 그러나 이 사건에 신성한 개입이라는 더 깊은 신학적 의미를 고찰할 때, 무슬림들과 기독교인들은 하나님에 대한 유사한 견해를 나눌 수 있다. 즉 그는 승리를 얻었고, 그의 선지자 예수에 대해, 그의 주권적 의지에 대항하려 한 가공할만한 인간의 계획에 맞서서, 자신의 영예를 지켜냈다.29

곧, 그가 십자가에 대한 역사적 사실을 접어둔 채 대화의 시작점으로 찾아낸 '하나님의 영예'라는 주제는, 이슬람과 기독교 모두에서 하나님은 유대인들의 예수를 죽이려는 음모를 신성한 개입으로 좌절시킴으로써 하나님의 능력은 어떤 인간의 술책보다 더 뛰어남을 드러냈다는 것이다. 곧 이슬람에서는 알라가 이싸를 십자가에 달리기 전에 구해냄으로써, 그리고 기독교에서는 하나님이 예수를 십자가에 죽도록 내버려 두었지만 다시 부활 승천시킴으로써 예수를 옹호했다는 것이다. 그는 이 '하나님의 영예'라는 주제를 무슬림과의 대화를 위한 중요한 시작점으로 본다.

십자가 사건에 대해 무슬림들에게 증거해야 할 바는, 십자가를 통한 하나님의 인류 구원 계획과 하나님이 역사 속에서 성취하신 십자가 대속 사건에 대한 역사적 진실이다. 그런데 그러한 하나님의 계획과 역사적 사실을 2차적인 것으로 둔, '하나님의 영예'라는 모호한 출발점은, 사실과 사실이 아닌 것을 동일한 선상에 두고 동일한

---

29 F. Peter Ford, "The end of Jesus' mission and the honor of God in the Qur'an: the search for common ground between Muslims and Christians," *Islam and Christian-Muslim Relations* vol. 24 (Jan 2013): 24.

진실의 무게를 두는 것이다. 곧 십자가 사건을 향한 하나님의 의도와 계획을 둘로, 십자가 사건에 대한 역사적 사실도 둘로 만드는 것이다. 이러한 대화는 무슬림과의 공동기반을 단순히 마련하고자 하는 것이지 복음의 진리성을 세우고 복음 진리를 증거하는 것이 아니다. 전도자는 성경 말씀의 권위에 의지해, 말씀의 진리성에 무게를 두고 복음 진리와 그 혜택을 들려주는 노력을 기울여야 한다.

성경의 사실과 배치되는 코란의 주제를 다룸에 있어, 본인은 코란의 십자가 진술에 억지로 기독교적 해석을 하는 것을 지양해야 할 뿐만 아니라, 이러한 성경의 사실에 대한 진리성을 반감시키는 접근도 지양할 것을 제안한다. 우리의 증거는, 앞서 언급한 웨이드 아킨스(Wade Akins)와 찰스 마쉬(Charles Marsh)의 조언대로, 성경 말씀의 권위에 의존해 성경의 진실을 단순하게 증거하는 것이어야 한다.

여기에서는 성경과 배치되는 코란의 진술 중, '예수 십자가 죽음 부인'이라는 주류적 해석을 갖고 있는 코란 4:157을 거점으로 성경적 사실을 증거하는 방법을 제안하고자 한다.

1) 예수 십자가 죽음의 역사성 부인

> 그리고 그들은 '우리가 알라의 사도 마리아의 아들 이싸 알마씨흐를 죽였노라'라고 말하노라. 그들은 그를 죽이지 않았고 십자가에 못 박지 않았노라. 그러나 그들에게 그렇게 보였을 뿐이라 …(4:157).

코란에서 십자가 사건을 다룬 구절은 이 한 구절뿐이다. 이 구절에 대해서는 앞서 살펴본 것처럼 여러 해석이 분분하다. 이렇게 4:157에 대한 해석이 분분하다는 것은, 이 구절에서 십자가 사건에 대한 일치된 진실을 얻지 못함을 의미한다. 그러므로 『무슬림들 가운데 복음전하기』(*Christian Witness Among Muslims*)에서는 다음과 같은 제안을 한다.

> 코란 4:157에 대한 진리성에 대해 직접적인 공격을 하는 것은 지혜롭지 않다. … 그러나 무슬림들 자신이 이 구절이 무엇을 의미하는 것인지 확신하지 못한다는 사실을 지적하라.[30]

위의 제안은 4:157은, 십자가 사건에 대한 한 가지 진실을 알도록 촉구하는 거점이 될 수 있음을 말한다. 또한 이 구절에 대한 무슬림 주류의 해석은 십자가 사건이 있었던 것은 인정하되, 예수의 십자가 죽음은 부인하는 것이다. 그리고 코란에서 예수의 십자가 죽음을 해석해내는 이들 조차도 그 죽음이 인류의 대속을 위한 죽음이라는 의미는 부여하지 않는다. 그러므로 우리는 이 구절을 거점으로, 십자가 사건에 대한 한 가지 진실, 예수의 십자가 죽음의 사실성과 예수 십자가의 성경적 의미를 바로 증거할 기회를 갖는다.

---

[30] Africa Christian Press, ed., *Christian Witness among Muslims*, 48.

2) 성경의 증언 증거

(1) 예수의 십자가 죽음의 사실성 증거

성경에서 예수님의 십자가 죽음과 부활은 결코 의문시 되지 않는다. 십자가 죽음에 관한 예수의 예고[31]부터 십자가 사건 자체의 기록, 예수 십자가 죽음과 부활에 대한 사도들의 증언 등, 전도자는 십자가 죽음에 대한 성경의 기록을 무슬림들에게 직접 읽어보도록 고무시키는 것이 필요하다.

십자가 죽음에 대한 기록을 무슬림들에게 단순히 증거하는 것을 윌리암 살은 이렇게 제안한다.

> 당신은 예수가 자신의 죽음을 예언한 부분을 보여줌으로써 그 주제(십자가 죽음의 사실성)에 접근할 수 있다. 이것은 예수의 죽음이 실수나 갑작스러운 것이 아니었음을 보여 준다 (막 8:27-33).[32]

콜린 채프만(Colin Chapman) 역시 이렇게 말한다.

> 우리는 무슬림들에게 예수가 실제로 십자가형을 당하였음을 확신시키려하기 전에, 성경이 예수의 죽음을 어떻게 보도하고

---

[31] 막 8:27-33은 예수 십자가 죽음을 받아들일 수 없는 베드로의 내면을 보여주는 곳으로, 십자가에 대한 무슬림들의 일반적인 거부감을 이해하게 해주는 대목이다. 예수는 베드로의 거부적 반응에 대해 강하게 답변한다. William J. Saal, *Reaching Muslims for Christ*, 140.

[32] William J. Saal, *Reaching Muslims for Christ*, 140.

있는가, 다시 말해서 예수의 죽음에 대해 직접 기록하고 있는 기사들을 읽어보도록 고무하지 않으면 안 된다(눅 23:20-26; 32-43; 44-49).**33**

이렇게 두 전도자가 말한 대로, 우리는 예수님 자신의 십자가 죽음에 대한 예고, 십자가 죽음 사건 자체에 대한 기록을 그들에게 보여 줄 수 있다. 또한 아울러 예수의 십자가 죽음과 부활 사건에 대한 사도들의 증언 그리고 이에 대한 유대인들의 반응이 담긴 기록을 그들에게 보여줄 수 있다. 사도행전 2:23은 베드로가 예수 십자가 죽음과 관련하여 유대인들을 비난하는 내용이다.

> 그가 하나님께서 정하신 뜻과 미리 아신 대로 내준 바 되었거늘 너희가 법 없는 자들의 손을 빌려 못 박아 죽였으나(행 2:23).

그러나 베드로의 비난에 대해, 유대인들은 예수의 십자가 죽음의 사실성 자체를 의심하지 않는다. 그 당연한 사실성 위에서 그들은 다음과 같이 반응한다.

> 그들이 이 말을 듣고 마음에 찔려 베드로와 다른 사도들에게 물어 이르되 형제들아 우리가 어찌 할꼬 하거늘(행 2:37).**34**

---

33 콜린 채프만, 『가서 너도 이와 같이 하라』, 전재옥 역 (서울: 이슬람연구소, 1996), 108.
34 John Gilchrist, *The Christian Witness to the Muslim*, 246.

그리고 성경을 신뢰하지 않는 무슬림들에게 이 사건에 대한 역사적 사실성을 뒷받침해 주는 다음의 외적 증거를 제시해 줄 수 있다. 첫째는 성경의 증언은 예수 승천 이후 60년 정도 이내에 기록된 것이고 코란은 그 사건 이후 600년이 지나서 기록되었다는 사실이다. 둘째는 초기 역사가들이 예수 십자가 죽음을 기록하고 있다는 사실이다. AD 1세기 유대인 역사가 요세푸스(Josephus)는 그의 『유대 고대사』 (Antiquitates iudaicae)에서 예수의 죽음을 다음과 같이 기록하고 있다.

> 그는 놀라운 일을 행하였고, 진리를 기쁘게 받는 자들의 선생이었다. 그는 많은 유대인과 이방인들을 그에게로 이끌었다. 그는 그리스도였다. 빌라도가 우리 가운데 제일인자의 제안으로 그를 십자가형에 처했을 때, 먼저 그를 사랑하였던 자들은 그를 버리지 않았다. 왜냐하면 그는 삼일 째 되는 날 부활하여 그들에게 다시 나타났기 때문이다.[35]

또한 AD 2세기 로마의 역사가, 고넬리우스 타키투스(Cornelius Tacitus)는 네로 통치시대를 기록하면서, 네로가 로마 방화의 주범이라는 소문을 진정시키기 위해 그리스도인들을 희생양으로 삼았던 사실을 기록하였다. 그는 여기에서 예수가 빌라도에 의해 사형당한 사실을 다음과 같이 언급한다.

---

35 Gerhard Nehls, *Christians Answer Muslims* (Bellville; Evangelical Mission Press, 1988), 102.

그 소문을 진정시키기 위해, 그는 그리스도인이라 불리는 자들을 무고하게 고발하고 극악한 고문을 가하였다. 이 이름의 창시자인 그리스도는 디베료 통치시기에 유대 총독 본디오 빌라도에 의해 사형에 처해졌다.[36]

이렇게 초기 역사가들의 기록은 성경이 말하는 예수 십자가 죽음의 사실성을 확고하게 지지해 준다.

(2) 예수 십자가 죽음의 의미

코란에서 예수 십자가 사건은 알라가 자신의 선지자를 유대인의 음모로부터 건져내고 보호하였다는 그 이상의 의미를 지니지 않는다. 따라서 이 코란 구절을 거점으로 전도자는 예수 십자가 죽음의 성경적 의미를 무슬림에게 증거해 주어야 한다.

첫째, 예수의 십자가 죽음은 인간의 죄를 대속하는 죽음임을 설명한다. 코란은 아담의 범죄로 말미암은 죄의 심각성, 인간의 타락의 실상을 말하지 않으며, 알라의 지침에 따른 선한 행위, 죄에 대한 회개와 알라의 자비를 인간의 구원의 요건으로 생각한다. 그래서 코란은 인간이 구속이 필요한 존재로 말하지 않는다.

하지만 인간의 타락, 죄성의 심각성에 대한 성경적 관점은, 하나님의 거룩하심의 속성에 반추해 제시될 수 있다. 인간의 현재 상태를 정상적인 것으로 보고 하나님과 인간의 관계를 죄로 분리된 관계로 보지 않는 이슬람의 관점은 하나님의 초월적 거룩성을 부인하는

---

36 Norman Geisler, *Christian Apologetics* (Grand Rapids: Baker Book House, 1976), 323.

것이다(사 1:13; 59:2; 욥 15:15-16). 하나님의 초월적 거룩성은 인간을 타락의 상태로 격하시키며 죄된 인간의 위치를 말해준다.[37]

그리고 코란은 알라는 자신이 원하는 자를 자신의 자유의지로 단순히 말 한마디로 용서할 수 있다고 보기 때문에 알라는 구속 행위를 필요로 하지 않은 것으로 말한다. 하지만 거룩하신 하나님의 율법을 어겼음에도 단순히 용서받을 수 있다는 것은 하나님의 율법 자체를 약화시키는 것이며 하나님의 거룩하심, 공의에 위배되는 것이다.[38]

구약 성경은 죄된 인간이 속죄함을 입고 거룩하신 하나님께 가까이 나아올 수 있는 방법으로 하나님이 희생의 방법을 제시하였음을 보여준다(히 9:22). 히브리서 10:1-18의 말씀은 예수 그리스도께서 바로 희생의 마지막인 영원한 제사로 드려졌음을 분명히 말해준다.[39] 예수의 죽음이 다른 모든 구속하는 희생을 종식시켰다. 단번의 희생제물이 되신 예수 그리스도의 속죄의 효력은 그의 구속을 믿는 자에게 죄사함과 구원의 확신의 근거가 된다.

예수님의 십자가 죽음은 바로 죄인 된 우리가 그의 피로 말미암아 죄사함, 구속을 받게 하는 것이다(엡 1:7). 그리고 이로써 그의 피로 죄사함을 얻고 하나님과 화평하고 하나님의 자녀가 되는 것이다(요일 4:10; 엡 2:3; 요 1:12). 인간은 죄로 인해 잃어버렸던 하나님의 형상을 회복하게 되는 것이다(골 3:10). 곧, 무슬림들이 대속의 의미를

---

[37] John Gilchrist, *The Christian Witness to the Muslim*, 343.
[38] Colin Chapman, *Cross & Crescent*, 252-253.
[39] Charles R. Marsh, *Share Your Faith with a Muslim*, 57.

'죄를 지을 허가증'으로 오해[40]하는 것과 달리, 예수가 허락하신 대속은 우리의 삶 속에 죄를 이길 힘을, 죄의 굴레로부터 해방될 수 있는 힘을 제공하는 것이다(롬 6:3, 6; 8:2).[41]

둘째, 십자가 죽음의 의미로서 설명되어야 할 것은, 십자가는 하나님이 인류 구원을 위한 자신의 계획과 뜻을 성취하신 방법이라는 것이다. 십자가 사건을 암시하고 있는 코란 3:54 "그들이 모사를 꾸미나, 알라도 모사를 꾀하니, 알라는 최고의 모사자라"에 따르면, 유대인이 이싸를 십자가에 죽이려는 음모에 대해 알라는 이싸가 십자가에 죽지 않도록 살리는 방책을 세웠다고 말하고 있다.

그러나 예수 십자가는 하나님이 당신의 뜻을 성취하신 방법이다(행 2:23). 그렇기에 예수님이 오시기 훨씬 전에 이미 하나님께서는 그가 어떻게 고난을 받으셔야 할 것을 선지자들로 예언하게 하셨다. 특히 하나님은 선지자 이사야를 통해서 놀라운 말씀들을 미리 주셨다. 이사야는 우리의 구속, 치유, 행복을 위한 예수 그리스도의 대속적 고난과 죽음의 중요성을 이야기 하고 있다(사 53:5-6, 10).[42]

---

40 예수의 대속은 인간의 죄의 심각성과 하나님의 의를 드러내는 것이다. 예수의 죽음은 바로 예수를 죽음에 이르게 한 인간의 죄에 대한 무서운 경고이다. 인간이 치를 형벌을 하나님이 그의 자비로 그의 아들 예수에게 전가하신 것이다. 그리스도가 십자가에 달림으로 하나님은 우리의 죄를 용서하시고 우리에게 자기의 의를 나타내셨다(롬 3:21-26). Africa Christian Press, ed., *Christian Witness among Muslims*, 47.

41 John Gilchrist, *The Christian Witness to the Muslim*, 344-346.

42 윌리암 살은 구속(atonement)의 주제를 무슬림들에게 전달할 수 있는 최상의 방법은 추상적인 개념을 다루고 있는 본문을 포괄적으로 공부하는 것보다 요점을 강력하게 전달해 줄 수 있는 단순한 이미지(예를 들어, 희생양)를 제시하는 것이라고 조언한다. 그러면서 사 53장을 무슬림과 함께 읽기에 좋은 본문으로 제안한다. 이 본문은 예수의 구속적 사역이 미리 예언된 것임을 말해주며 무엇보다 예수님의 죽음이 우리 자신에게 미치는 의미를 구체적으로 말해주고 있기 때문이다. William J. Saal, *Reaching*

십자가는 예수에게 임한 갑작스러운 비극이 아니다. 예수께서 하나님의 뜻을 성취하기 위해 의식적으로 십자가를 선택하셨다는 사실은 마태복음 8:31의 증언을 통해 알 수 있다.

> 인자가 많은 고난을 받고 장로들과 대제사장들과 서기관들에게 버린 바 되어 죽임을 당하고 사흘 만에 살아나야 할 것을 비로소 그들에게 가르치시되(마 8:31).[43]

셋째, 십자가는 하나님의 능력이요 지혜임을 설명하는 것이다. 코란 4:158은 알라는 이싸를 십자가 죽음 없이 하늘로 올리우게 했다고 선언하고, 알라는 위대하다고 한다.

> 오히려 알라가 그를 그에게로 올리우셨으니, 알라는 권능자요 지혜로운 자시라(4:158).

그러나 성경은 십자가에 못박힌 그리스도야 말로 하나님의 능력과 지혜를 나타낸다고 말한다(고전 1:23-24).[44] 십자가는 죄와 타협할 수 없는 거룩하고 공의로우신 하나님이 인간을 향한 용서의 사랑

Muslims for Christ, 140-141.

[43] 성경은 예수를 내어 준 사람들로 유다, 유대인들, 빌라도(마 26:15; 27:2, 26)를 말하지만, 그러나 그리스도의 십자가 고난과 죽음은 하나님의 정하신 뜻과 예지에 의해 이뤄진 것이라고 해석한다(행 2:23). 그리고 예수는 그의 고난의 잔을 아버지로부터 받았다(눅 22:42). 또한 십자가 고난과 죽음은 예수와 함께 반드시 일어나야 할 것으로, 성경이 이루어지는 것이다(마 26:54; 눅 24:25-27). 예수는 이 고난과 죽음이라는 하나님의 뜻을 자원하여 받아들이셨고 순종하셨다(요 10:17-18).

[44] John Gilchrist, *The Christian Witness to the Muslim*, 264.

으로 인간에게 구원의 길을 제시하신 방법이다. 이 십자가에 자신의 사랑과 공의 모두를 만족시키시며 인류를 대속하시는 하나님의 능력과 지혜가 나타나 있다.

(3) 예수 부활과 살아계신 주로서의 예수 증거

예수의 죽음만큼 부활의 사실성(고전 15장, 막 16장)과 그 의미 또한 강조되어야 한다. 예수의 부활 곧, 하나님이 예수를 죽음에서 일으키심은 하나님이 예수의 대속적 희생을 받으셨고 예수께서 주장하셨던 모든 것에 대해서 승인하셨음을 나타낸 것이다(롬 4:25; 행 2:23-24).

존 스토트(John Stott)는 예수 부활이야말로 하나님이 예수의 정당성을 입증하여 주신 것임을 다음과 같이 말한다.

> 부활은 사람들이 거절했던 예수를 옹호하고, 그가 하나님의 아들이심을 능력으로 선언하고, 죄를 짊어지신 그의 죽음이 죄 용서를 위한 효력이 있음을 공개적으로 확증하는 것이었다. 그가 부활하지 않았다면, 우리의 믿음과 우리의 전파하는 것은 헛된 것이 될 것이다. 왜냐하면, 그의 인격과 사역은 신성한 지지(divine endorsement)를 받지 못했을 것이기 때문이다.[45]

톰 라이트(N. T. Wright)도 예수가 하나님의 아들이심은 부활을 통

---

[45] John R. W. Stott, *The Cross of Christ* (England: Inter-Versity Press, 1989), 238. 『그리스도의 십자가』(서울: CLC, 1986), 319-320.

해서 재 확증된 것임을 다음과 같이 이야기한다.

> 부활은 … 예수가 진정 하나님의 아들임을 선언한다. 이것은 예수가 오직 … 부활을 통해서만 하나님의 아들이 되었음을 의미하는가?
> 분명히 그렇지 않다. 로마서 5:5-11과 8:3, 4과 갈라디아서 2:19-20과 4:4-7의 본문의 요지는, 예수가 그의 공생애 동안 그리고 특별히 그의 죽음을 통해서 행한 것은 … '하나님의 아들'의 사역으로 이해되어야 하는 것이고, 부활은 이것이 사실이라는 것을 선언하였다는 것이다. … 부활은 예수가 언제나 '하나님의 아들'이심을 … 분명하게 선언하였다.[46]

예수의 부활은 예수가 자신에 대해 주장하였던 모든 것 곧 하나님의 아들 되심, 인류를 위한 대속적 죽음에 대한 그의 주장을 하나님이 분명히 승인하여 주신 것임이 강조되어야 한다.

그리고 부활하사 승천하시고 하나님 보좌 우편에 앉아계시며 다시 오실 예수, 살아계신 주 예수가 증거되어야 한다. 찰스 마쉬(Charles Marsh)는 예수가 우리 죄를 위해 죽었으나, 지금 살아계시며, 또한 영원무궁토록 살아계신다는 사실이 전해져야 함을 다음과 같이 강조한다.

---

46 N. T. Wright, *The Resurrection of the Son of God* (Minneapolis: Fortress Press, 2003), 733.

우리는 결코 그의 죽음에 대해서만 말해서는 안 된다. 죽음을 이기신 그의 승리, 그의 승천, 그리고 그의 재림에 대해서 계속해서 말해야 한다. 그는 죽으셨다. 그러나 강조되어야 할 사실은 그가 지금 살아 계시고 영원히 살아 계신다는 것이다. 우리는 우리의 증거를 듣는 이 내면 속에 그분이 십자가 위에 혹은 무덤 속에 남아 있게 해서는 안 된다. 그는 살아계신다. 그는 오실 것이다.[47]

부활 승천하신 주 예수에 대한 증거 속에, 구속의 주 아들 예수를 향한 하나님의 승인과 지금도 살아 역사하고 계시며, 다시 오실 주 예수의 권세와 영광을 증거해 주어야 한다.

---

[47] Charles R. Marsh, *Share Your Faith with a Muslim*, 55.

결 론

 본서는 무슬림 복음화 노력에 지속적으로 등장하여 온, 기독교의 변증과 옹호를 위해 코란을 사용하여 온 전도법을 비판적으로 고찰함으로써, 코란 사용을 통한 전도법의 올바른 방향성을 찾고자 하였다. 이를 위해 기독교인의 코란 사용이 코란에서 성경의 예수를 지시하는 인물인 '이싸'에 대한 본문을 중심으로, 곧 이싸를 접촉점으로 이루어져 왔음에 주목하며, 코란의 이싸를 접촉점으로 한 전도법에 대한 비판적 고찰을 통해, 코란에 대한 올바른 접근법과 이에 근거한 성경적 전도법을 모색하고 제안하고자 하였다.

 본서는 성경의 예수와 차별적인 인물인 코란의 이싸를 복음 증거를 위한 지지기반으로 삼는 전도법을 비판한다. 더 나아가 코란의 이싸를 접촉점으로 한 성경적 전도법은, 이싸에 대한 텍스트 해석 준칙을 통해 분별한 예수와의 차별성에 기반한 전도법이며, 이 차별성에 의거하여 코란이 아닌 성경 말씀으로 전도하는 전도법임을 제안하고 주장하기 위해 다음과 같은 고찰을 하였다.

제1부에서는 코란의 이싸의 생애와 칭호에 대한 진술들을 살펴봄으로써 이싸가 예수와 어떤 차별성을 갖고 있는지를 살펴보았다.

코란은 이싸의 생애와 관련하여, 성경의 예수의 경우와 같이 동정녀 탄생의 기적을 이야기하지만, 그러한 기적은 단지 알라의 창조적 능력과 주권을 나타내는 한 예증으로 해석한다. 이싸는 요람에서부터 자기 자신을 알라의 종으로 나타내고, 그의 생애 동안의 선포의 핵심은 '오직 알라 한 분 만을 경배하라'이다. 그는 또한 토라를 확증하는 인질을 가르치고 인질로 이스라엘을 판결한다. 코란에서 토라와 인질은 유대인과 기독교인에게 알라로부터 내려진 알라의 율법과 판결문이 들어있는 책이다. 그는 '아흐마드'라는 인물 곧 무함마드가 올 것을 예언한다. 코란은 이싸가 행한 기적을 '알라의 허락으로' 행한 '알라의 은총'이라는 관점으로 진술한다.

코란은 이싸의 십자가 사건을 4:157 한 구절에서 반-유대 논쟁의 한 부분으로 언급한다. 그러나 십자가 사건을 언급한 4:157은 여러 해석이 가능한 모호한 진술을 하고 있다. 따라서 이싸의 십자가 사건은 있었지만 그는 십자가에 죽지 않고 다른 사람이 대신 십자가에 죽었다는 주류의 해석과 함께 '십자가에 아무도 죽지 않았다,' '이싸는 십자가에서 기절했을 뿐이다,' '이싸는 유대인이 아닌 알라의 명령으로 죽었다'는 등의 비주류의 해석을 낳고 있다. 그리고 십자가 사건 이후 이싸의 운명에 대해서도 무슬림들은 해석을 달리한다. 그것은 '이싸는 죽음을 맛보지 않고 승천했다,' '보통의 인간으로 자연사했다'는 두 이견이다. 이 모든 것은 십자가와 관련한 코란의 모호한 진술에서 연유한다.

코란 43:61은 이싸가 심판의 날의 전조로 재림할 것이라는 일반적 해석을 낳고 있다. 무슬림 학자들은 그의 재림은 마지막 심판의 전조이며, 그는 이 땅에 와서 온 세계가 이슬람 교리를 받아들이도록 준비시킬 것이라고 해석한다.

코란은 이싸에게 마씨흐(메시아), 마리아의 아들, 알라의 말씀, 알라의 영, 알라의 종, 사도, 선지자의 칭호를 부여한다. 그러나 코란은 이 모든 칭호에 대해 알라의 사도라는 정체성과 배치되지 않는 의미로 해석한다.

마씨흐(메시아)의 칭호에 대해 코란은 아무런 설명이 없다. 다만 주석가들이 '기름이 발라진 채 출생한 자,' '여러 지역을 돌아다닌 자,' '평발인 자' 등의 여러 해석을 내어 놓을 뿐이다. 코란에 가장 흔한 칭호 '마리아의 아들'은 알라의 창조 능력의 한 표징으로, 그리고 이싸의 인성을 나타내는 의미로 사용된다.

'알라의 말씀'이라는 칭호는 이싸가 알라의 말씀으로 창조되었다는 의미로 그의 피조성을 나타내는 칭호이다.

'알라의 영'은 '순결한 영,' '알라로부터의 영,' '자비' 등의 의미를 지니며 이싸의 지위를 높여주는 칭호이나, 이것이 이싸에게 신적 지위를 부여하는 칭호는 아니다.

'알라의 종'의 칭호는 이싸의 직무를 나타내고자 하는 것보다는 그가 신성을 지닌 존재가 아닌, 피조물에 불과한 인간임을 강조하는 맥락에서 사용되고 있다. 이것은 '하나님의 종'으로서의 예수의 칭호가 대속적 고난의 길을 가는 사명의 측면에서 언급된 것과 비교된다.

'선지자'의 칭호는 코란의 비인격적 수직 하강식의 계시의 의미에 비추어볼 때, 선지자 이싸는 알라와는 아무런 인격적 관계를 맺고 있지 않은 존재이다. 이는 모세가 예언한 '그 선지자'의 칭호를 갖는 예수가 성경의 선지자가 하나님과 누리는 인격적 관계를 뛰어넘어, 성부 하나님과 아들의 관계를 갖고 성부와 일체 하신 분(요 10:30)이며 하나님 자신을 계시하는 분이라는 사실과 대조된다.

결론적으로 이싸는 그 지위와 사명의 면에서 당연히 예수와 전혀 다른 인물이 된다. 이싸는 인간 선지자로서 알라의 단일신성을 이스라엘 민족에게 설파하는 사명을 수행하고 알라의 은혜로 유대인의 십자가 음모로부터 건짐을 받는 존재이다. 그는 결코 하나님의 아들로서 인류 대속의 사명을 지시고 십자가 고난과 죽음의 길을 가신 예수와 같은 인물이 아니다.

제2부에서는 이싸에 대한 코란 진술의 특징을 파악함으로써 이싸가 예수에 대한 성경의 증언과 어떻게 다른지를 살펴보았다.

코란의 이싸에 대한 진술의 특징을 이싸 정보의 출처 면에서, 그리고 이싸의 세계관의 측면에서, 그리고 핵심적인 복음 진리와의 관련성의 측면에서 세 가지로 파악하였다.

첫째, 특징은 위경과 기독교 이단, 그리고 아랍 다신주의의 영향이다. 곧 코란이 제공하고 있는 이싸에 관한 진술은 일차적으로는 성경의 증언과 교회의 정통적 신앙고백과 다른, 위경과 기독교 이단적 정보의 기초 위에 형성되었음을 보여준다. 코란의 이싸의 진술에는 '위경-마태복음'과 '도마의 유아기 복음'의 내용이 유입되어 있는 것이 확인된다.

그리고 코란이 십자가 사건에 대한 성경적 이해가 부재한 점, 예수의 가르침과 모세의 율법을 동일한 것으로 인식하고 예수를 선지자로만 인식하고 있는 점, 마리아 숭배를 배격하고 있는 점, 하나님의 아들됨에 대한 양자론적 이해를 갖고 있고, 하나님과 메시아를 구분하지 않은 양태론적 표현을 하고 있는 점, 삼위일체에 마리아를 포함시키고 있는 점 등은 무함마드가 접했을 기독교 이단들의 이설들을 보여준다. 이것은 무함마드가 당시 그 많은 기독교 이설 속에서 십자가 구속 복음에 대해서 그리고 예수가 진정 누구인지에 대해서 명확한 성경적 증언을 듣지 못했음을 보여주는 것이다.

둘째, 특징은 코란의 이싸는 코란의 세계관, 곧 코란의 신관 죄관 인간관 구원관의 영향을 받고 있다는 것이다. 이는 코란이 예수에 관한 비정통적 기독교 정보의 기초 위에서 이싸에게 코란의 세계관의 골격을 제공하고 있다는 것을 의미한다.

그래서 이싸는 코란의 단일신관에 의해 신성이 배제된 철저한 한 인간으로 묘사된다. 코란의 죄관은 인간의 죄는 인간 본성의 죄의 유혹에 약함과 신의 율법에 대한 무지와 망각에서 비롯된다고 본다. 그래서 인간에게 필요한 것은 알라의 지침이라고 본다. 그리고 코란의 인간관은 인간이 연약함과 죄에도 불구하고 알라 앞에 고귀한 존재로서 알라의 지침으로 바른 인도를 받을 수 있는 존재로 본다. 곧 알라의 지침 이외에는 그 자신을 구원하기 위해 누군가를 필요로 하지 않는 존재로 본다.

따라서 코란의 구원관은 스스로를 구원할 수 있는 자율적 인간의 책임을 말하고 있다. 이는 코란의 이싸가 돌이킬 수 없는 죄인, 타락한 인간을 구속하는 존재가 아니라, 죄에 대한 연약함을 지녔지만 알라의 지침에 바르게 반응할 능력을 지닌 인간을 위해 알라의 지침을 갖고 오는 이슬람의 선지자로 제시되는 이유를 말해준다.

셋째, 특징은 복음의 핵심적인 세 요소 곧 성육신, 구속, 대속적 십자가 죽음과 부활이 부재하다는 사실이다.

① 코란은 동정녀 마리아에게서 태어난 이싸를 임마누엘 성육신 하나님으로 보지 않는다. 그것은 코란이 말하는 알라의 속성과 위배되기 때문이다. 코란은 알라를 절대적 불가분의 배타적 단일신성을 지닌 존재로, 그리고 오직 선지자와 하늘의 책을 통해서 자신의 '의지'만을 드러내는 존재로 그리고 인간과는 어떤 유사성도 공유하지 않는 전적 타자성을 지닌 존재로 말하고 있기 때문이다.

② 코란은 이싸에게 구속의 사명을 부여하지 않는다. 그 이유는 코란은 인간을 알라의 지침에 대한 자율적 책임을 가진 존재로, 알라는 절대적 자유의지를 가진 존재로서 강조하고 있기 때문이다. 곧 알라는 무언가를 행할 때, 단지 '있으라'고 말하기만 하면 되는 존재(2:117)로서 알라는 누군가를 용서하고자 할 때, 어떤 구속도 필요로 하지 않고 단순히 용서하는 자로 본다.

③ 코란에는 이싸의 대속적 십자가 죽음과 부활이 없다. 코란이 성육신을 불가한 것으로, 구속은 불필요한 것으로 보기 때문이다. 예수 복음의 절정인 십자가 사건은 단지 코란의 한 절 4:157에서 사소한 것으로 다룬다. 그리고 그 사건의 의미의 초점도 다른 데로 옮긴다. 곧 십자가 사건을 반-유대 논쟁의 한 부분으로 다루며, 이싸의 명예를 모욕하는 유대인들에게서 알라가 자신의 선지자 이싸를 십자가의 수치로부터 구해낸 사건으로 본다. 이런 관점하에 이싸의 부활을 언급한 코란 구절은 주석가들에 의해 이싸의 십자가 죽음과 무

관한 마지막 심판 때에 맞이할 부활로 해석 된다.

따라서 코란의 이싸 진술의 특징 면에서 살펴본 이싸는, 무함마드 개인이 자신이 속한 아랍 다신주의 사회를 배경으로 자신이 접한 기독교 이단 정보를 토대로 만든 인물이요, 무함마드가 반영한 코란의 세계관의 지배를 받는 인물로서 임마누엘 하나님이신 구속의 주 예수와 결코 부합될 수 없는 인물임을 보여준다.

제3부에서는 이싸에 대해 기독교적 해석을 한 사례들을 제시하고 그 문제점들을 분석하였다.

앞 장의 고찰의 결론은 코란의 이싸는 성경의 예수와 다른 차별적 인물이라는 것이다. 그러므로 코란이 이싸에 대해 말하고 있는 것은 코란의 정황 속에서 이해해야 한다는 것이다. 그럼에도 불구하고 일부 기독교인들은 무슬림 전도를 목적으로 코란의 이싸에 대해 기독교적 해석을 하는 시도를 해왔다. 그 예를 푸아드 엘리아스 아카드(Fouad Elias Accad)와 케빈 그리슨(Kevin Greeson)의 낙타 전도법에서 살펴보았다. 푸아드 아카드는 코란 전체에 기독교적 의미를 부여하는 방식을, 그리고 낙타 전도법은 고립된 본문에 기독교적 의미를 부여하는 방식을 취하고 있다.

푸아드 아카드는 코란은 기독교의 삼위일체 하나님을 참 하나님으로 긍정한다고 주장하였다. 그리고 푸아드 아카드와 낙타 전도법은 이싸의 십자가 사건에 대한 해석에서 동일하게 이싸의 십자가 죽음을 말하는 비주류적 해석을 택하고, 그리고 이 죽음이 알라가 계획한 구속적 죽음임을 주장하였다. 또한 낙타 전도법은 '하늘로 가는 길을 아는 이싸의 존재'를 코란에서 확증하는 시도에서 코란의 영어 번역본에 기초하여, 코란 원문의 의도에서 벗어난 자의적 해석을 하였고, 이를 통해 코란에 부재한 이싸의 선재성과 성육신을 해석하였다.

이런 이싸에 대한 기독교적 해석이 야기시키는 문제점들을 신학적, 해석학적, 관계적 측면에서 살펴보았다.

첫째, 가장 큰 신학적 문제는 경전 권위의 충돌 문제이다. 코란에 대한 기독교적 해석을 통한 복음의 확증은 전도자가 일시적으로나마 코란의 권위를 의존한 것이다. 때문에 이것은 전도자가 의도하지 않은 부주의한 결과를 낳을 수 있다. 그것은 개종자의 내면에 '경전 권위에 대한 충돌'을 야기시키는 것이다. 그리고 더 나아가 개종자의 교회 안에 혼합주의 내지는 포괄주의의 풍토를 조성하는 것이다.

둘째, 신학적 문제는 기독교적 코란 해석의 근거로 삼는 성경본문 해석의 오류이다. 그 근거 본문인 고린도전서 9:22 "내가 여러 사람에게 여러 모습이 된"다는 말씀에서 바울이 의도한 바는 '한 이방 영혼을 얻기 위해 자신의 자율을 자발적으로 제한 한다'는 의미이다. 그리고 사도행전 17:23, 28의 '알지 못하는 신'이라는 이름의 제단, 헬라 시인들의 시 인용문은 바울이 아덴 사람들의 신 의식을 접촉점으로 삼은 것이긴 하지만, 이 접촉점은 바울이 이 본문에서 전하고자 한 예수와 그의 부활, 예수에 의해 이루어질 종말론적 심판에 대한 증거를 위한 시발점이었지, 복음 확증을 위한 근거점은 아니었다. 그러므로 이 성경 본문들은 기독교적 코란 해석을 통한 전도법을 허용하는 근거를 제공하지 않는다.

셋째, 신학적 문제는 코란이 기독교 진리를 억제하고 대체하는 효과를 간과하고 있는 것이다. 코란은 성경 진리를 억압하는 체계를 코란의 세계관과 왜곡된 성경적 진술 속에 갖추고 있다.

또한 해석학적 문제는 이러한 기독교적 해석이 코란 본문의 의미를 코란 원어의 문맥과 세계관 그리고 코란을 신앙하는 무슬림 공동체의 해석의 전제와 해석학적 전승을 무시하고, 해석자 자신의 전제를 가지고 코란 텍스트를 왜곡 해석하였다는 것이다. 또한 이는 관계적 문제를 야기시키는데, 그것은 무슬림들로부터 코란을 오용하였다는 비난을 사고 무슬림과의 관계를 악화시킬 수 있다.

제4부에서 이싸를 접촉점으로 한 성경적 전도법을 제안하였다.

이 제안은 1부와 2부에서 살펴본 이싸와 예수의 차별성, 3부의 이싸에 대한 기독교적 해석의 문제점의 인식에서 얻는 결론적 제안이다.

첫째, 이싸와 예수의 차별성에 기초한 증거법을 제안하였다. 차별성에 기초한 전도는 기독교적 코란 해석이 야기시키는 문제점들에서 자유로울 뿐만 아니라, 차별성에 대한 분별을 가지고 코란의 관점에 반(反)해 성경의 예수를 어떻게 증거할지에 대한 방향을 바로 제시해 줄 수 있다. 그래서 이런 차별성에 기초한 증거를 가능케 하는 세 요소를 제시하였다. 그것은 텍스트 해석의 원칙에 의거해 코란을 해석하는 것과, 이를 통해 발견되는 이싸와 예수의 차별성을 인정하는 것이며, 이싸는 코란 안에서 우리의 증거를 확증하기 위한 '신학적 출발점'이 아닌 성경의 복음으로 나아가기 위한 '소통의 출발점'이 되게 하는 것이다.

그리고 이런 차별성에 기초한 증거 사례로 존 길크리스트(John

Gilchrist)의 복음 증거 사례를 살펴보았다. 그가 코란에서 발견되는 이싸의 독특성을 암시하는 구절과 이싸에게 부여된 칭호, 십자가 사건에 관한 구절을 어떻게 다루는지를 살펴보았다. 그는 이에 대한 코란의 관점을 알고 있고 예수와의 차별성을 인정하며, 이싸를 복음 증거를 위한 소통의 출발점으로 삼아 코란의 관점에 반해 말씀을 증거하는 방법을 보여준다.

둘째, 접촉점 이싸의 관점에 반(反)하여 구체적으로 말씀을 증거하는 방법을 제안하였다. 이싸에 관한 코란의 진술과 관점은 정경의 증언과 독립적으로 형성된 것이다. 그러므로 접촉점 이싸를 무슬림들이 예수에 대한 성경의 온전한 계시를 듣게 해주는 시발점으로 삼는 것이다. 여기서는 이싸에 관한 코란의 진술을, 성경적 의미에 대해 오해하고 있는 부분, 성경적 의미를 상실하고 있는 부분, 그리고 성경의 사실과 대치되는 부분의 세 차원으로 구분하여, 각각 말씀을 증거하는 방법을 제시하였다.

코란의 이싸 진술 중 성경적 의미에 대해 오해하는 부분은 우선적으로 오해를 해소하고 성경의 온전한 증거로 나아갈 것을 제안하였다. 곧 '삼위일체 신관'과 '하나님의 아들' 개념을 오해하는 부분에서 오해를 해소할 전제적 진술들을 제시하고, 성경이 증언하는 바대로, 삼위 하나님의 인류를 향한 사랑과 구속의 행위를 증거할 기회로, 그리고 하나님의 아들에 대한 성경적 의미를 설명함으로써 예수가 진정 누구신가를 증거할 기회로 삼는 방법을 제시하였다.

코란의 이싸 진술 중 성경적 의미를 상실하고 있는 부분은 성경에서 그 의미를 풀어 설명해 주어야 할 것으로, 여기에서는 코란이 설명하고 있지 않은 메시아 칭호의 의미를 성경에서 풀어 복음을 들려주는 방법을 제시하였다. 그것은 메시아는 구약의 선지자들이 그 도래를 예언한 하나님의 최고의 통치자로서 모든 선지자들보다 위대한 분이며, 성경은 메시아가 감당할 구속적 고난의 사명과 영광을 예언하고 있음을 설명함으로써, 성경의 예수의 지위와 사명과 영광을 증거하여 주는 것이다.

또한 코란의 이싸 진술 중 성경의 사실과 배치되는 진술은 말씀의 권위에 의존해 단순히 증거함으로써 무슬림들이 진리와 대면케 할 것을 제안하였다. 이런 진술은 예수의 신성 부정과 십자가 죽음의 역사성에 대한 부인이다. 여기서는 이싸의 십자가 죽음의 사실성을 부인하는 진술을 토대로 예수 십자가 복음을 증거하는 방법을 제시하였다.

먼저 예수 십자가 죽음의 역사적 사실성을, 그 사실성을 전혀 문제 삼지 않는 성경의 증언을 통해 증거하고, 예수 십자가 죽음의 성경적 의미를 설명하는 것이다. 그 죽음은 인간의 죄를 대속하는 죽음이요, 십자가는 하나님이 인류 구속이라는 당신의 뜻을 성취하신 방법으로 선지자들을 통해 미리 예언하신 것이며, 거룩하신 하나님의 공의와 인간을 향한 하나님의 사랑 모두가 계시된 하나님의 능력과 지혜이다.

이것은 십자가 사건을 인류 구속과는 무관한 것으로 그리고 이싸에게 임한 갑작스럽고 비극적인 사건으로 보며, 알라가 이싸를 십자가에서 구해낸 것이 알라의 능력이라고 보는 코란의 관점에 반(反)해 증거되야 할 온전한 십자가 복음이다.

그리고 예수 십자가의 죽음뿐만 아니라 부활의 사실성과 그 의미를 설명해야 한다. 예수 부활 증거는 하나님이 예수님의 대속적 죽음을 받으셨고, 예수님의 주장 모두를 승인하셨음을 보여주는 것이다. 그리고 부활 승천하사 지금도 살아 역사하고 계시는 예수 그리스도의 권세와 영광을 증거해야 한다.

요컨대 본서는 코란의 이싸 진술에 대한 고찰을 통해 이싸와 예수의 명백한 차별성을 확인하였다. 그리고 코란의 이싸에 대한 기독교적 해석 사례를 살펴봄으로써 이런 전도법에 내재된 신학적 해석학적 관계점 문제점들을 확인하였다. 따라서 이싸를 접촉점으로 한 성경적 진도법은 '이싸와 예수의 차별성'에 기초해, 접촉점 이싸를 코란 안에 복음을 확증하는 신학적 출발점이 아니라, 성경의 온전한 증거를 듣게 하는 소통의 시발점으로 삼고, 이싸의 관점에 반(反)해 성경의 바른 증언을 들려주는 전도법임을 확인하고 제안한다.

결론적으로 본인은 코란의 이싸를 접촉점으로 한 성경적 전도법으로 '이싸와 예수의 차별성에 기초한 말씀 증거법'을 제안한다.

코란은 복음 증거를 위한 신학적 출발점이 될 수 없다. 코란은 텍스트 해석 준칙에 따라 해석하고 이에 따른 성경과의 명백한 차별성을 인식하여 정직한 활용을 해야 한다. 전도자는 코란의 이싸와 예수의 차별성에 대한 정확한 이해와 분별을 가지고, 오직 성경의 권위에 확고히 서서 성경의 증언을 사려 깊고 정직하게 증거해야 한다. 그리할 때, 성령님은 우리가 증거하는 하나님의 말씀을 통해, 친히 무슬림 영혼에 역사하시고, 그들로 예수의 구원과 영광을 보게 하실 것이다.

참고 문헌

한국서적 및 번역서적

공일주. 『아랍 교회에 부흥있으라』. 서울: 예루살렘, 2000.

_____. "아랍어 꾸란의 이싸 이븐 마르얌에 대한 어휘 및 신학적 연구". 『종교와 문화』 vol. 21 (2011).

곽병순. "코란을 통하여 본 이슬람권 선교접점 고찰". 선교신학석사학위논문, 천안대학교 기독신학대학원, 2002.

그닐카, 요아힘. 『성경과 코란: 무엇이 같으며 무엇이 다른가』. 오희천 역. 서울: 도서출판 중심, 2005.

그루뎀, 웨인. 『조직신학』. 노진준 역. 서울: 은성, 1997.

그리슨, 케빈. 『모슬렘을 위한 낙타 전도법』. 이명준 역. 서울: 요단출판사, 2009.

길크리스트, 존. 『무슬림에게 복음 전하기』. 김대옥·전병희 역. 서울: 도서출판 대장간, 2012.

김정위 편. 『이슬람 사전』. 서울: 학문사, 2002.

디머스트, 브루스 에이. 『기독교와 예수 그리스도』. 이창우 편역. 서울: 기독교문화협회, 1980.

레이몬드, 로버트 L. 『개혁주의 기독론』. 나용화 역. 서울: CLC, 2007.

_____. 『최신 조직신학』. 나용화 외 역. 서울: CLC, 2004.

롬멘, 에드워드 · 네틀랜드, 헤롤드 편.『세계종교에 대한 성경적 신학: 기독교와 타종교』, 정흥호 역. 서울: 도서출판 서로사랑, 1998.
마씨흐, 압둘.『무슬림과의 대화』. 이동주 역. 서울: CLC, 2001.
마우러, 안드리아스.『무슬림 전도학 개론: 이슬람 이해와 무슬림 친구와의 대화를 위한 크리스챤 지침서』. 이승준 · 전병희 역. 서울: CLC, 2011.
모린, 해리.『무슬림 친구에게 답하기』. 전병희 역. 서울: 대장간, 2010.
모우캐리, 쇼캣.『기독교와 이슬람의 대화: 아랍 그리스도인이 본 이슬람』. 한국이슬람연구소 역. 서울: 예영커뮤니케이션, 2003.
보스, 게할더스.『예수의 자기 계시』. 이승구 역. 서울: 도서출판 엠마오, 1986.
소윤정. "복음 증거를 위한 선교적 접촉점으로서 꾸란의 이싸와 성경의 예수 비교 연구".『복음과 선교』vol. 11 No.1 (2009).
손주영.『꾸란 선: 35개 장의 의미번역과 주해』. 서울: 한국외국어대학교 출판부, 2009.
_____.『이슬람: 교리, 사상, 역사』. 서울: 일조각, 2007.
쇼우, 다니엘 · 엥겐, 찰스 밴.『기독교 복음 전달론』. 서울: CLC, 2007.
쉬르마허, 크리스티네.『이슬람과 기독교 교의』. 김대옥 · 전병희 역. 서울: 도서출판 바울, 2010.
스와틀리, 키스 편.『인카운터 이슬람』. 정옥배 역. 서울: 예수전도단, 2005.
스타인, 로버트.『메시아 예수』. 황영철 역. 서울: IVP, 2001.
스파이크, 고든 J.『개혁주의 신학』. 류호준 · 심재승 역. 서울: CLC, 2002.
아카드, 푸아드 엘리아스.『기독교와 이슬람 사이에 다리 놓기: 예수를 우리 사람이 되게 하라』. 김요한 · 전병희 역. 서울: 도서출판 대장간, 2012.
안종수. "기독교 선교 접촉점으로서의 코란에 나타난 예수 이해". 선교신학석사 학위논문, 아세아연합신학대학교 대학원, 1997.
에릭슨, 밀라드 J.『복음주의 조직신학』. 신경수 역. 서울: 크리스챤다이제스트, 1996.

엘더, 존.『무슬림을 향한 성경적 접근』. KTM 편집부 역. 서울: 도서출판 펴내기, 1992.

오병철. "코란에 나타난 이슬람 신관 이해와 선교 전략 연구". 실천신학석사학위 논문. 한세대학교 신학대학원, 1999.

윌리암스, 데릭.『IVP 성경사전』. 이정석 외 역. 서울: IVP, 1996.

윤재남. "꾸란과 성경의 선지자 비교를 통한 구원론 연구".「선교와 현장」제7집 (2002).

이병관. "코란에 나타난 예수 자료를 통한 선교 접촉점 고찰". 실천신학석사학위 논문. 영남신학대학교 신학대학원, 1999.

이상근 편.『주해외경: 신약외경』. 서울: 성동사, 1998.

이유성. "이슬람 교리 이해를 통한 이슬람권 선교전략 연구". 실천신학석사학위 논문. 천안대학교 기독신학대학원, 2002.

장만영. "이슬람교와 기독교의 구원이해 비교와 무슬림 선교전략". 선교신학석 사학위논문. 아세아연합신학대학교 대학원, 1994.

조영엽.『기독론』. 서울: 도서출판 미스바, 2001.

정홍렬.『사도신경 연구』. 서울: 대한기독교서회, 2005.

정흥호.『복음과 상황화』. 서울: CLC, 2004.

채프만, 콜린.『가서 너도 이와 같이 하라』. 전재옥 역. 서울: 이슬람연구소, 1996.

쿨만, 오스카.『신약의 기독론』. 김근수 역. 서울: 나단, 1988.

파샬, 필.『무슬림 전도의 새로운 방향』. 채슬기 역. 서울: 도서출판 예루살렘, 2003.

하킨, A. M.『성경에 계시된 그리스도』. 김광택 역. 서울: 생명의 말씀사, 1988.

한상화.『하나님 중심으로 신학하기』. 서울: CLC, 2010.

현요한.『성령, 그 다양한 얼굴』. 서울: 장로회신학대학교출판부, 2005.

황승룡.『통전적 관점으로 본 그리스도론』. 서울: 한국장로교출판사, 2001.

영문 자료

Abdul-Haqq, Abdiyah Akbar. *Sharing Your Faith with a Muslim*. Minnesota: Bethany House Publishers, 1980.

Abdullah, Yusuf Ali., ed & trans. *The Holy Qur'an-Text, Translation and Commentary*. Lahore: Asharf Printings Press, 1993.

Accad, Fuad Elias. "The Qur'an: A Bridge to Christian Faith." *Missiology 4* (1976).

Africa Christian Press, ed. *Christian Witness Among Muslims*. Ghana: Africa Christian Press, 1971.

Ajijola, Adeleke Dirisu. *The Myth of the Cross* (Lahore: Islamic Publications Ltd., 1975)

Akins, Wade. *Sharing Your Faith with Muslims*. Garland: Hannibal Books, 2011.

Ali, Michael Nazir. *Frontiers in Muslim-Christian Encounter*. Oxford: Regnum Books, 1987.

Badawi, Elsaid M & Haleem, Muhammad Abdel. *Arabic-English Dictionary of Qur'anic Usage*. Leiden: Brill, 2008.

Bourne, Phil. "Summary of the Contextualization Debate." *St Francis Magazine* 5:5 (2009).

Calverley, Edwin E. "Christian Theology and the Qur'an." *Muslim World 47 no. 4* (1957).

Chapman, Colin. *Cross & Crescent: Responding to the Challenge of Islam*. Leicester: Inter-Varsity Press, 1995.

Deedat, Ahmed. *The Choice: Islam & Christianity*. New Delhi: Islamic Book Service, 1997.

El-Amin, Plemon Tauheed. "The Birth of Jesus in the Qur'an." *Review and Expositor 104* (2007).

Farrokh, Fred. "Is the Scandal for Muslims the How or the Who?" *St Francis Magazine* (2012).

Fonner, Michael G. "Jesus Death by Crucifixion in the Qur'an: An Issue for Interpretation and Muslim-Christian Relations." *Journal of Ecumenical Studies 29 no. 3-4* (1992).

Ford, F Peter Jr. "The Qur'an as Sacred Scripture: An Assessment of Contemporary Christian Perspectives." *The Muslim World vol. 83* (1993).

Fry, C George. "The Qur'anic Christ." *Concordia Theological Quarterly 43 no. 3* (1979).

Gathercole, Simon J. *The Preexistent Son: Recovering the Christologies of Matthew, Mark, and Luke.* Grand Rapids: William B. Eerdmans Publishing Company, 2006.

Gaudeul, Jean-Marie. *Encounters & Clashes: Islam and Christianity in History.* Rome: Pontificio Istituto di Studi Arabi e Islamid, 1984.

Geisler, Norman. *Christian Apologetics.* Grand Rapids: Baker Book House, 1976.

Geisler, Norman L & Saleeb, Abdul. *Answering Islam: The Crescent in Light of the Cross.* Michigan: Baker Books, 1994.

Gilchrist, John. *The Christian Witness to the Muslim.* Benoni: Roodepoort Mission Press, 1988.

Gilliand, Dean S. "Modeling the Incarnation for Muslim People: A Response to Sam Schlorff." *Missiology vol. 28* (2000).

Glasse, Cyril. *The Concise Encyclopedia of Islam.* London: Stacey International, 1989.

Graves, Michael. "Apocryphal Elements in the New Testament and Qur'an." *Journal of Ecumenical Studies 47 no. 2* (2012).

Greeson, Kevin. *Camel Training Manual*. Bangalore: Wigtake Resources, 2004.

Hansen, Collin. "The Son and the Crescent." *Christianity Today*, 2011.

Hesselgrave, David J. *Paradigms in Conflict: 10 Key Questions in Christian Missions Today.* Grand Rapids: Kregel, 2005.

Hyatt, Erik. "Christian Witness in Muslim Settings." *Envisioning Effective Ministry: Evangelism in a Muslim Context*. Eds. Laurie Fortunak Nichols & Gary Corwin. Wheaton, IL: Evangelism and Missions Information Service, 2010.

Ibn Kathir, Abu Alfida Ismail. *Tafsir Ibn kathir*. Ed. & Trans. Shaykh Safiur-Rahman Al-mubarakpuri and others. Riyadh: Maktaba Darussalam, 2003.

Kateregga, Badru D & Shenk, David W. *A Muslim and a Christian in Dialogue*. Scottdale: Herald Press, 1997.

Kelly, J. N. D. *Early Christian Doctrines*. New York: HarperCollins Publishers, 1978.

Kuitse, Roelf. "Christology in the Qur'an." *Missiology 20 no. 3* (1992).

Madany, Bassam M. *The Bible and Islam*. Illinois: The Back to God Hour, 1992.

Marshall, I. Howard. *The Origins of New Testament Christology*. England: InterVarsity Press, 1977.

Marsh, Charles R. *Share Your Faith with a Muslim*. Chicago: Moody Press, 1975.

McDowell, Josh & Gilchrist, John. *The Islam Debate*. San Bernardino: Campus Crusade for Christ, 1983.

Nehls, Gerhard. *Christians Answer Muslims*. Bellville: Evangelical Mission Press, 1988.

Nicholas, Laurie Fortunak & Corwin, Gary, eds. *Envisioning Effective Ministry: Evangelism in a Muslim Context (An EMQ Monogram)*. Wheaton, IL:

Evangelism and Missions Information Service, 2010.

Nickel, Gordon. "Islam and Salvation: Some On-Site Observations." *Direction* (1994).

Nissen, Johannes. *New Testament and Mission: Historical and Hermeneutical Perspective*. Frankfurt am Main: Peter Lang, 2007.

Parrinder, Geoffrey. *Jesus in the Qur'an*. Oxford: Oneworld Publications, 1996.

Penrice, John. *Dictionary and Glossary of the Koran*. London: Curzon Press, 1979.

Poston, Larry. "Evaluating 'A Common word': The Problem of 'Points of Contact'." *Evangelical Missions Quartely* (2010).

Raynolds, Gabriel Said. "Reading the Qur'an Through the Bible." *First Things no. 197* (2009).

Saal, William J. *Reaching Muslims for Christ*. Chicago: Moody Press, 1991.

Sabourin, Leopold S.J. *Christology Basic Texts in Focus*. New York: Alba House, 1984.

Schlorff, Samuel P. "The Hermeneutical Crisis in Muslim Evangelization." *Evangelical Missions Quarterly* July 1980.

_____. *Discipleship in Islamic Society*. Marseille: Ecole Radio Biblique, 1981.

Stott, John R. W. *The Cross of Christ*. England: Inter-Versity Press, 1989.

Suggs, Dale. *Jesus is not in the Qur'an*. Varina, NC: Learning to Service Ministries, 2013.

Swanson, Mark N. "Beyond Prooftexting: Approaches to the Qur'an in some early Arabic Christian Apologies." *The Muslim World vol. 58* (1998).

Travis, John. "The C1 to C6 Spectrum." *Evangelical Missions Quartely* (1996).

_____. "Two Responses." *Evangelical Missions Quartely* (1998).

Wahhab, Muhammad bin Abdul. *Kitab At-Tauhid* (Riyadh: Dar-us-Salam Publications, 1996.

Wehr, Hans. *A Dictionary of Modern Written Arabic*. Ed. J Milton Cowan. New York: Spoken Language Services, Inc., 1976.

Wright, N. T. *The Resurrection of the Son of God*. Minneapolis: Fortress Press, 2003.

Young, Edward J. *My Servants the Prophets*. Grands Rapids: WM. B. Eerdmans Publishing Co, 1980.

아랍어 자료

'Abd al-Baqi, Muhammd Fu'ad. *al-Mu'jam al-Mufahras li-Alfaz al-Qur'an al-Karim*. Cairo: Dar al-Hadith, 1988.

Al-Bukari, Muahmmad bin Isma'il. *Sahih al-Bukari*. Beirut: al-Maktaba al-'Asriya, 2000.

Al-Jaza'iri, Abi Bkr. *Aisaru al-Tafasir*. Beirut: al-Maktaba al-'Asriya, 2005.

Al-Razi, Fakhr al-Din Muhammad bin al-Husain. *'Aja'ib al-Qur'an*. Beirut: Dar al-Kutub al-'Ilmiya, 1984.

Al-Sabuni, Muhammad 'Ali. *Safwat al-Tafasir*. Beirut: Dar al-Qur'an al-Karim, 1981.

Al-Zaid, 'Abdullah bin 'Ali. *Mukhtasar Tafsir al-Baghawi al-Musamma: Ma'alim al-Tanzil*. Riyad: Maktabat al-Ma'arif, 1996.

Himaya, Mahmud 'Ali. *Ibn Hazim wa Manhajuhu fi Dirasat al-Adyan*. Cairo: Dar al-Ma'arif, 1984.

Ibn Kathir, Abu al-Fida' Isma'il. *Tafsir al-Qur'an al-'Azim*. Beirut: Dar Ihya' al-Turath al-'Arabi, 2000.

Ma'a al-Anbiya' fi al-Qur'an al-Karim: Qisas wa Durus wa 'Ibar min Hayatihim. Beirut: Dar al-'Ilm li-l-Malain, 1993.

Qutb, Muhammd. *Dirasat al-Qur'aniya*. Beirut: Dar al-Shuruq, 1993.

Qutb, Said. *fi Zilal al-Qur'an*. Beirut: Dar al-Shuruq, 1978.

_____. *Muqauwimat Tasauwur al-Islamiy*. Cairo: Dar al-Shuruq, 1993.

Shalabi, Ahmad. *Muqaranat al-Adyan 2: al-Masihiya*. Cairo: Dar al-Ma'arif, 1984.

Shams al-Din, Ahmad. *al-Fasl fi al-Millal wa-l-Ahwa' wa l-Nihal*. Beirut: Dar al-Kutub al-'Ilmiya, 1996.

Tabbarah, 'Afif Abd al-Fatah. *al-Khataya fi Nazar al-Islam*. Beirut: Dar al-'Ilm li-l-Malain, 1993.

_____. *Ruh al-Din al-Islamiy: 'Ard wa Tahllilu li-Usul al-Islam wa Adabuhu wa Ahkamuhu tahta Daw' al-'Ilm wa -l-Falsafa*. Beirut: Dar al-'Ilm li-l-Malain, 1988.

기타 자료

2010년 23-24일 Call of Hope 주관 상황화 세미나 강의 자료 및 녹취 자료

Greeson, Kevin. "Camel Track."

(http://www.harvest-now.org/fileadmin/resources/en/The_Camel_Tracks.pdf)

코란의 '이싸'와 복음 전도
The Qur'anic Isa and Muslim Evangelism

2017년 2월 20일 초판 발행

지 은 이 | 박미애

편　　집 | 정희연, 곽진수
디 자 인 | 박슬기, 윤민주
펴 낸 곳 | 사)기독교문서선교회
등　　록 | 제16-25호(1980. 1. 18)
주　　소 | 서울시 서초구 방배로 68
전　　화 | 02) 586-8761-3(본사) 031) 942-8761(영업부)
팩　　스 | 02) 523-0131(본사) 031) 942-8763(영업부)
홈페이지 | www.clcbook.com
이 메 일 | clckor@gmail.com
온 라 인 | 기업은행 073-000308-04-020, 국민은행 043-01-0379-646
　　　　　예금주: 사)기독교문서선교회

ISBN 978-89-341-1620-2 (93230)

* 낙장 · 파본은 교환해 드립니다.

이 도서의 국립중앙도서관 출판시 도서목록(CIP)은 서지정보유통지원시스템 홈페이지(http://seoji.nl.go.kr)와 국가자료공동목록시스템(http://www.nl.go.kr/kolisnet)에서 이용하실 수 있습니다.
(CIP제어번호: CIP2017001369)